Norbert Sommer
Mythos Jahrtausendwechsel

Mythos Jahrtausendwechsel

Beiträge aus Wissenschaft, Religion und Gesellschaft

Herausgegeben von Norbert Sommer

Wichern-Verlag

Die Deutsche Bibliothek - CIP-Einheitsaufnahme

Mythos Jahrtausendwechsel : Beiträge aus aus Wissenschaft, Religion und Gesellschaft / hrsg. von Norbert Sommer. [Till Bastian ...]. - Berlin : Wichern-Verl., 1998
ISBN 3-88981-111-6

Umschlagbild: creativ collection Farbbild-Service
Satz: Wichern-Verlag, Berlin
Druck: Color-Druck Dorfi GmbH, Berlin
Buchbinderei: Heinz Stein, Berlin
ISBN 3-88981-111-6

Inhalt

Der Blick über die Grenzen

Dokumenten-Anhang

Vorwort

Eigentlich sollte es ein Urlaub ganz zum Entspannen sein: Wochen ohne Beschäftigung mit dem Thema Jahrtausendwechsel, das mich über mehrere Monate – bei der Vorbereitung einer Sendereihe für das SR 2 KulturRadio des Saarländischen Rundfunks – unter den unterschiedlichsten Aspekten beschäftigt hatte. Andalusien/Südspanien war das Ziel. Doch auch dort holte mich das Thema ein. Da berichtete die örtliche Presse von einem Treffen von zehn Jachten in Gibraltar, die alle ein in Jerusalem entzündetes Feuer an Bord hatten. Sie kamen direkt aus Israel und steuerten von Gibraltar die verschiedenen Ziele auf allen Kontinenten an, um das Feuer an andere Jachten und in insgesamt 40 Länder weiterzugeben, damit es Ostern 2000 weltumspannend brennen kann: Millenniumsfeuer.

In Cordoba, Sevilla und Grenada wurde ich mit Höhen und Tiefen der zweitausendjährigen Christentums-Geschichte konfrontiert. Ein vorbildliches tolerantes Zusammenleben von Juden, Christen, Muslimen vor und nach der letzten Jahrtausendwende auf der einen Seite, Versklavung von Muslimen, Verfolgung und Vertreibung von Juden aus Spanien, Hexenverbrennungen und Inquisition auf der anderen Seite.

Schließlich der Hinweis auf die Höhlen von Pileta und Nerja mit ihren etwa 30 000 Jahre alten Malereien, zumeist Tierbilder. 30 000 Jahre alt – und wir machen einen solchen Wirbel um den Übergang ins dritte Jahrtausend! Das Jahr 2000 nach Christi Geburt – so lautet die offizielle Kalenderbenennung, doch für viele Mitmenschen heute ist es – wie schon in der DDR üblich – das Jahr 2000 n. u. Z.: „nach unserer Zeitrechnung". Obwohl höchstens jeder dritte Mensch auf der Welt gegenwärtig Christ ist, behält der christliche Kalender seine Vormachtstellung – trotz eigenständiger Zählung nicht nur bei Juden und Muslimen zum Beispiel, sondern auch in Taiwan und Nordkorea. Beide Länder werden im Jahr 2000 das Jahr 89 begehen, weil für sie – aus ganz unterschiedlichen Gründen – 1912 der Beginn einer eigenen Zeitrechnung ist. Für die Nationalchinesen ist der Sturz des Kaisers und die Gründung der Republik China der einschneidende Neubeginn, Nordkorea bezeichnet das Geburtsjahr seines „Großen Führers" Kim Il-sung als „Juche 1".

Wie wenig die christliche Zeitrechnung selbst den Menschen im „christlichen Abendland" bewußt ist, zeigte eine Umfrage in Großbritannien. Nur 15 Prozent der von Gallup befragten Briten sahen eine Verbindung zwischen 2000 und der Geburt Christi. „Wir leben in einer Gesellschaft, die ihr kulturelles und geistiges Gedächtnis verloren hat", stellte der anglikanische Bischof von Maidstone, Favin Reid, resigniert fest. Aber nicht nur die Briten sind 2000 Jahre danach so sehr entchristlicht. Eine weitere repräsentative Befragung in Australien, Deutschland, Indien, Japan, dem Vereinigten Königreich und den Vereinigten Staaten von Amerika ergab, daß das Logo von McDonald's (der M-Bogen) und die Muschel des Shell-Konzerns weltweit bekanntere Symbole sind als das christliche Kreuz. Spitzenreiter waren im übrigen die fünf olympischen Ringe, die von 92 Prozent klar identifiziert wurden. Je 88 Prozent wußten das „Hamburger"- und das Petroleum-Zeichen zu deuten, während das Kreuz nur von 54 Prozent und das Symbol der Vereinten Nationen nur von 36 Prozent identifiziert werden konnten.

Der Mythos der Jahrtausendwende steht trotz allem hoch im Kurs. Papst Johannes Paul II. hat schon vor vielen Jahren sein gesamtes Pontifikat dem Ziel gewidmet, im Blick auf das Jahr 2000 eine Neu-Evangelisierung zu starten und ein großes Festjahr zu gestalten. Aber auch ohne den Bezug auf 2000 Jahre Christentum laufen weltweit die Vorbereitungen für den Übergang in das nächste Jahrtausend. Mit ungeheuren Summen wird zum Beispiel in London eine riesige Halle nur für diesen Anlaß gebaut. Viele Versammlungsstätten wie die Dortmunder Westfalenhalle sind seit Jahren für Silvester 1999 ausgebucht. Ein englischer Verlag hat ein umfangreiches Buch veröffentlicht, das Auskunft über die wichtigsten Ereignisse, Veranstaltungen, Reisen zur Jahrtausendwende rund um den Globus gibt. Die Stadt Rom erwartet für das Jahr 2000 mindestens 40 Millionen Pilger und Touristen. Und die britische Regierung sucht mehr als 5000 Hilfsglöckner, damit beim Übergang ins nächste Jahrtausend im ganzen Land die Glocken läuten können.

Vielen Menschen ist aber offensichtlich nicht zum Feiern zumute. Für sie ist das Datum der Jahrtausendwende mit Ängsten besetzt. Die Apokalypse wird beschworen. Das nahe Ende der Welt scheint ihnen unabwendbar. Ängste aber auch bei vielen nüchtern denkenden Menschen, die angesichts zunehmender Gewalt, Genmanipulation, Umweltzerstörung und möglicher atomarer Katastrophen wenig Hoffnung für die Zukunft der Menschheit haben. Ängste auch deshalb, weil gerade das ablaufende Jahrhundert neben rasanter technischer Entwicklung ungeheures Elend, Leid, Verfolgung, Massenmord, schreckliche Kriege und Gewalt zu verzeichnen hat. Vom „Neuen Menschen" war viel in dieser Zeit die Rede: Hitler, Stalin, Mao Tse-tung entwickelten ihre je eigenen grausamen Visionen. Zum Glück sind sie alle gescheitert. Aber wer gibt uns die

Garantie, daß nicht morgen wieder neue Modelle eines „Neuen Menschen“, einer „Schönen Neuen Welt“ entwickelt und ausprobiert werden? Ängste dieser Art gehören auch zum Mythos Jahrtausendwechsel.

Schon einmal in diesem Jahrhundert hat der Mythos eine besondere Rolle gespielt. Das Buch „Der Mythus des 20. Jahrhunderts“, 1930 von Alfred Rosenberg geschrieben, verstand sich als „eine Wertung der seelisch-geistigen Gestaltenkämpfe unserer Zeit“ und war mit ein Wegbereiter der nationalsozialistischen Rassenpolitik und späteren systematischen Judenvernichtung. Ein mutiges Buch gegen diese Kampfansage an die jüdisch-christliche Tradition veröffentlichte der evangelische Theologe Walter Künneth 1935 im Berliner Wichern-Verlag. „Antwort auf den Mythus – Die Entscheidung zwischen dem nordischen Mythus und dem biblischen Christus“, hieß der Titel. Walter Künneth handelte sich mit diesem Buch politische Verfolgung ein.

Nun also der „Mythos Jahrtausendwechsel“ im Programm des Wichern-Verlages. Dieser Titel ist nicht nur im Zusammenhang mit dem Künneth-Buch von 1935 zu sehen, sondern auch als Fortsetzung der bisherigen Publikationen „Glasnost, Christen und Genossen“ (über den Beginn der Wende in der damaligen Sowjetunion), „Der Traum aber bleibt“ (über das Ende des Sozialismus und christliche Hoffnung) und schließlich „Überall Haß“ (über Gewalt und Werteverlust). Ziel dieses Buches (und damit auch der Sendereihe des Saarländischen Rundfunks) ist es, das breite Themenspektrum zur Jahrtausendwende unter vier Aspekten zu behandeln. „Entmythologisierung“ steht am Anfang: die verwirrende Geschichte der Kalender-Festlegung gehört ebenso dazu wie ein Blick auf die Winzigkeit des Datums 2000 angesichts der Dimension des Weltalls. Ganz wichtig ist auch der Blick auf die anderen Religionen und Kulturkreise und ihren Umgang mit dem Ereignis Jahrtausendwechsel. Der zweite Aspekt betrifft die christlichen Kirchen und ihre Erwartungen, Hoffnungen, Befürchtungen im Blick auf die Zukunft. Der dritte Teil ist der Analyse gesellschaftlicher Umbrüche und von Entwicklungen im Bereich Naturwissenschaft und Technik sowie Bewahrung der Schöpfung gewidmet. Dazu gehört auch ein Blick über die europäischen Grenzen in die „Dritte Welt“. Der vierte Aspekt ist die umfangreiche Dokumentation wichtiger Aussagen, Pläne, Forderungen, Warnungen im Blick auf 2000.

Ich möchte allen Autorinnen und Autoren für ihre Mitarbeit danken. Dem Wichern-Verlag gilt mein besonderer Dank für seine erneute Unterstützung eines aus einer Sendereihe entstandenen Buchprojektes, für die große Geduld und viele hilfreiche Hinweise beziehungsweise Korrekturen. Einschließen in den Dank möchte ich schließlich Frau Christel

Schneider, Redaktionsassistentin der Programmgruppe Kirche, Religion, Gesellschaft des Saarländischen Rundfunks, die sowohl für die Termin-Absprachen mit den Autorinnen und Autoren als auch für viel „Papier-Austausch“ zwischen Redaktion und Verlag verantwortlich war.

Geschrieben habe ich diese Anmerkungen einen Monat vor Erscheinen des Buches, nicht im Urlaub, sondern auf einer Dienstreise nach Paris. Und das am 16. Oktober 1998, 442 Tage vor der Jahrtausendwende, wie die seit langem rückwärts zählende Leuchtschrift auf dem Eiffel-Turm verkündete.

Norbert Sommer

Till Bastian

Jahrtausendwende und Kalenderprobleme

„Zeit ist das, was die Uhr anzeigt“, so soll Albert Einstein einmal gesagt haben. Offensichtlich schlugen ihm, dem Urheber der „Relativitätstheorien“, die vielen Fragen nach der Natur der Zeit aufs Gemüt. Aber trotz alledem: Zeit ist ein Modethema. Das mag daran liegen, daß niemand mehr genug von dieser vieldiskutierten Zeit hat. Vielleicht rührt es auch daher, daß wir trotz aller Apparate und Prozeduren, mit deren Hilfe wir angeblich fortwährend Zeit „sparen“, in immer größerer Hektik und Hetze leben müssen.

Fast so alt wie der Mensch selber sind jedenfalls seine Versuche, die Zeit zu gewichten, zu ordnen und einzuteilen. Sie feiern gerade jetzt, wo wir dem Jahr 2000 entgegeneilen, fröhliche Urständ. Die Silvesterfeiern am 31. Dezember 1999 sollen vielerorts bereits ausgebucht sein, so wichtig erscheint vielen ein feucht-fröhlicher Übertritt in das letzte Jahr des Jahrtausends. Denn das neue Jahrtausend beginnt, allen anderslautenden Gerüchten zuwider, mit dem 1. Januar 2001, ebenso, wie wir die einundzwanzigste Flasche dem neuen Bierkasten entnehmen müssen, nicht Flasche 20. Dennoch ist die Magie des Wechsels von 1999 nach 2000 offenbar übermächtig. Man liest sogar, daß einige Inseln im Pazifik eigens die Datumsgrenze verschieben wollen, damit ihre Gäste wirklich die allerersten sein können, die das neue Jahr begrüßen. Ist dies alles Wahnsinn mit Methode? Steckt dahinter ein tiefes Bedürfnis, das Ungreifbare eben doch manipulieren zu wollen? Gerade weil die Zeit, die dem Menschen zugemessen ist, nicht ewig währt, neigt er dazu, wenigstens das Abmessen selber zu übernehmen. Ohne Pannen und Fehlschläge ging es freilich auch dabei nicht ab. Da ist der uralte Versuch, die Zeit mit Hilfe des Mondes in Abschnitte einzuteilen – was naheliegen mag, wenn wir die regelmäßig wiederkehrenden Formverwandlungen unseres himmlischen Begleiters betrachten. Doch der Mondzyklus ist komplizierter, als es scheint: Er zählt im Durchschnitt 29,53 Tage. Der älteste Mondkalender, von dem wir wissen, der babylonische, kannte deshalb Monate zu 29 und zu 30 Tagen, zwischendurch schob man immer wieder

„Schaltmonate“ ein. Doch dieses System funktionierte nur höchst mangelhaft, und als das Durcheinander gar zu groß wurde, schrieb der berühmte König Hammurabi von Babylon an seinen Minister: „Das Jahr ist aus den Fugen geraten.“ Nach Art der Könige fürchtete er wohl um die Regelmäßigkeit seiner Steuereinnahmen.

In der ägyptischen Ackerbaukultur hatte man, anders als in Mesopotamien, einen Sonnenkalender mit 12 Monaten entwickelt, die je 30 Tage zählten; an den letzten Monat hängte man 5 Extra-Tage an. Doch das „tropische Jahr“ (also die Zeit, in der die Sonne einmal von Frühlingspunkt zu Frühlingspunkt wandert) zählt, wie wir dank moderner Meßmethoden wissen, nicht 365, sondern 365,2422 Sonnentage. Diese Dauer ist übrigens nicht konstant, denn die Geschwindigkeit der Erdrotation nimmt ab, unsere Jahre und Tage werden somit unmerklich länger.

Den alten Ägyptern „fehlte“ jedenfalls pro Jahr rund ein Vierteltag, alle vier Jahre ein Tag und so fort. Die Technik, diesen Fehler mittels eines „Schaltjahres“ zu korrigieren, wurde im römischen Imperium entwickelt. Im letzten Jahrhundert vor Christus jedoch befand sich der römische Sonnenkalender in ähnlich desolatem Zustand wie der babylonische Mondkalender zu Zeiten des Hammurabi. Der Diktator Julius Cäsar ließ im Jahr 46 v. Chr., zwei Jahre vor seiner Ermordung, den nach ihn benannten Julianischen Kalender einführen, um dem Chaos ein Ende zu machen. Die julianische Kalenderreform verlegte den Jahresanfang auf den 1. Januar und führte für jedes vierte Jahr im Februar einen Zusatztag zu den 365 Tagen des Jahres ein. Zuvor mußten aber noch die vom alten Kalender „angesammelten“ Tage aus der Welt geschafft werden. Auf Cäsars Befehl zählte das Jahr 46 v. Chr. 15 Monate und 445 Tage – es trug den Titel „letztes Jahr der Unordnung“. Diese Art, Ordnung zu schaffen, stieß freilich nicht überall auf Gegenliebe: Als der berühmte Redner Cicero darauf hingewiesen wurde, daß in der kommenden Nacht das Sternbild der Leier zu sehen sei, erwiderte er: „Ja, auf Befehl.“

Mit 365,25 Tagen entsprach das julianische Jahr dem tropischen schon besser als das Jahr der alten Ägypter. Immerhin blieb noch eine Abweichung von 0,0078 Tagen pro Jahr, das heißt von einer Woche in jedem Jahrtausend. Deshalb verfügte Papst Gregor XIII. für den 15. Oktober 1582 eine neue Zeitkorrektur: Zwar sollte weiterhin jedes vierte Jahr ein Schaltjahr sein, ausgenommen jedoch jene Jahrhunderte, deren Zahl nicht durch 4 teilbar ist. So blieb das Jahr 1600 ein Schaltjahr, das Jahr 1700, das nach dem Julianischen Kalender ein Schaltjahr hätte sein müssen, war nach der päpstlichen Reform jedoch keines mehr. Um die Kalenderreform des Jahres 1582 ins Werk zu setzen, mußten auch damals überzählige Tage, die sich seit Cäsars Zeiten „angehäuft“ hatten, aus dem Kalender getilgt werden: Der als Ugo Buoncompagni in Bologna geborene Rechtsgelehrte, der zehn Jahre zuvor, 1572, den Stuhl Petri bestiegen hatte, verfügte deshalb in seiner Bulle vom 24. Februar 1582, daß auf Donnerstag, den 4. Oktober 1582 als letztem „julianischen“ Tag, sofort Freitag, der 15. Oktober zu folgen hatte – als erster Tag seines neuen Gregorianischen Kalenders. Die Abweichung des gregorianischen Kalenderjahres vom tropischen Jahr ist mit 0,0003 Tagen so gering, daß unser Kalender erst in rund 2000 Jahren wieder neu „eingerichtet“ werden muß (und in der Tat, man höre und staune, hat man schon heute geplant, das Jahr 4000 nach Christus, „eigentlich“ ein Schaltjahr mit 366 Tagen, als „Normaljahr“ von 365 Tagen zu belassen. Das ist fürwahr weit vorausgeplant).

Ist seither also alles aufs beste bedacht in der besten aller Kalenderwelten (die freilich nur für die christlich geprägten Teile dieser Erde Gültigkeit hat)? Mitnichten! All dies bedeutet keineswegs, daß der menschliche Kalender seit Papst Gregor narren- und pannensicher wäre. Als Narr muß, auch in dieser Hinsicht, der italienische Diktator Benito Mussolini bezeichnet werden. Warum? „Wer ein Jubiläum zum falschen Zeitpunkt feiert, macht sich lächerlich“, schreibt der Historiker Alexander Demandt. „Das passiert leicht bei Ereignissen aus der Zeit vor Christi Geburt. Denn die Konsuln des Jahres 1 n. Chr. folgen unmittelbar auf die Konsuln des Jahres 1 v. Chr., so daß es kein Jahr Null gibt. Darum erhalten wir bei der Addition der vorchristlichen und der nachchristlichen Jahre ein Jahr mehr, als wirklich Jahre verflossen sind. Da somit, sagen wir, vom 17. August 1 vor bis zum 17. August 1 nach Christus nur ein einziges Jahr verflossen ist, hat Mussolini die 2000-Jahrfeier für den 63 v. Chr. geborenen Augustus 1937 ein Jahr zu früh gefeiert. Der letzte Schah von Persien hat 1971 mit seiner 2500-Jahrfeier für den 529 v. Chr. verstorbenen Reichsgründer Kyros zusätzlich das falsche Grab geehrt.“

Die letztgenannte Feier des Perserschahs Reza Pahlevi war freilich nicht nur eine bombastisch inszenierte Narrheit, sondern obendrein ein politisch-kalendarisches Desaster ersten Grades, was bewies, daß Hochmut wirklich des öfteren vor dem Fall kommt – und dies wortwörtlich. Denn der Schah, selber der Sohn eines Usurpators, hatte 1975 den Beginn der Herrschaft jenes Kyros des Großen obendrein zum Anfangsdatum einer „persischen Zeitrechnung“ erklären lassen, wobei nicht nur der erwähnte Rechenfehler unterlief, auch die Maßnahme selber erwies sich als Luftgeschäft. Denn schon drei Jahre später, im August 1978, mußte wieder neu gerechnet werden, als Reza Pahlevi sich auf Druck der Opposition genötigt sah, den schiitischen Kalender an die Stelle jenes von ihm so schön erdachten „großkaiserlichen“ zu setzen – die Tage seiner eigenen Herrschaft waren indes bereits gezählt.

In ein ähnliches Debakel steuerten rund vierhundert Jahre zuvor die katholischen Päpste mit den von ihnen verfügten „Heiligen Jahren“: Am 22. Februar des Jahres 1300 (und mithin noch in der „julianischen“ Kalenderepoche) verkündete Papst Bonifaz VIII., daß allen Pilgern, die während dieses (Schalt-) Jahres nach Rom kämen und dort eine bestimmte Anzahl von Gottesdiensten besuchten, ein vollständiger Ablaß all ihrer Sünden gewährt werden würde. Der Erfolg war weit größer als erwartet, der Zustrom in die Stadt der Päpste überwältigend. Bonifaz selber hatte geplant, ein solches „Heiliges Jahr“ am Ende eines jeden Jahrhunderts zu wiederholen. Doch die an der Wiederkehr der Pilgerscharen interessierte römische Geschäftswelt brachte Clemens VI. dazu, die Frist auf 50 Jahre zu verkürzen. Urban VI. ließ alle 33, Paul II. gar alle 25 Jahre ein „Heiliges Jahr“ einschalten, und zwar erstmals 1475. Dies erregte den Zorn der Reformatoren, und von der Kanzel protestierte Martin Luther 50 Jahre später wortgewaltig gegen das „Heilige Jahr“ anno domini 1525. In welch krasser Form die Renaissancepäpste durch eigene Dummheit der Reformation weiterhin den Boden bereitet hatten, hat die amerikanische Historikerin Barbara Tuchman in ihrer klassischen Studie „Die Torheit der Regierenden“ ausführlich erörtert.

Nebenbei bemerkt: Das Jahr 2000 wird, neben anderen Beschwernissen, wieder ein „Heiliges Jahr“ werden. Wie der Presse zu entnehmen ist, plant der Vatikan unter anderem, in den Pilgerzügen aus aller Welt eigene Beicht-Abteile einzurichten. Die Vorbereitungen laufen bereits auf vollen Touren. Ihre Effizienz wird allerdings mancherorts bezweifelt, was einen Kommentator sogar von einer „heiligen Katastrophe“ sprechen ließ. Jedenfalls wird erwartet, daß so viele Reisende nach Italien fluten werden wie noch nie zuvor. Hoffen wir, daß die Schönheiten des Landes diesen Ansturm überdauern werden.

Diese Aufregungen um das „Heilige Jahr“ 2000 hätte sich das christliche Abendland freilich samt und sonders sparen können, wäre es nur den Thesen des Münchener Amateurhistorikers Heribert Illig gefolgt. Dieser attestierte in einem vielgelesenen Buch dem europäischen Geschichts- und Selbstverständnis nämlich ein Malheur ganz besonderer Art. Es beruht, so Illig, auf einer schlichten Fälschung. Kaiser und Päpste des 12. und 13. Jahrhunderts hätten das sogenannte Frühmittelalter schlicht erfunden und diese Konstruktion durch Fälschungen abgesichert. Die Jahre 614 bis 911 samt Karl dem „Großen“ und so weiter seien aus den Annalen zu streichen. Das Jahr 2000 unserer Zeitrechnung wäre mithin in Wahrheit das Jahr 1702 nach der Zeitenwende. Eine große Wochenzeitschrift geriet über diese Außenseiterthesen durchaus ins Nachdenken: „Die Thesen Illigs sind keineswegs das Produkt eines

Dilettanten oder Phantasten. Er macht sich tatsächliche Widersprüche und Unklarheiten in der relativ schlecht dokumentierten Geschichtsschreibung des frühen Mittelalters zunutze ... Obwohl die Historikerzunft Illigs Theorie für abwegig hält, fällt es ihr daher schwer, seine Argumente im einzelnen zu widerlegen. Illig zeigt nämlich indirekt auf, daß die Geschichtsschreibung in letzter Instanz Erzählung bleibt und daß ihre Deutung der Vergangenheit weitgehend auf gedanklichen Konstruktionen und nicht auf eindeutig belegbaren Fakten beruht." Soweit die „ZEIT" über den Amateurhistoriker Illig und seine Thesen.

Freilich gehört wenig Phantasie dazu, vorherzusagen, daß sich das Abendland seine Millenniums-Feier auch durch Herrn Illig nicht vermiesen lassen wird. Freilich ist dieses Fest recht eurozentristisch orientiert, denn wie schon angedeutet, zählen zum Beispiel Muslime und Juden anders (um nur diese beiden Religionen zu nennen) – aber was soll's. In Israel freilich ziehen Probleme herauf, denn die Silvesterfeier 1999 fällt auf einen Sabbat, an dem nach orthodoxer Auffassung jegliche Aktivität strikt verboten wird. Warten wir ab, wie man diese Konflikte in Jerusalem und Tel Aviv bewältigen wird. Die Welt scheint jedenfalls fest entschlossen, es mit dem Jahr 2000 so zu halten, wie es Goethe über die Kanonade von Valmy in Worte gefaßt hat (allerdings erst Jahre später!): „Von hier geht eine neue Zeit aus, und ihr könnt sagen, ihr seid dabeigewesen." Daß dies im Grunde keine Kunst ist, wenn man den Kalender zuvor entsprechend definiert – wer wollte sich von solchen kleinlichen Erwägungen noch die Freude verderben lassen?

Friedrich Schütze-Quest

Sonne, Mond und Sterne

2000 Jahre und die Unermeßlichkeit des Universums

Der Gregorianische Kalender – heute universal verbreitet – hat es schwer gehabt, sich durchzusetzen, und der erste Kalender war er beileibe nicht. Es gibt das Zeugnis eines Steinzeit-Astronomen, der die Mondphasen festgehalten hat in Form von Kerben in einem Adlerknochen. Diese Zeitrechnung nach dem Mondkalender hat sich bei Chinesen bis heute erhalten, als Brauchtum; Milliarden Menschen feiern den Beginn des neuen Jahres noch immer nach dem Mondkalender, im Januar oder Februar. Auch der moderne Sonnenkalender hat Wurzeln im alten China, ebenso aber in Ländern wie Mesopotamien, Arabien, Ägypten.

In einem größeren Gebiet als von Island bis zum Ural, wo wir drei oder vier Zeitzonen haben, kennt das Riesenreich China nur eine einzige. Das heißt, man kann in China – und ebenso auf dem indischen Subkontinent – drei Stunden in Richtung Sonnenuntergang fliegen, und die Sonne bleibt quasi stehen, die ganze Zeit – was sie ja auch in Wirklichkeit tut, denn nicht sie – die Sonne – bewegt sich, sondern die Erde; nicht die Sonne „geht unter", wie man so sagt, sondern unsere Erde dreht sich, abends, von der Sonne weg. Und dreht sich morgens, im Riesenreich China, viel länger zur Sonne hin, daher der berühmte Mao-Spruch: „Der Osten ist rot."

Beinah 6000 Jahre ist es her, und es war in Ägypten, daß Menschen erstmals ihre Zeitrechnung nach der Sonne bestimmten, statt nach den Mondphasen. Und noch mal 4000 Jahre gingen dahin, bis es zu der leidenschaftlichen Liaison kam von Julius Cäsar und Cleopatra, woraufhin Cäsar den Rat des ägyptischen Astronomen Sosigenes aus Alexandria beherzigte, die Sonne als Schiedsrichter irdischen Daseins zu nehmen, was in die Reform des Römischen Kalenders mündete, 45 Jahre vor Christus.

Aber damit war die Sache längst nicht gelaufen. Denn immer wieder sah sich die Christenheit in Zweifel gestürzt über die Natur der Zeit. Bischof Augustinus von Hippo, dessen Schriften von größtem Einfluß waren auf die abendländische Theologie und Philosophie, forderte die Christen im 5. Jahrhundert auf, die profane weltliche Zeitrechnung einfach links liegen zu lassen und „Zeit" vielmehr nach der göttlichen Ewigkeit zu bestimmen. Das war leichter gesagt als getan. Vor allem Seefahrer bei der Orts- und Gezeitenbestimmung hatten Probleme mit der Ewigkeit als Zeitmesser. Und auch mit dem Sonnenkalender selbst hatte es seine Tücken. 1582 korrigierte Papst Gregor XIII. den alten Julianischen Kalender, weil der um zehn Tage hinter der Sonne „nachging". Bis dahin hatte die katholische Kirche Astronomen wie den englischen Mönch Roger Bacon, der errechnet hatte, daß das Kalenderjahr gegenüber dem Sonnenjahr im Verlauf eines Jahrhunderts um einen (!) Tag vorging, noch als Ketzer gebrandmarkt.

Unsere Sonne, unser Weltbild. Die moderne Astrophysik geht davon aus, daß es in unserer Milchstraße 100 Milliarden Sonnen gibt von der Art wie unsere; und daß es im Universum 100 Milliarden solcher Galaxien gibt wie unsere, jede von ihnen wiederum mit 100 Milliarden Sonnen.

Nun erwartet niemand von der Astrophysik, daß sie die Rätsel des Weltalls löst. Es erweist sich im Gegenteil, daß in dem Maße, in dem unser Wissen mit der immer größeren Reichweite und Empfindlichkeit unserer Teleskope und Raumsonden zunimmt, das Universum nur noch unbegreiflicher wird.

Eins aber vermag die Astronomie zu leisten: nämlich der Menschheit bewußt zu machen, wie unvorstellbar klein ihr Platz und ihre Zeit im Universum ist. Alles, was der Mensch jemals erobern kann mit seiner Raumfahrt und allen überhaupt nur denkbaren technischen Exkursionen, kommt in den ungeheuren zeitlichen und räumlichen Dimensionen des Weltalls einem Punkt gleich. „Wenn man an die Unermeßlichkeit des Universums denkt, haben wir mit dem Mondflug noch nicht einmal einen Zeh zur Tür rausgestreckt", sagte mir in den USA der amerikanische Astronaut Fred Haise, Mitglied der Crew von Apollo 13, deren Mission zum Mond beinahe fatal geendet hätte.

„Hallo Erde, hier ist der Mond", heißt ein kleiner Band mit englischen Versen, in dem ich den folgenden Text fand: „Von allem was ich sehen kann, ist dies das Schönste – und jetzt weiß ich, warum ich eigentlich hier bin: Ich bin nicht hier, um den Mond aus der Nähe zu sehen, sondern um zurückzuschauen auf die Erde: diese kleine Kugel im Universum, die unsere Heimat ist und unsere Zuflucht ..."

Der Autor dieser Zeilen heißt Alfred Merill Worden, ehemals Testpilot und Oberst der US-Luftwaffe – und Mitglied der Crew von Apollo 15. Worden ist drei Tage und Nächte mutterseelenallein um den Mond geflogen, was aber niemand weiß, weil alle Welt immer nur Notiz genommen hat von den Männern, die ihren Fuß auf den Mond gesetzt haben, nicht aber von denen, die das Raumschiff erst einmal dorthin und dann wieder zurückgeflogen haben: die Command Module Pilots. Worden – und später die Astronauten Mattingly und Evans – sind die einzigen Menschen, die je frei schwebend – und das mit 30 000 Stundenkilometern – tief im Weltall flogen, anders als in einer „nur" 300 Kilometer hohen Umlaufbahn um die Erde, wo Aufenthalte außerhalb des Raumschiffes inzwischen zur Routine gehören. Er mußte eine Wartungsarbeit an einer Außenkamera durchführen, erzählte Worden, und flog dabei 38 Minuten neben seinem Raumschiff her – „und es war, als stünden das Raumschiff und ich auf der Stelle: Da ist nichts, woran man Geschwindigkeit messen könnte ... nichts, was Dir sagt, daß Du Dich überhaupt bewegst. Ob man 100 Meilen schnell ist oder 50 000 Meilen pro Stunde: es macht keinen Unterschied."

Das Licht, das vom Mond bis zur Erde nur eine einzige Sekunde benötigt, braucht hunderttausend Jahre, nur um quer durch unsere eigene Galaxie – von einem Rand unserer Milchstraße zum anderen – zu gelangen. Eine Sekunde vom Mond. Hunderttausend Jahre durch unsere Milchstraße! Und die Distanz zu den entfernteren Galaxien läßt sich nur noch in Millionen und Milliarden Lichtjahren ausdrücken. Aufgrund statistischer Wahrscheinlichkeiten halten die Astronomen es für vernunftwidrig anzunehmen, wir seien die einzigen intelligenten Lebewesen im Kosmos. Die Chance aber, daß wir von der Existenz anderer Intelligenzen jemals Kenntnis erhalten, bewerten sie als verschwindend gering.

In der größten Sternwarte der Welt, dem „European Southern Observatory" in La Silla in den chilenischen Anden, durfte ich einmal einen Stern beobachten, dessen Masse 1000 mal größer ist als die unserer Sonne. Der deutsche Astronom Professor Michael Grewing von der Universität Tübingen hat mir das ermöglicht. Eine Zusammenballung von Sternen, wie sie unserem Auge gänzlich fremd ist; Sterne von einer Leuchtkraft, die die Augen nie erfahren haben, weil es das so nicht gibt an dem uns vertrauten Firmament – in einer Reinheit, die sich dem Vorstellungsvermögen und damit der Beschreibung ganz einfach entzieht: das ist der Anblick, der sich bietet im Okular eines großen Teleskops in einer Entfernung von 150 000 Lichtjahren, 5000 milliardenmal die Entfernung zum Mond, unwirklich und schön – doch völlig undramatisch.

Die Dramatik spielt sich im Kopf ab, erst hinterher und noch lange danach: Obwohl unsere Sonne nur eine Kugel ist aus Gas – also kein fester Körper wie unsere Erde –, muß man sich ihre Masse, ihr Gewicht 300 000 mal größer vorstellen; in ihrem Volumen hätte die Erde gar 1,3 millionenmal Platz. Und hier nun dieser Stern, der noch 1000 mal mehr Masse hat als die Sonne – 300 millionenmal das Gewicht des Planeten, auf dem wir leben. Und 150 000 Jahre war das Licht der Sterne unterwegs, die ich eben im Teleskop gesehen habe.

Ja, existieren die denn überhaupt noch? Jetzt, einhundertfünfzigtausend Jahre später? Und wie finden die Astronomen ihre Objekte eigentlich wieder, in einem Monat oder in einem Jahr – bei den ungeheuren Geschwindigkeiten, mit denen sich Sterne und ganze Galaxien im Kosmos fortbewegen? Fortbewegen wohin – Fragen an Professor Grewing.

„Angesichts solcher riesiger Geschwindigkeiten könnte man glauben, daß sich das Bild des Himmels ständig verändern muß. Das trifft auch zu! Nur sehen wir es nicht – zumindest nicht mit bloßem Auge, weil die Entfernungen im Weltall immens groß sind", erklärte Grewing. „Daß wir diese Objekte aber in einem Jahr – und auch in hundert Jahren – scheinbar noch immer an der gleichen Stelle des Himmels sehen, dafür gibt es wiederum eine einfache Erklärung: Sie sind dann eben ‚nur' ein Lichtjahr oder ‚nur' hundert Lichtjahre weiter von uns weg – und das ist gar nichts im Vergleich zu den Milliarden Lichtjahren, die ohnehin zwischen ihnen und uns liegen."

Das 250 Tonnen schwere Teleskop in La Silla kann computergesteuert auf jede beliebige Stelle des südlichen Himmels gerichtet werden und gleicht automatisch die West-Ost-Drehung der Erde aus – dadurch werden Belichtungszeiten bis zu mehreren Stunden ermöglicht. Wenn das menschliche Auge ein Objekt in 100 Kilometern Entfernung eben noch als Punkt entdecken würde, würde man das gleiche Objekt mit dem 3,6-Meter-Spiegel noch auf 15 Millionen Kilometer sehen – das ist 50 mal die Entfernung zum Mond. Wenn dieser 250-Tonnen-Apparat nur einen Zentimeter in die falsche Richtung geschwenkt wird, dann würde das – bei den riesigen Entfernungen im All – zu Abweichungen von Myriaden Kilometern führen. „Das müssen Sie sich mal anschaulich machen, um die Dimension zu verstehen", sagte Professor Grewing.

Warum er Astronomie überhaupt betreibt, wollte ich von ihm wissen. „Menschen machen sich ganz unvermeidlich ein Weltbild", erwiderte Grewing. „Und um sich wirklich ein realistisches Weltbild machen zu können – um zum Beispiel sehen zu können, wo sind wir hier eigentlich mit unserer Erde; wie groß ist sie; was bietet sie uns; wie sehr müßten wir sie eigentlich hüten; wie wertvoll ist sie uns: dazu muß man schon hinausschauen, um ein solches Weltbild zu gewinnen. Und die Astronomie – neben den Beiträgen, die sie zur Physik leistet – prägt bestimmend – oder zumindest ganz wesentlich mit – die Gesamtschau, die wir uns von unserer Welt machen. Und ich glaube, eine der dramatischsten Erkenntnisse, die wir in den letzten 20 Jahren gewonnen haben, ist – wirklich für alle von uns – zum erstenmal gesehen zu haben, daß diese Erde wirklich nur ein runder, kleiner, blauschimmernder Ball im Weltall ist, der um die Sonne kreist – wie die Astronauten ihn etwa gesehen haben, als sie vom Mond zurückgeflogen sind ..."

„Die Amerikaner sind zum Mond geflogen“, wiederholte Grewing. „Und unbemannte Sonden haben Mars, Jupiter und Saturn erreicht. Aber das Gerede jetzt von der Eroberung des Weltraums – das ist doch blanker Unsinn. Sehen Sie sich nur diesen Stern an ... 150 000 Lichtjahre ... Den Weltraum selbst haben wir bisher überhaupt noch nicht betreten!“ Warum, fragte ich ihn, hält mit den großen Teleskopen eigentlich niemand Ausschau nach fremden Planeten? „Weil es zur Zeit noch ohne Chancen wäre“, antwortete Grewing. „Wenn wir uns austauschen wollen mit anderen Zivilisationen auf anderen Planeten, dann ginge das wohl im Augenblick überhaupt nur mit Radiosignalen, und es ginge auch dann überhaupt nur in einer sinnvollen Weise, wenn diese andere Zivilisation sich in einer Entfernung von uns befände, die vielleicht 10, 20, maximal vielleicht 30 Lichtjahre weg ist – das heißt, in unmittelbarer Sonnenumgebung eigentlich. Denn ich muß ja berücksichtigen, daß, wenn ich jetzt sozusagen ‚A’ sage – das heißt, irgendeine Meldung, ein Signal, eine Notiz hinaussende, daß dann zunächst mal, selbst wenn diese andere Zivilisation sich in nur 30 Lichtjahren Entfernung von uns befindet, das Signal 30 Jahre braucht, bis es dort ankommt! Dort muß es mit Interesse aufgenommen und verstanden werden, und es muß der Wille zur Antwort da sein, und dann muß ich immer noch mal 30 Jahre warten, also insgesamt 60 Jahre, bis ich auf eine Antwort hoffen kann. Und ich glaube, eine solche Kommunikation verliert einfach ihren Sinn, ihr Interesse, wenn sie eine Zeitspanne überschreitet, die über die eines Menschenlebens hinausgeht.“

Vielleicht ist das die Botschaft der Astronomie, welche die Selbsteinschätzung und die Wertmaßstäbe der Menschheit verändern könnte – indem sie ihr die Grenzen aufzeigt: ihre unaufhebbare Isolation in Raum und Zeit nämlich und ihre Angewiesenheit auf den Planeten Erde. Und auf unsere Sonne: nach der wir den Kalender richten seit 2000 Jahren – die aber schon strahlt seit Milliarden von Jahren.

Bei einer Sonnenfinsternis, bei der das Licht der Sonne für nur wenige Minuten durch den Mond quasi „ausgeblendet“ wird, sinkt die Lufttemperatur auf der Erde schlagartig um fünf bis zehn Grad. Schon ein Nachlassen der Sonnenstrahlung (auf die Erde) um nur fünf Prozent hätte bei uns eine sofortige Eiszeit zur Folge. Und ginge die Sonne eines Morgens gar nicht mehr „auf“, wäre die Erde nach drei Tagen ein riesiger Schneeball, selbst Wüsten und tropische Landstriche wären mit einer dünnen Schneedecke überzogen; nach zwei Wochen nur wäre alles Leben erloschen, wären Menschen, Tiere und Pflanzen bei minus 80 Grad erstarrt; nach zwei Monaten wären die Ozeane und die Gesteinsmassen der Erde bis zu ihrem (vorher) glutheißen Kern regelrecht tiefgefroren – als tote Eiswüste kreiste unser Planet durchs All.

Edna Brocke

Gespannt vom Bogen der Erinnerung

Gedanken zum Begreifen von „Zeit“ im Judentum

Allen jüdischen Gruppen – religiöse und säkulare, in der Diaspora lebende oder im Land Israel – ist eins gemeinsam: Vielleicht orientieren sie sich an dem Jahr 2000, das heißt an der christlichen Zählung, aber sie orientieren sich auch an unserer eigenen jüdischen Zählung. Unsere kalendarische Zeitrechnung zählt jetzt im Jahr 1998 (bis Ende September) das Jahr 5758, und Sie werden sich sicherlich gleich fragen, wo denn die jüdische Zählung beginnt, ist doch Christen klar, wo ihre eigene Zählung anfängt. Unsere Zählung beginnt mit der Erschaffung der Welt, womit keine naturwissenschaftliche Behauptung verbunden ist. Es handelt sich vielmehr um eine Kunstzahl. Indem alle Jahresangaben im Tanach (das ist unsere Bibel, bei den Christen als das sogenannte „Alte“ Testament bezeichnet) zusammengezählt wurden, ergab sich eine Zahl, an der weitergezählt wurde. Die „Kette der Generationen“ wurde zusammengezählt und ergab die Grundlage für das Weiterzählen. Es ist also kein Versuch, eine naturwissenschaftliche Behauptung aufzustellen, sondern die „Kette der Generationen“ in die Tradition des Textes hineinzustellen und damit zeitübergreifend zu machen. Das heißt, der Begriff Zeit ist nicht eine objektiv abzählbare Anzahl von Jahren, sondern die angegebene Zeit ist zugleich eine identitätsstiftende Zahl, nämlich „5758 zur Erschaffung der Welt“.

Nun könnten Sie darauf hinweisen, daß bei Methusalem oder bei Noah 600 oder 900 Lebensjahre angegeben werden. Dazu muß man sagen, daß der Begriff „Jahr“ eine andere Dauer beschrieb als unsere Jahre heute. In unterschiedlichen biblischen Büchern werden unterschiedliche objektive Zeitspannen gemeint. Noch einmal: Es ist kein Versuch, naturwissenschaftliche „Beweise“ zu liefern, sondern eine Grundlage zu schaffen, die für fast alle, die in das Judentum hineingeboren sind, mehr oder weniger Relevanz hat. Spricht man vom mainstream, so hat dieser Kalender eine Bedeutung im privaten Leben der allermeisten Juden. Wir haben eine eigene Zeitrechnung, die sich nicht am Jahr 1998 orientiert, und unser gesamter Festezyklus orientiert sich nach diesem Kalender.

Jenseits dieser prägenden kalendarischen Vorgaben gibt es in der jüdischen Tradition eine Fülle von Geboten, von denen es heißt: (Mizwoth sche – hasman graman) „Gebote, die die Zeit vorgibt", also Gebote, die durch die Zeit geprägt an die Zeit gebunden sind. Ein Beispiel ist die „Unterscheidung der Gezeiten", die Unterscheidung zwischen Tag und Nacht. Der Tag beginnt im jüdischen Kalender mit Sonnenuntergang und dauert 24 Stunden bis zum nächsten Sonnenuntergang an. Das geht auf die biblische Schöpfungsgeschichte zurück, wo es heißt: „Und es ward Abend und es ward Morgen – erster Tag."

Zunächst wird in dem Vers der Abend genannt und erst dann der Morgen, somit schloß man, daß der Tag mit Sonnenuntergang beginnt und nicht etwa um Mitternacht. Religiöse Juden versinnbildlichen es noch verstärkt durch die Unterscheidung zwischen „heiligen" und „profanen" Zeiten am Freitagabend zu Beginn des Schabbat und am Schabbatabend mit Ausklang des Schabbat.

Unser Kalender ist ein gemischter Sonnen-Mondkalender; der christliche Kalender ist ein reiner Sonnenkalender, der islamische ist ein reiner Mondkalender. Bei einem Mondkalender verschiebt sich der Zyklus aufgrund der Tatsache, daß die Monate nur 28 Tage umfassen. So kann der Ramadan mal im Sommer, mal im Winter, mal im Frühjahr oder im Herbst sein, sind doch die Jahre kürzer. Wir haben einen gemischten Sonnen-Mondkalender oder Mond-Sonnenkalender. Unsere Monate haben in der Regel 29 Tage, ganz wenige haben auch 30, und dadurch ist unser Jahr kürzer als das christliche. Die Differenz, die zwischen Sonnen- und Mondkalender entsteht, wird dadurch ausgeglichen, daß wir in einem Zyklus von 19 Jahren, in unregelmäßigen Abständen, 7 Schaltjahre haben. Dabei wird – im Frühjahr – ein ganzer Monat hinzugefügt. So geschieht es, daß in manchen Jahren beispielsweise unser Pessach-Abend auf den gleichen Tag fällt wie der christliche Karfreitag. Das heißt, unsere beiden Kalender kommen sich näher und entfernen sich wieder, je nachdem wann wir und wann die Christen Schaltjahre haben.

Auch die meisten säkularen, nichtreligiösen Juden, die sich im Alltag weder nach unserem Kalender noch nach unserer Monats- oder Jahreszählung richten, feiern Pessach. Rosch ha Schannah (das jüdische Neujahrsfest, im Frühherbst) wird auch von ihnen begangen.

Einen weiteren Hinweis auf den Begriff „Zeit" gibt ein sich wiederholender Segensspruch, der in einer Reihe von Festen gesprochen wird. „Gelobt seist Du Adonaj, unser Gott, König der Welt, der du uns hast leben lassen, uns erhalten hast und in diese Zeit hinüber geführt hast" (la - seman ha - säh). Dieser Segensspruch wird an vielen Festen gesprochen, auch in Familien, die nicht religiös sind, was in die folkloristische Tradition gehört. Am deutlichsten ist es wieder an Pessach, das, was dann in der Kirche Ostern wurde. Pessach, das Familienfest, an dem der Befreiung aus der ägyptischen Sklaverei gedacht wird.

Eine Reihe von Geboten – die allerdings nur von Religiösen eingehalten werden – bezieht sich direkt auf die Zeiten. Der Terminus technicus heißt: „Gebote, die die Zeit hervorgerufen hat.“ Damit sind Gebote gemeint, die an bestimmte Zeiten gebunden sind. Ein Beispiel hierfür ist die „Bitte um Tau und Regen“. Dies ist eine Bitte, die in den Synagogen der Welt gesprochen wird, ob im Ausland oder im Land. Natürlich bezieht sich die Bitte auf die Jahreszeit im Land Israel und wird nur in jenen Monaten des Jahres gesprochen, wo eine Bitte um Tau und Regen einen Sinn hat. Im Sommer gibt es keinen Sinn, um Regen und um Tau zu bitten, denn im Sommer wird es im Land Israel natürlich nicht regnen. So werden solche Bitten in den liturgischen Ablauf des synagogalen Gottesdienstes – zeitgebunden – eingefügt.

Ein anderes Beispiel ist das Gebot des Jobeljahres. Alle sieben Jahre muß der Boden ruhen – das ist das Halljahr, und sieben mal sieben, im 50. Jahr also, ist das Jobeljahr. Im Halljahr wie im Jobeljahr muß nicht nur der Boden ruhen, werden nicht nur die Schulden erlassen, sondern es geht um verschiedene weitere Gebote, die vom Rhythmus in der Landwirtschaft abhängen, das heißt „zeitgebundene Gebote“ sind, die sich nicht an individuellen oder subjektiven Kriterien orientieren, sondern an objektiven Zeitansagen und Zeitangaben.

Die jüdische Tradition geht prinzipiell davon aus, daß jeder einzelne für sich wichtig ist, aber eigentlich erst insofern Bedeutung gewinnt, als er in der „Kette der Generationen“ steht. Damit ist das zeitübergreifende Element im jüdischen Selbstverständnis gemeint, das sich ja auch im Kalender deutlich zeigt. Wie entscheidend dies ist, zeigt erneut das Fest Pessach, an dem der Befreiung aus Ägypten gedacht wird. Ich erwähnte es schon als Familienfest, mit einem feierlichen Mahl, mit traditionellen Speisen. Die Haggadah von Pessach, ein kleines Buch mit zeitübergreifenden Texten zum Auszug aus Ägypten, wird gelesen, und es werden die ungesäuerten Brote gegessen.

Die Haggadah enthält – in unserem Zusammenhang – einen ganz entscheidenden Satz, der da lautet: „In jeder Generation soll ein jeder sich selbst so betrachten, als sei er selber aus Ägypten herausgeführt worden.“ Es geht eben nicht um die Frage, was uns im Jahr 1998 dieser alte Text von vor 3000 Jahren bedeutet. Dies wäre eine Frage, die wir nicht stellen, sondern für uns lautet die Aufforderung, zurück in die Zeit von damals zu gehen, nicht um sie uns heute hier näherzubringen, sondern um zu versuchen, sich hineinzudenken in damals. Es wird also nicht versucht, den

Text zu aktualisieren oder gar zu modernisieren, sondern in ihm zurückzugehen, weil jeder von uns ja damals aus Ägypten befreit wurde, wie es heißt: „In jeder Generation soll ein jeder sich selbst so betrachten, als sei er selber aus Ägypten befreit worden." Das verbindet sich wiederum mit dem Segensspruch, den ich vorhin schon einmal zitiert habe: „Gelobt seist du Adonaj, unser Gott, König der Welt, der du uns hast leben lassen, uns erhalten hast und uns in diese Zeit hinüber geführt hast." Es geht um ein Zurückgehen in das Ereignis in Ägypten.

Weil nun Geschichte eigentlich nicht „historisch" verstanden wird, sondern eine kollektive Erinnerung darstellt, heißt ein ganz wichtiges Auslegungsprinzip in der jüdischen Tradition: Es gibt kein Frühes und es gibt kein Spätes in der Thora. In all unseren Schriften, vom Tanach zu den späteren Auslegungen wird die Frage der historisch-kritisch arbeitenden christlichen Theologen nicht gestellt. Eine solche Frage ist eine untergeordnete, denn nicht eine Historizität eines Berichtes steht im Zentrum des Interesses, sondern die Existenzgrundlage, die er bietet. Deshalb gibt es „kein Frühes und kein Spätes in der Thora". Natürlich können Ergebnisse aus der historischen Forschung danebengestellt werden, aber im Kontext der Auslegung traditioneller Texte besitzen sie keine existentielle Bedeutung.

Ein weiteres Beispiel im Zusammenhang unserer Fragestellung nach dem „Zeit"-Begriff verdeutlicht die Übersetzung des TaNaCh ins Deutsche durch Martin Buber und Franz Rosenzweig, eine hervorragende Übersetzung, die – um sie zu verstehen – wahrscheinlich Hebräisch-Kenntnisse voraussetzt. Den Begriff *le - olam = für immer* übersetzen Buber/Rosenzweig – und ich finde es sehr treffend – mit „Weltzeit". Für Weltzeit. Das zeigt auch, wie die Sprache, das Hebräische, mit dem Verständnis von Zeit oder Zeitläufen umgeht. Dazu noch eine kleine Anmerkung: Das Hebräische besitzt Vergangenheit, Gegenwart, Zukunft. Keine anderen Zeitformen, ein Hinweis darauf, wie mit Zeiten umgegangen wird oder was Zeit bedeutet.

Aus alledem komme ich zu meinem letzten Punkt. Es wird Ihnen vielleicht deutlich geworden sein, wieso für die meisten Juden in Israel, aber auch für viele Juden in der Diaspora, die Frage nach dem Jahr 2000 eine untergeordnete ist. Für uns hat mit dem Auftreten, mit der Kreuzigung oder mit der geglaubten Auferstehung von Jesus von Nazareth keine Zeitenwende begonnen. Für uns verbindet sich folglich mit dem Jahr 2000 lediglich ein kulturelles Interesse, zumal die große Mehrheit der Juden in Ländern lebt, Israel eingeschlossen, die westlich orientiert sind und somit an christlichen Zeitrechnungen und an christlichen Kulturphänomenen partizipieren. Insofern ist das ein Datum, das die Juden selbstverständlich wahrnehmen werden und das – eher indirekt – auch auf unser Leben Einfluß haben wird. Immanent hat das Jahr 2000 jedoch weder kalendarisch noch theologisch noch historisch einen irgendwie vergleichbaren Wert mit jenem im christlichen Abendland.

Hier im Ausland lebend, wird man sich rechtzeitig Gedanken zu machen haben, wie man Silvester verbringt, doch ist dies jährlich die gleiche Frage. Das Jahr 2000 wird nicht als „Zeitenwende“ erlebt, die einen Schatten vorauswirft oder mit der sich besondere Hoffnungen beziehungsweise Erwartungen verbinden.

Anat Feinberg

Attraktionen für Endzeit-interessierte Pilger

Israel und das Jahr 2000

Das Jahr 5760 ist ein ganz normales Jahr, zumindest nach der jüdischen Zeitrechnung, deren Einführung um das Jahr 358/359, nach dem Gregorianischen Kalender gezählt, man dem berühmten Rabbi Hillel II. zuschreibt. Doch in Israel richtet man sich seit der Staatsgründung im Jahre 1948 durchaus nach zwei Kalendern, dem jüdischen und dem christlichen. So kann auch der Judenstaat das „magische Datum", das Jahr 2000, und damit den Beginn eines neuen Jahrtausends nicht völlig ignorieren.

Das Problem fängt bereits mit dem Datum, genauer gesagt mit dem Wochentag an. Silvester 1999 fällt ausgerechnet auf einen Freitagabend, den Beginn des Sabbats. Waren gläubigen Juden Silvesterparties, die in jüngster Vergangenheit in einigen israelischen Hotels von Touristen und nicht-religiösen Israelis immer häufiger gefeiert wurden, bislang schon ein Greuel, das man zu verbieten trachtete, so wächst jetzt der Druck von ultra-orthodoxer Seite auf Hotelmanager und Restaurantbesitzer. Denn am heiligen Sabbat soll dieses gottesfrevlerische Treiben auf jeden Fall unterbleiben. Andernfalls droht man damit, daß religiöse Juden diese Hotels künftig boykottieren und die hoteleigenen Restaurants ihr Kaschrut-Zertifikat verlieren werden. So sucht man im israelischen Fremdenverkehrsministerium inzwischen händeringend nach einem Kompromiß, um das in einem Jahr erwartete große Tourismusgeschäft nicht zu gefährden. Ein Rabbiner, der allerdings nicht dem ultra-orthodoxen Lager zuzurechnen ist, hat beispielsweise den Vorschlag gemacht, bestimmte Zonen einzurichten, die im religiösen Sinne quasi ex-territorial sind und in denen Nicht-Juden auch im Heiligen Land Silvester feiern können. Es ist fraglich, ob sich für einen solchen Plan im religiösen Lager eine Mehrheit finden wird, mal ganz abgesehen von den Schwierigkeiten bei der praktischen Umsetzung.

Doch das israelische Fremdenverkehrsministerium plagen zur Zeit noch ganz andere Sorgen. Für den Zeitraum von Mitte 1999 bis zum

Ende des Jahres 2000 erwartet man fast sechs Millionen Besucher. Das sind doppelt so viele Touristen wie in einem „Normaljahr". Das bringt nicht nur Sicherheitsprobleme mit sich. So könnten beispielsweise die vorhandenen Unterbringungsmöglichkeiten knapp werden. Vor allem dürften die Heiligen Stätten für einen solchen Besucheransturm kaum gerüstet sein. So fand der pragmatische Vorschlag von israelischer Seite, eine weitere Eingangstür für die Grabeskirche zu schaffen, bislang bei den christlichen Religionsgemeinschaften wenig Gehör, die mit Argusaugen darüber wachen, daß am Status quo und den komplizierten Besitzrechten nichts geändert wird.

Während die Vorbereitungen auf die Jahrtausendwende in Jerusalem auf zahlreiche Hindernisse stoßen, schreitet in Nazareth das sogenannte „Projekt 2000" voran. Bislang machten bereits fünfzig Prozent aller Israel-Besucher in der Stadt der Verkündigung Station. Im Jahr 2000 soll dieser Anteil noch wachsen. Nicht weit von Nazareth, im Yezreel-Tal, liegt Meggido, wo einst König Salomon seine Pferdeställe hatte. Dort schlug Pharaoh Thutmosis III. im Jahr 1469 v. Chr. die Hittiter und besiegte Napoleon mit einer Armee von 13 000 Soldaten die Türken im Jahr 1799. Noch bekannter ist dieser Ort, weil dort das biblische Armageddon, die Schlacht aller Schlachten vor dem Jüngsten Gericht stattfinden soll (Offenbarung 16,16). Kein Wunder, daß zum Jahr 2000 die Blicke derjenigen sich auf Meggido richten, die das Tausendjährige Reich und den Beginn des Weltgerichts erwarten. So gibt es bereits Pläne, die Ausgrabungsstätte, die bislang schon auf dem Programm der meisten Israel-Reisenden stand, für Endzeit-interessierte Pilger aus aller Welt noch attraktiver zu machen. Spezielle Gebetsplätze, kleine Grotten sollen eingerichtet werden, von denen aus man das zukünftige Schlachtfeld, die Yezreel-Ebene, gut überblicken kann. Auch soll mit Hilfe modernster Technik den Besuchern die Geschichte und die Zukunft dieses biblischen Ortes nähergebracht werden. Eines der 14 geplanten Multi-Media-Terminals ist eine Inszenierung der „Schlacht aller Schlachten". So wundert es nicht, daß jüngst in einem englischsprachigen Agenturbericht von einem „apokalyptischen Freizeitpark" die Rede war, der in Meggido in Hinblick auf das Jahr 2000 entsteht.

Nicht nur in Meggido, auch in Jerusalem werden sich im nächsten Jahr Endzeit-Propheten aus aller Welt ein Stelldichein geben. Einige haben sich bereits jetzt einen guten Platz gesichert, wie ein amerikanischer Geschäftsmann, der sich inzwischen Bruder David nennt und früher sein Geld mit der Vermietung von Wohnwagenplätzen verdiente. Er wohnt in einem spartanisch eingerichteten Zimmer im arabischen Teil von Jerusalem. Auf seinem Bücherregal steht das Neue Testament in hebräischer Übersetzung. An der Wand hängt ein Poster mit kabbalistischen Motiven. Von seinem Appartement sieht man direkt auf den Ölberg, wo der Bibel nach die Auferstehung der Toten stattfinden soll. Ein Hotel in der Nähe, das von palästinensischen Arabern betrieben wird, machte kürzlich in den USA mit dem Werbespruch auf sich aufmerksam: „Würde es Sie nicht reizen, im Mount of Olives-Hotel an dem Tag zu sein, an dem Jesus zurückkehren wird?“ Und im Internet wendet sich eine Webseite mit der Anschrift „Millennium Jerusalem 2000“ an „vom Geist des Herrn erfüllte Gläubige aller Konfessionen“. Wenn man Bruder David Glauben schenken darf, so leben in den arabischen Stadtvierteln A-Tur und Al-Azariah bereits weit über hundert Ausländer, allesamt Christen, die wie er zeitig Vorsorge getroffen haben, um nicht den Tag zu verpassen, von dem es in den Worten des Propheten Sacharja 14:4 heißt: „Seine Füße werden an jenem Tag auf dem Ölberg stehen, der im Osten gegenüber von Jerusalem liegt.“

Apropos Endzeitstimmung. Viele Israelis, die angesichts der gegenwärtigen politischen Lage im Nahen Osten verzweifelt sind und die Regierung Netanyahu zum Teufel wünschen, fühlen sich derzeit eher an den amerikanischen Film „Apocalypse now“ erinnert. Viel schlimmer kann es ihrer Meinung nach kaum noch kommen. Nicht wenige treten daher die Flucht in den Zynismus an. So erzählt man sich in Israel den jüdischen Witz: Alle Zeichen, daß die Ankunft des Messias unmittelbar bevorsteht, sind bereits vorhanden: die Armut, die Not, die Sittenverderbnis, die Herrschaft der Dreisten – nur der Esel fehlt, auf dem bekanntlich der Messias seinen Einzug in Jerusalem halten soll. Auf die Frage „wieso“ kommt die Antwort: „Da alle Esel inzwischen in der Politik Karriere gemacht haben!“ Andere Israelis flüchten in die Scheinwelt des „New Age“. Mystik und Esoterik sind zur Zeit in Israel en vogue. So sind jüngst mindestens vier verschiedene Bücher über Judentum und Buddhismus erschienen, die nicht nur von amerikanischen Juden, sondern auch von vielen jungen Israelis gekauft werden, die sich für Spiritualismus und fernöstliche Philosophie interessieren. Eines dieser Bücher trägt den bezeichnenden Titel „Funny, you don't look Bhuddist“. Über diese synkretistischen und manchmal auch stark esoterisch geprägten Strömungen im heutigen Judentum erschien kürzlich ein vielbeachteter Artikel aus der Feder des bekannten amerikanisch-jüdischen Publizisten Michael Lerner in der Zeitschrift „Tikkun“. Ein Tummelplatz für Mystiker und Esoteriker aller Art ist das Internet. Hinter der Web-Adresse www.syn2000.org, die ebenfalls auf die Jahrtausendwende anspielt, verbirgt sich beispielsweise eine recht bunt gemischte interkonfessionelle Gruppe, die das Judentum der Zukunft nicht auf die „ethnische Zugehörigkeit“ begrenzt sehen möchte.

Smail Balic

„Wann der Weltuntergang eintreten wird, weiß nur mein Herr“

Gedanken zur Jahrtausendwende aus islamischer Sicht

Eine wohl aus der griechischen Philosophie stammende, in einem arabischen Sprichwort zusammengefaßte Weisheit will die Vergangenheit vergangen sein lassen, die Zukunft in den Bereich der Geheimnisse verweisen und der Gegenwart die allein bestimmende Bedeutung beimessen. Aber im Islam hat es, nicht weniger als in anderen Religionen, stets Zukunftserwartungen, Träume vom Kommenden, Prophezeiungen, Hoffnungen, ja Versuche genauer Ermittlung des Zukünftigen gegeben. Das Wesen der Religion ist bekanntlich so angelegt, daß es mehr vom Jenseits als vom Diesseits an Kraft und Hoffnung schöpft.

Im Islam gilt die Tradition als die zweite Lehr- und Inspirationsquelle des Glaubens. In ihr befangen zu sein heißt, sich mit übernommenen Werten und Erfahrungen zufriedenzugeben. Jeglicher Ausbruch aus der Tradition gilt als ketzereiverdächtig. Unter diesen Umständen wäre die Entwicklung der islamischen Welt im dritten Jahrtausend leicht voraussehbar. Aber das Verständnis der Tradition, ja selbst des Koran als der eigentlichen Stiftungsurkunde des Islam, ist nicht einheitlich. Davon zeugt das Vorhandensein von verschiedenen Deutungsschulen, die gelegentlich erheblich voneinander abweichen. Einheitliche, dem Gesamtislam eigene Handlungsmuster sind schwer auszumachen. Der amerikanische Gesellschaftsanalytiker Samuel Huntington unterliegt einem gravierend schweren Fehler, wenn er das gegenwärtige Verhalten der Araber zum Einheitsmaßstab erhebt und darauf seine Theorie vom Zusammenprall der Zivilisationen aufbaut. Die Araber machen ja nur ein Fünftel der muslimischen Weltbevölkerung aus. Außerdem bekennen sich nicht alle Araber zum Islam. Wenn, wie er behauptet, die westliche Demokratie dort die antiwestlichen Kräfte stärkt, so bedeutet das bei weitem nicht, daß es so in der ganzen islamischen Welt zugeht. Wenn die demokratische Gesinnung des heutigen Arabers fraglich ist, so heißt es nicht, daß es so ewig bleiben wird. Ein Sinneswandel ist früher oder später zu erwarten, zumal der Islam als zivilisatorisches Grundmotiv multikulturell ist. Er ist nicht auf Ausschließlichkeit angelegt und hat stets neben sich andere Kulturen und Religionen geduldet. Man vergißt sehr leicht – namentlich im Abendland –, daß der Islam für Kulturen und Anschauungen offen ist und von diesen, soweit sie positiv sind, profitiert hat. Nicht zu übersehen ist seine Übernahme des griechischen und des indo-iranischen Kulturerbes samt Weitergabe an das Abendland. Genauso wie das Judentum eines aufgeklärten Juden nicht sein vorherrschendes Bewußtsein ist, sondern die Humanität, so kann es mit dem aufgeklärten Muslim von morgen stehen. Sein Ziel kann nicht, wie Huntington meint, die Erniedrigung des Westens sein, sondern Gleichschritt mit ihm.

Akulturelle Ursachen können eher Zivilisationskonflikte auslösen. Große Denker der Aufklärung haben mühsam Begrifflichkeiten erarbeitet, die die modernen Prozesse wie Dialog, Wahrheit, Freiheit, Toleranz und Frieden ermöglichen. Die Ökumene greift um sich, wenn auch vornehmlich unter elitären Kreisen. Im Islam sind alle theologischen Voraussetzungen – manchmal allerdings nur rudimentär – vorhanden, um den Muslimen eine aktive Teilnahme an diesem Geschehen zu ermöglichen. Sie fürchten nicht, daß dadurch der Bestand ihres Ein-Gott-Glaubens gefährdet sein könnte, denn Gott selbst verbürgt sich für sein Weiterbestehen (Koran 15:9). So konnte seinerzeit ihr Denker Averroes (1126–1198) die These von der bleibenden Unversehrtheit der Offenbarung bei der Aufnahme eines außertheologischen Lehrbetriebes, für den er sich einsetzte, rechtfertigen.

Durch seine Lehre wurde in Europa tatsächlich ein Freiraum für unabhängige Wahrheitsforschung geschaffen. Das wissenschaftliche Denken, die Erforschung der Natur und deren Gesetze werden also vom Islam weitgehend mitgetragen. Da liegt seine Europa-Eingebundenheit – nicht weniger als in der Tatsache, daß die großen mittelalterlichen Kulturen über die Muslime in Spanien, Sizilien und Nordafrika nach Westeuropa gelangten.

Nach dem Ende der Kolonialzeit lebt die Welt des Islam noch immer gewissermaßen vom Rückstau ihrer Kolonialherren. Die Tradition, weitgehend zerschlagen, bietet eine Geborgenheit. Sie ist in der Mentalität und in lokalen Notwendigkeiten begründet. Der Materialismus und der überzogene Individualismus des Abendländers wirken abstoßend, weil sie das gruppen- und gesellschaftsbetonte Denken mißachten. Man redet wegen fehlender gemeinsamer Begrifflichkeit vielfach aneinander vorbei. Aber im Grunde beruht der Islam auf denselben Grundlagen wie das Judentum und das Christentum. Ursprünglich ist er nicht eine neue Religion, sondern der Ausfluß der einen Botschaft, die die ganze Geschichte durchzieht, nämlich der biblischen Offenbarung.

Das als Folge des Aufklärungsgrundsatzes „Der Mensch ist Maßstab aller Dinge“ aufgekommene Postulat von der Selbstverwirklichung des Menschen muß in den übergreifenden sozialen und ethischen Rahmen eingebunden werden, will es sich nicht destruktiv auswirken. Dieser Rahmen sichert die Wirksamkeit der Menschenrechte, deren Bedeutung zwar die Aufklärung in unser Bewußtsein gebracht hat, die aber nur im Absoluten begründet sein müssen, wenn sie höchst heilig und maximal bindend sein wollen. Der Islam kennt von Haus aus eine Reihe grundlegender Menschenrechte, wie das Recht auf das Leben, das Vermögen, die Unverletzbarkeit des Hausfriedens, die Religionsfreiheit, das Asylrecht; ihm ist der Rassendünkel fremd. Er verpflichtet die Begüterten mit Sozialsteuer, fördert Entsagung und Solidarität und drosselt ganz entschieden den Alkoholverbrauch und die sexuelle Zügellosigkeit. Ich glaube, gerade durch diese Wesenszüge seiner Zivilisation wird der Islam gegenüber dem Westen im Vorteil bleiben. Seine Mentalitätsgesundheit und seine gepflegte Nüchternheit sichern ihm eine Stärke – in bezug etwa auf die Geißel der modernen Menschheit, AIDS, und in bezug auf die Alkoholexzesse. Aber infolge der Lockerung der religiösen Bande, die mit dem Einzug des Nationalismus in den Orient begonnen hat, wird die Welt des Islam zusehends zum Austragungsraum ethnischer Zusammenstöße werden. Dies und der innere Widerspruch zwischen einer nach Totalität strebenden Religiosität und den Erfordernissen des modernen Lebens wird, neben den klaffenden sozialen Unterschieden, diese Welt zum dauernden Krisenherd im dritten Jahrtausend machen. Eine Entschärfung der krisenhaften Phänomene kann sehr wohl mit Hilfe des Westens erfolgen.

Die Muslime pflegen bekanntlich einen anderen Umgang mit der Zeit als der abendländische Mensch. Das Leben in dieser Welt betrachtet er, wenn er fromm ist, als eine vorübergehende Station, die lediglich dazu dient, sich als Mensch oder eben als Unmensch zu erweisen. Alle Zeit gehört Gott. Der Beginn einer Zeitrechnung – der Ära – ist daher weniger wichtig. Im Koran gibt es eine Metapher, die die Gläubigen am ehesten dazu anleiten sollte, die Jahre mit der Geburt Christi zu beginnen. Dort spricht Maria, die Mutter Jesu, die Zeitgenossen mit dem Hinweis an, alle Argumentation mit ihrem Kind zu beginnen. „Da deutete sie auf ihn“, heißt es wörtlich. „Sie sprachen: ‚Wie sollen wir mit einem reden, der ein Kind in der Wiege ist?‘ Er (der kleine Jesus) sprach: ‚Ich bin ein Diener Allahs, Er hat mir das Buch gegeben und mich zu einem Propheten gemacht.‘“ (19:29/30) So hat, wie mir scheint, der Koran mit dieser Erzählung der kommenden Entwicklung vorausgegriffen und eine Revolution des Geistes angekündigt. Nichtsdestotrotz haben sich die ersten

Muslime für eine eigene Zeitrechnung entschieden, vom Wunsch getragen, sich von der Vorzeit abzuheben. Ihr Anfang wurde mit der Zeit der Auswanderung Muhammads von Mekka nach Medina festgesetzt. Aber nicht genau der Tag dieses Ereignisses wurde ins Auge gefaßt, sondern der erste Tag des Mondjahres, in dem dieses geschah. Das ist der 16. Juni 622. Nicht alle Gläubigen halten sich an dieses Schema. So hat der libysche Revolutionsführer vor einigen Jahren bestimmt, daß die Hidschra-Zeitrechnung in seinem Land mit dem Todestag des Propheten, das ist der 8. Juni 632, beginnt. Dennoch haben alle Muslime vor 18 Jahren, als das 15. Jahrhundert der Hidschra angebrochen war, dies zum Anlaß der großen Feiern genommen – wohl in der Hoffnung, daß die Zeit danach ihnen die ersehnte Prosperität bringen werde, wie sie das 15. Jahrhundert der christlichen Ära der Christenheit gebracht hat.

Was kann im kommenden Millennium aus islamischer Sicht anders laufen als bisher? Nach dem Koran ist alle Lebenszeit des Menschen dem Teufel freigegeben, damit er diesen in Versuchung führen könne (15:38). Der Teufel oder Schaitan ruht nimmer. Als Muhammad einmal seinen Gefährten einschärfte, nicht zu den Frauen zu gehen, deren Männer abwesend sind, begründete er dies mit der Tatsache, daß der Teufel den Menschen durchfließe wie das Blut. Darauf wendete einer der wißbegierigen Gefährten ein: „Auch dich, Gottes Gesandter ?“ – „Auch mich“, erwiderte der Prophet, „aber Gott steht mir darin bei, und so bin ich sicher.“

Die Befürchtung, daß es im nächsten Jahrtausend zum Weltuntergang kommen wird, ist im Islam kein Thema. „Man fragt dich“, steht im Koran, „wann der Weltuntergang eintreten wird. Sage: ‚Das weiß nur mein Herr.‘“ (7:187)

Eines ist ganz sicher: Die lange Zeitspanne, die vor uns liegt, wird viele Veränderungen in der Welt mit sich bringen. Die um sich greifende vermeintliche Rückbesinnung auf die Ursprünge wird zwar die weitere Versteifung im „Hause des Islams“ bewirken, aber diese wird sich nicht lange halten können. Das Überlegene wird letztlich siegen. Das Schicksal des Kommunismus ist eine Lehre. Es ist nicht vorstellbar, daß im Informationszeitalter, das bereits angesetzt hat, etwa die Frau auf die Dauer von allen Lebensläufen abgeschnitten werden kann. Auch eine Lebensführung nach Mönchsart (unzählige Gebetsrituale, die viel Zeit verschlingen, Abwürgen der freien Meinungsäußerung, das Festhalten an Scheidungsmerkmalen des Standes, des Geschlechts und der Religion und anderes mehr) ist nicht mit dem Zeitgeist in Einklang zu bringen. Erschütterungen sind unvermeidbar.

Zu hoffen ist, daß sich dabei der Islam und das Christentum auf die Gemeinsamkeiten der Lehre zurückbesinnen. Die Koran-Aussagen sind eindeutig: Die wahrhaft gläubigen Christen und Juden werden positiv beurteilt. Sie werden für ihre Gesinnung und ihre guten Taten belohnt. Die päpstliche Enzyklika „Nostra aetate“ hat mit ihren anerkennenden Worten an die Adresse des Islam als Religion das Klima des gegenseitigen Vertrauens geschaffen. Die Zeit des Aufeinanderzugehens steht erst bevor.

Adelheid Herrmann-Pfandt

Einladung zum Dialog: Buddhisten und Christen an der Schwelle zum dritten Jahrtausend

Als Jesus Christus im letzten Jahrzehnt vor unserer Zeitrechnung geboren wurde, war der Buddhismus nach eigener Chronologie schon über 500 Jahre alt. Bereits im Frühjahr 1957 wurde in Indien der 2500. Geburtstag seines Begründers, des Buddha Gautama, feierlich begangen. Prominente Persönlichkeiten aus dem Ausland waren zu Gast, darunter der damals zweiundzwanzigjährige Dalai Lama von Tibet, der die Gelegenheit nutzte, um internationale Unterstützung für sein von den Chinesen sechs Jahre zuvor überfallenes Land zu werben.

Siddhartha Gautama, den man später den „Buddha", den „Erleuchteten" oder „Erwachten", nennen sollte, kam im 6. oder, nach neueren Forschungen, im 5. Jahrhundert v. Chr. als nordindischer Fürstensohn zur Welt. Mit neunundzwanzig Jahren verließ der Prinz aus Überdruß am weltlichen Leben seinen Hof, seine Frau und seinen neugeborenen Sohn, um in der Einsamkeit, der „Hauslosigkeit", wie es die Buddhisten nennen, nach Erlösung zu suchen. Mit noch so harter Askese gelang es ihm nicht, einen Ausweg aus dem Kreislauf von Geburt, Alter, Tod und Wiedergeburt zu finden. Erst in tiefer Meditation wurde ihm mit fünfunddreißig Jahren Erleuchtung zuteil. Das heißt, er erkannte intuitiv das Wesen der Wirklichkeit und den Weg zur Erlösung. Fast ein halbes Jahrhundert zog er danach lehrend durch Nordindien, gründete einen Mönchs- und einen Nonnenorden. Er bezog aber auch die Laien, von deren Almosen die Ordensleute lebten, in die religiöse Praxis ein. Achtzigjährig starb er im Kreise seiner Schüler und Schülerinnen.

In seinen berühmten „Vier Edlen Wahrheiten" bezeichnet der Buddha das Leben als einen Zustand des Leidens, der wesentlich aufgrund übermäßiger Gier der Menschen, zum Beispiel nach Besitz oder Sinnesfreuden, zustande komme. Das emotionale Anklammern an positive und die panische Flucht vor negativen Erlebnissen müsse aufgegeben werden zugunsten einer ruhigen Gleichmut. Dies werde verwirklicht durch eine religiöse Praxis, die sich aus Einsicht in die Wirklichkeit, ethischer Lebensführung und meditativer Versenkung zusammensetze, dem sogenannten „Edlen Achtfachen Pfad".

Im Zentrum buddhistischer Ethik steht das Gebot, andere Lebewesen nicht zu schädigen. Einige Einzelgebote ähneln den Zehn Geboten des Judentums und Christentums, so etwa das Verbot des Diebstahls – buddhistisch „Nehmen von Nicht-Gegebenem" genannt – oder das des Tötens, das allerdings viel weiter ausgelegt wird als bei uns und auch Tiere umfaßt. Viele heutige Buddhisten bevorzugen folglich vegetarische Ernährung. Selbst in einem Land wie dem traditionellen Tibet, wo aufgrund unzureichender Grundversorgung mit Gemüse der Fleischgenuß weitgehend eine Überlebensfrage war, wurde das Tötungsverbot ungeheuer ernst genommen: In seinem berühmten Buch „Sieben Jahre in Tibet" berichtet Heinrich Harrer, wie von ihm geleitete Erdarbeiten immer wieder hinausgezögert wurden, weil die Bauarbeiter nicht willens waren, die Verletzung oder Tötung auch nur eines einzigen Regenwurms zu riskieren.

Was die meditative Versenkung, das dritte Hauptelement des Erlösungsweges, betrifft, so hat der Buddha ausführliche Anleitungen zu effektiver, in die Tiefe gehender Meditation gegeben. Wie die meisten religiösen Lehrer Indiens hatte er die Überzeugung gewonnen, daß eine aus Anbetung und äußerlichen Ritualen bestehende Religiosität allein nicht ausreiche. Inneres Stillwerden und achtsame Wahrnehmung der eigenen wie auch der umgebenden Wirklichkeit hielt er für unabdingbar. Aus der vom Buddha Gautama gelehrten, einfachen, aber wirksamen Achtsamkeitspraxis wurde in den folgenden Jahrtausenden eine Vielzahl von Methoden, die so unterschiedliche Praktiken wie die bilderlose Zen-Meditation und die gelenkten Gottheitenvisionen des tantrischen Buddhismus umfassen.

Was kann nun aber das Jahr 2000, im Westen trotz seiner fortschreitenden Entchristlichung als „Wendezeit" erlebt, für gläubige Buddhistinnen und Buddhisten bedeuten? Es ist nicht leicht, aus der zeitgenössischen buddhistischen Literatur dazu etwas zu erfahren. Dies mag damit zusammenhängen, daß es sich ja eben um ein „christliches" Datum handelt, das aus buddhistischer Sicht keine besondere Bedeutung hat. Es kann uns aber auch vor Augen führen, daß dem Buddhismus die Abgrenzung vom Christentum kaum je übermäßig wichtig gewesen ist.

Die Tatsache, daß die Geburt Jesu und nicht die des Buddha weltweit als Grundlage der Zeitrechnung dient, scheint namentlich für heute tonangebende buddhistische Lehrer kein Problem zu sein. Recht unbefangen formuliert etwa der in Frankreich lehrende vietnamesische Mönch Thich Nhat Hanh, was er sich für den „Buddhismus im 21. Jahrhundert" wünsche, und ebenso unbeeindruckt nimmt der tibetische Lama Namkhai Norbu Rinpoche in seine kürzlich erschienene Einführung in die tibetische Astrologie die Monats- und Jahreszahlen des westlichen Kalenders auf – bis zum Jahr 2000 einschließlich.

Wohl hat es in historischen Zeiten der interreligiösen Auseinandersetzung auch im Buddhismus gelegentlich Aggressivität gegen andere Religionen gegeben; wohl sind unter heutigen westlichen Konvertiten und Konvertitinnen zum Buddhismus mitunter kritische oder gar feindliche Stimmen gegen das Christentum zu hören, das manche von ihnen ja zuvor enttäuscht verlassen haben. Während jedoch die monotheistischen Religionen Judentum, Christentum und Islam, zunehmend aber auch der polytheistisch-mystische Hinduismus mit dem Phänomen des Fundamentalismus zu kämpfen haben, der sich nur allzuleicht in bewaffneten Auseinandersetzungen, ja sogar Ausrottungsfeldzügen gegen Andersgläubige äußert, ist dergleichen ein dem Buddhismus eher fremdes Phänomen. An der Schwelle des neuen Jahrtausends erscheint daher ein Blick auf den Buddhismus und seinen Umgang mit dem Christentum als interessant und angebracht.

Bekanntester Protagonist eines Buddhismus, der sich der Verbreitung von Toleranz und Frieden verschrieben hat, ist zweifellos der 14. Dalai Lama von Tibet. Auf den Völkermord und die fast beispiellose Kulturzerstörung, die die Chinesen seit ihrem Einmarsch in Tibet 1950 seinem Volk zugefügt haben, antwortet er mit immer erneuten Plädoyers gegen Gewalt und für die Einhaltung der Menschenrechte. Von ihm, der selbst seinen ärgsten Feinden vorbehaltlos zu verzeihen bereit ist, sind maßgebliche Impulse für Dialog und spirituelle Gemeinschaft von Buddhisten und Christen ausgegangen.

Im Jahre 1994 fand an der Middlesex-Universität von London eine außergewöhnliche Tagung statt: Auf Einladung der Weltgemeinschaft für christliche Meditation legte der Dalai Lama einer Zuhörerschaft von etwa 350 Christinnen und Christen sowie einigen Buddhisten Texte des Neuen Testaments aus. Immer wieder fand er buddhistische Parallelen zu neutestamtentlichen Aussagen und christlichen Werten und zeigte, wie nahe der Buddha Gautama und Jesus Christus sich in ihren ethischen Ansprüchen gewesen seien. Zu dem berühmten Feindesliebesgebot der Bergpredigt meinte er etwa: „Würden diese Zeilen in einen buddhistischen Text eingefügt, könnte man nicht einmal erkennen, daß es sich um christlich überlieferte Bibelzitate handelt." Und er fügte den buddhistischen Gedanken an, daß Feinde geradezu notwendige spirituelle Lehrer seien, weil, so der Dalai Lama, „ihr Vorhandensein ... die Gelegenheit verschafft, Toleranz, Geduld und Verständnis zu entwickeln und zu vergrößern."[1]

Zugleich aber warnte er davor, beide Religionen im Kern gleichzusetzen: Es seien gleichwertige, aber verschiedene Wege zur Wahrheit, so kenne etwa der Buddhismus keinen Schöpfergott und keinen persönlichen Erlöser wie das Christentum. Gleichwohl hält der Dalai Lama gemeinsame religiöse Praxis nicht nur für möglich, sondern praktizierte sie während der Tage von London auch, indem er dreimal täglich mit den Teilnehmenden meditierte. Buddhistische und christliche Anwesende stimmten darin überein, daß durch die Meditation eine tiefere Ebene des Dialogs erreicht wurde, als allein durch Worte hätte erreicht werden können, ja daß vielleicht erst so ein wirklicher Dialog möglich wurde.

Zuhörer berichteten später, wie sehr es sie bewegt habe, bei den Lesungen die altbekannten Worte der Bibel aus dem Mund eines nichtchristlichen, aber gleichwohl spürbar mit religiöser Vollmacht ausgestatteten Lehrers völlig neu zu hören und den Respekt wahrzunehmen, mit dem er ihre heiligen Texte in Bezug setzte zu dem, was ihm selbst heilig war. Alleinvertretungsansprüche der einen oder anderen Seite wichen der Erkenntnis einer allumfassenden, auf verschiedenen Wegen erfahrbaren Ebene der Wahrheit.

Der Dalai Lama ist nicht der einzige und nicht der erste Buddhist, der sich auf diese intensive, praxisbezogene Weise dem Christentum genähert hat. Auch bei anderen Lehrern, die sich als Buddhisten und Buddhistinnen mit dem Christentum auseinandersetzen, finden wir immer wieder eine bemerkenswerte Bereitschaft, zentrale Glaubenspunkte des Christentums unabhängig vom eigenen Standpunkt in ihrem spirituellen Wert ernst zu nehmen und zu respektieren. Eine weitere Persönlichkeit, die sich im buddhistisch-christlichen Dialog engagierte, ist die deutsch-jüdische Buddhistin Ayya Khema (1923–1997). Als Kind wurde sie aus Deutschland evakuiert und lebte im Laufe ihres Lebens auf fast allen Kontinenten. So hatte sie die „Hauslosigkeit“ buddhistischen Ordenslebens schon lange vor ihrer Begegnung mit dem Buddhismus schmerzlich kennengelernt. Mit über fünfzig Jahren ließ sich die Mutter zweier erwachsener Kinder und mehrfache Großmutter in Ceylon (Sri Lanka) zur Novizin weihen, einige Jahre später folgte die Ordination zur Vollnonne in Kalifornien. Von 1989 bis zu ihrem Tode 1997 lebte und lehrte sie wieder in Deutschland, in ihrem „Buddha-Haus“ im Allgäu.

Angesichts der deutsch-jüdischen Vergangenheit ist es bemerkenswert, mit welcher Überzeugung Ayya Khema von der Sinnlosigkeit von Haß und Rache sprach und von der Notwendigkeit, zu verzeihen und Gleichmut zu üben. „Noch in Shanghai hatte ich erlebt, wie sich viele Juden, vor allem der älteren Generation, in Haß auf die Deutschen verzehrten. Ich konnte das verstehen, man hatte ihnen alles genommen. Aber ich konnte die Haßgefühle nicht teilen. Ich weiß noch, daß ich damals dachte, sie machen sich ihr Leben kaputt mit ihrem Haß ... Und der Buddha hat auch gesagt, daß Haß niemals von Haß ausgemerzt wird, sondern nur von Liebe ... Es war mir klar, daß es notwendig war, sich zu versöhnen und zu vergeben. Nach einiger Zeit gelang mir das auch, selbst als ich noch vieles mehr über die Greueltaten der Nazis hörte."[2]

Auch Ayya Khema stellte in Vorträgen gern biblische Texte, zum Beispiel die Weihnachtsgeschichte oder die Bergpredigt, und Reden des Buddha einander gegenüber, um, wie sie sagte, „ein Beispiel für die Zusammengehörigkeit" zu geben, „die in der Familie der Menschheit besteht". Ayya Khema wörtlich: „Wenn wir das Gefühl der Zusammengehörigkeit empfinden, kann Frieden in unsere Herzen einziehen und dadurch Frieden in der Welt herrschen."[3]

Ein dritter, weithin bekannter Protagonist religiöser Toleranz und spirituellen Miteinanders schließlich ist der vietnamesische Mönch Thich Nhat Hanh, der wichtige Lehrjahre seines Lebens in der Friedensarbeit gegen den unseligen amerikanisch-kommunistischen Krieg in seinem Lande verbrachte. Heute lehrt er Achtsamkeitsmeditation und Friedensarbeit in seinem französischen Zen-Zentrum Plum Village. „Wir müssen", so sagt er, „lernen, Worte und Konzepte zu durchbrechen, um nicht länger voneinander getrennt zu sein. Denn wenn wir uns in Worten verfangen, läuft es darauf hinaus, daß wir uns auf eine sehr unnötige Art und Weise bekämpfen. Wenn wir es jedoch fertigbringen, über Worte und Konzepte hinauszugehen, entdecken wir, daß wir eigentlich alle an einund dasselbe glauben."[4]

Solche provozierenden Worte sind nicht unwidersprochen geblieben, weder bei Buddhisten, die ihm vorwarfen, der Harmonie auf Kosten der Suche nach der Wahrheit das Wort zu reden, noch von christlichen Kreisen, die sein Buch „Lebendiger Buddha – Lebendiger Christus" als „antichristlich" und „gnostisch" bezeichneten. Diese Reaktionen zeigen, wie schwierig es ist, die religiöse Erfahrung von der Einheit theologisch grundzulegen, ohne scheinbar oder tatsächlich in die Gefahr zu geraten, die eigene religiöse Identität aufzugeben oder die der anderen, zumindest aus deren Sicht, zu bedrohen. Eine Auflösung aller Religionen in eine Welteinheitsreligion ist es jedoch keinesfalls, was Thich Nhat Hanh, Ayya Khema oder der Dalai Lama mit ihren Appellen zu Toleranz, Einheit und Dialog anstreben.

„Manche Menschen meinen", so der Dalai Lama, „der vernünftigste Weg, Harmonie zu erzielen und Probleme zu lösen, die mit religiöser Intoleranz zu tun haben, bestünde darin, eine einzige Universalreligion für alle Menschen einzuführen. Hingegen habe ich es immer so empfunden, daß wir unterschiedliche religiöse Überlieferungen haben sollten, weil die Menschen so viele unterschiedliche geistige Veranlagungen haben: Eine einzige Religion kann einfach nicht die Bedürfnisse einer solchen Vielzahl von Menschen zufriedenstellen. Wenn wir versuchen, die Glaubensbekenntnisse der Welt in einer Religion zu vereinen, werden wir viel von den Qualitäten und dem Reichtum der einzelnen Überlieferungen verlieren."[5] Sein Rat an Christen und andere Angehörige der westlichen Hemisphäre ist also, ihre Kenntnis und Wertschätzung der eigenen religiösen Tradition zu vertiefen, anstatt sie vorschnell zugunsten einer fremden Religion wie des Buddhismus aufzugeben.

„Es geht mir überhaupt nicht darum, Christen zum Buddhismus zu bekehren", betont auch Thich Nhat Hanh. „Was ich gerne anbieten würde, sind Anregungen, die den Menschen helfen können, ihre eigene Tradition wieder in ihrer Tiefe zu verstehen. Denn wenn sich das Verständnis ihrer eigenen Tradition vertieft, werden sie mehr Einsicht und Toleranz in sich entdecken ... Durch solch einen Prozeß der tieferen Einsicht können wir den Krieg überwinden und beenden. Wer nicht zur eigenen Tradition zurückkehren und tief in sie hineinschauen kann, bleibt sehr arm. Es gibt in diesem Fall keine Voraussetzung, um mit einer anderen Tradition den Dialog aufzunehmen."[6]

Alle drei zitierten religiösen Lehrer, der Dalai Lama von Tibet, die deutsche Jüdin Ayya Khema und der Vietnamese Thich Nhat Hanh, haben in ihrem Leben erfahren, was Intoleranz, Krieg und weltanschaulicher Fanatismus unter den Menschen ihrer Völker anrichteten. Vielleicht ist das einer der Gründe, weshalb sie wissen, daß theologische Differenzen und religiöse Unterschiede kein Argument sein können, sich dem interreligiösen Dialog und der spirituellen Begegnung mit denen, die uns herausfordern, zu verschließen. Gerade an der Schwelle zum neuen Jahrtausend sollten wir im Westen, ob Christen oder Nichtchristen, ihre Stimmen hören und in das Gespräch, das sie uns anbieten, eintreten.

Anmerkungen

1 Dalai Lama, Das Herz aller Religionen ist eins. Die Lehre Jesu aus buddhistischer Sicht, Hamburg 1997, S. 107 und 109.

2 Ayya Khema, Ich schenke euch mein Leben. Die Lebensgeschichte einer deutschen Buddhistin, Bern/München/Wien 1997, S. 48f.

3 Ayya Khema, Das Größte ist die Liebe. Die Bergpredigt und das Hohelied der Liebe aus buddhistischer Sicht, Uttenbühl 1995, S. 10.

4 Thich Nhat Hanh, Einander zuhören. Zur Verständigung der Religionen, in: Lotusblätter. Zeitschrift für Buddhismus, Deutsche Buddhistische Union (Hg.), München, Nr. 11,3 (1997), S. 5–7, hier: S. 6.

5 Dalai Lama, Das Herz aller Religionen ist eins, S. 98f.

6 Thich Nhat Hanh, Einander zuhören, S. 7.

Martin Kämpchen

Indien will endlich ernstgenommen werden

Stärken des Hinduismus: Energie und Einheitsschau

Als an einem Nachmittag im Mai 1998 die Wüste von Rajasthan im östlichen Nordindien bebte, weil tief unter der Erde eine Atombombe gezündet worden war, bebten die Herzen von Millionen von Menschen mit. Von Menschen, die an Indien geglaubt hatten, die trotz mancher Enttäuschungen und gegenteiliger Beweise an das Ideal Indiens geglaubt hatten und nun diesen Glauben mit dem Sand und den Felsen und der Erde von Pokhran in Rajasthan verglühen sahen.

Eine rechtsgerichtete Hindu-Partei, die die gegenwärtige Regierungskoalition anführt, hatte gemeint, sie sei dem Volk zu seinem größeren Ruhme die Atombombe schuldig. Jetzt würde man das Land international achten und fürchten. Jetzt sei bewiesen, daß Indien ein „großes" Volk ist. Diese Hindu-Partei hat „swadeschi" auf ihre Fahnen geschrieben; das heißt, sie befürwortet, daß Indien so weit wie möglich aus eigenen Quellen schöpft, aus eigener Kraft lebt – anstatt das Ausland, insbesondere den Westen, nachzuäffen, den Konsumwahn und die Technologie und alles, alles unbedacht zu übernehmen. Und nun hat diese Partei gerade das ausgemacht Böse des Westens übernommen: die Atombombe, und ist stolz und befiehlt Hunderten von Millionen von Menschen stolz darauf zu sein, daß die Naturwissenschaftler des eigenen Landes dieses ausgemacht Böse reproduzieren können. Seit dem Tag, an dem in Indien die Wüste bebte, ist unser Indienbild ins Schwanken geraten, das Indienbild jener Menschen in Europa, die Indien für ein friedfertiges Land hielten und sich dabei an das Lebensbeispiel von Mahatma Gandhi erinnern.

Die Atombombe ist das bisher letzte und das eklatanteste Zeichen für das Versagen der politischen Führungsklasse Indiens. Doch diese Führungsklasse können wir nicht mit dem indischen Volk gleichsetzen, ist vor allem nicht der einfache indische „Mann auf der Straße" oder die einfache Frau in der Lehmhütte. Es ist unmöglich, bei einem multikulturellen und multireligiösen Volk von beinahe einer Milliarde Menschen zu verallgemeinern. Darum möchte ich nur meine eigene fünfundzwanzigjährige indische Erfahrung als Zeugen aufrufen: Das Kostbarste und Zukunftsweisende, das dieses Volk besitzt, ist seine geradezu grenzenlose Energie und Vitalität. Man muß auf den Straßen von Kalkutta oder von Alt-Delhi oder von Hyderabad wandern, um diese Vitalität zu erleben. Diese Wirkung erzielt nicht nur die Fülle der Menschen, dieses Menschenmeer, sondern mehr noch ein Fluidum, eine „Elektrizität", die einen durchströmt, sobald man sich unter den Menschen bewegt. Höchst selten fühlt man sich bedroht; nur wenn ein Mangel entsteht oder eine Notsituation, schlägt die Energie in Aggressivität um. Viel von der Energie der Menschen ist rohe und ungerichtete Energie, und wie häufig habe ich darüber nachgedacht, welch ein Himmel auf Erden geschaffen werden könnte, wenn alle diese Energien kanalisiert und zu einem konstruktiven Ziel geführt werden könnten. Es gehört mit zu dem Versagen der Führungselite, daß dies viel zu wenig geschieht.

Diese Energie im indischen Volk entspringt einer Eigenschaft, die uns im Westen immer mehr abhanden kommt: einer Ursprünglichkeit, einer Lebensunmittelbarkeit, die fähig ist, sich total dem Hier und Jetzt hinzugeben, total zu genießen und total zu trauern – unreflektiert, ungebrochen, in kindhafter Unschuld und Einfachheit. In solchen Menschen hat die Lebensenergie noch freie Bahn. Das muß nicht immer zu guten Ergebnissen führen, denn Energie als solche kann ebenso destruktiv, auch selbstzerstörerisch sein. Doch als Gegenentwurf zu dem analytischen, oft gebrochenen Menschentyp unserer europäischen Breiten ist dieser Anblick vollkommener Lebenshingabe erquickend.

Die Energie und Vitalität des indischen Volkes ist etwas in sich Positives und gibt darum Hoffnung. Angesichts der rapide wachsenden Bevölkerung ist diese Hoffnung verzweifelt notwendig. Die Überbevölkerung ist die sichtbarste Bedrohung für den gesunden, normalen Fortbestand des indischen Volkes ins nächste Jahrtausend hinein. Die Überbevölkerung ist beängstigend, wenn man beobachtet, wie die Infrastruktur bis zum Bersten belastet wird.

Überall wetteifernde, sich gegenseitig abdrängende, sich übervorteilende Menschen: im Straßenverkehr, im Postamt, auf der Bank, an der Bushaltestelle, am Bahnhofsschalter – überall „Ellenbogengesellschaft" im wörtlichen Sinn. Da hört die Energie der Friedfertigkeit auf, und eine Dschungelmentalität nimmt von den Menschen Besitz, deren Grundsatz heißt: Einer gegen alle. Das Leben wird zum Überlebenskampf, bei dem emotionale, religiöse und kulturelle Werte kaum noch zählen.

Bevölkerungskontrolle ist insofern um so lebensnotwendiger, als kein bedeutender Politiker, keine große Partei dafür offen und mit Nachdruck kämpft. Das öffentliche Gespräch über Bevölkerungskontrolle bleibt tabu, denn es gehört in Indien zum privaten, familiären Bereich. Man klagt über die Folgen, ohne die Ursache beim Namen zu nennen und zu bekämpfen. Doch alles, einschließlich Indiens Rolle in der Weltgemeinschaft der Nationen, hängt davon ab, ob das Land seine Menschenmassen rechtzeitig begrenzen kann. Ein Versagen wird eine Katastrophe großen Ausmaßes bewirken. Das unkontrollierte Bevölkerungswachstum ist so entsetzlich wie die Atombombe.

Der Inder ist von Natur aus gesellig; er ist es gewohnt, Tag und Nacht Menschen, oft viele Menschen, um sich zu haben. Er ist kontaktfreudig und neugierig, neigt dazu, rasch Freundschaften zu schließen, er liebt die Gastfreundschaft und mag das Spontane. Der Inder versteht sich weniger als Einzelwesen, sondern eher als Mitglied einer Gruppe, und zwar insbesondere seiner Familie. Er ist familienorientiert, denn in der Familie erhält er als Kind emotionale Geborgenheit und als Erwachsener einen sozialen Rang und dadurch einen Lebenssinn. In der Familie lernt er alles, was ihm zum Leben notwendig erscheint: Unterordnung unter eine Autorität, die Fähigkeit, selbst Autorität zu sein, die Rücknahme eigener Interessen aus Rücksicht auf das Wohl der Allgemeinheit. Er ist bereit, sich für die Familie aufzuopfern. Doch gerät bei übergroßem Bevölkerungsdruck der Zusammenhalt der Familie ins Wanken, und das heißt: das Wichtigste im Leben eines Menschen, seine Identität. Der Familiensinn des Inders ist für die westliche Welt, die sich zu einem oft unerbittlichen Individualismus bekennt, ein wesentliches Angebot. Die überdrehte Genußsucht, die Überzeugung, ein Anrecht auf unbeschränkten Genuß zu haben, ist eine Folge des europäischen Individualismus. Wird dieses Syndrom im nächsten Jahrtausend nicht korrigiert, sollten die Menschen immer neue, immer verrücktere und egoistischere Möglichkeiten des Genießens suchen, wird auch in Europa die Gemeinschaft zerbrechen und sich eine Dschungelmentalität ausbreiten. Familiensinn ist das natürliche Korrektiv.

Es gibt wohl kein Land auf der Erde, in dem so viele Kulturen und Religionen, so viele unterschiedliche Völker koexistieren wie in Indien. Nur Israel ließe sich als Vergleich heranziehen. Es ist eine erstaunliche Tatsache, daß dieses Zusammenleben über Jahrtausende möglich gewesen ist und trotz zahlreicher Spannungen weitergeht. In den Indern liegt eine tiefe Fähigkeit zum Sich-Einfügen, Gewährenlassen, Sich-Anpassen, von der sich unsere europäischen Gesellschaften, die das multikulturelle und multireligiöse Zusammenleben erst noch einüben müssen, ein Stück abschneiden können. Es ist dies das Vermögen, Gegensätzliches, sogar Sich-Ausschließendes nebeneinander bestehen zu lassen, nicht auf strengen „Lösungen“ zu beharren, Situationen in der Schwebe zu halten, nicht alles zu analysieren und problematisieren zu wollen, sondern manches unausgesprochen zu lassen – als Unnennbares, als Geheimnis. Es ist das Vermögen, in Polaritäten zu denken und zu empfinden, anstatt in Dualismus. Die Gültigkeit des einen Pols spannt sich bis zum Gegenpol, während Dualismen nur für sich selbst stehen.

Aus dieser Haltung entsteht auch die philosophische Einheitsschau, die im allgemeinen mit dem klassischen Hinduismus assoziiert wird. Mit Einheitsschau bezeichne ich die Begabung, alle Menschen und alle anderen Lebewesen, einschließlich der Bäume und Pflanzen, auch die sogenannte unbelebte Natur wie die Luft und das Wasser als beseelt zu erfahren. Und zwar beseelt mit einer Seele, nicht mit Seelen unterschiedlicher Rangordnung. Eine solche Einheitsschau ist in der indischen Vedanta-Lehre philosophisch begründet und dargestellt worden. Sie einzuüben und im Alltag mit allen Konsequenzen durchzuhalten ist den Weisen und Heiligen vorbehalten.

Doch diese Einheitsschau ist unterschwellig und als emotionales Substrat auch im indischen Alltagsleben vorhanden. Sie ist Indiens Angebot an die Welt des dritten Jahrtausends. Ob Indien sich auf dieses wesentlichste Element seines Ethos besinnen wird, um es selbst überzeugender zu leben? Und es nicht nur den skurrilen und oft sogar unheilvollen Gurus überläßt, diese Einheitsschau in Europa und Amerika zu erklären und ins praktische Leben einzuführen?

Ich komme zum Schluß auf ein weiteres Element der indischen Kultur zu sprechen, das ich für zukunftsweisend halte: auf den Mythos. Indien pflegt einen seit Jahrtausenden ungebrochenen, von keinem Rationalismus verdrängten oder ausgedünnten Mythos. Die großen Volksmythen werden bis heute von den Großeltern und Eltern an die junge Generation weitergegeben und dabei neuen Situationen, dem modernen Leben angepaßt. Indien ist ein Volk von Geschichtenerzählern, ist ein fabulierendes Land, und im Geschichtenerfinden besteht seine größte schöpferische Leistung. Es ist ein direkter Ausfluß der Energie und Lebensunmittelbarkeit, von der ich zu Beginn sprach. Eine Geschichte ist das beste Heilmittel gegen die Kälte, die Rationalität, die Unpersönlichkeit unserer modernen Welt, gegen die Angst, wenn man den Überblick verliert, gegen die Depression, wenn man im Wettkampf nicht mithalten kann. In allen diesen uns so bekannten und immer neu bedrohenden Situationen heißt das indische Trostwort: „Bleibe sitzen. Ich erzähle dir eine Geschichte!“

Indiens Erwartungen an das neue Jahrtausend sind, daß es in der Weltgemeinde ernst genommen wird. Es ist nach China das bevölkerungsreichste Land. Es ist das Ursprungsland mehrerer Weltreligionen, es ist ein uraltes Kulturland – die „Wiege der Menschheit", wie der deutsche Dichter Johannes Gottfried Herder schrieb. Hat es also kein Recht darauf, ernst genommen zu werden? Wirtschaftlich sind Indiens Leistungen unbeeindruckend: Indien gehört zu den ärmsten Ländern; die Hälfte der Bevölkerung ist analphabetisch; ein Drittel lebt unterhalb der Armutsgrenze. Soziologisch gilt das Land weiterhin als vor-modern. Denn das Kastenwesen dominiert, der Geist der Demokratie ist noch nicht verankert, auch wenn die Demokratie als Regierungsform von der Verfassung vorgeschrieben ist. Wie wird es möglich sein, daß Indien im dritten Jahrtausend ernst genommen wird, wenn es zwar eine alte Kultur mit ihren bedeutenden Werten, aber keine befriedigenden modernen wirtschaftlichen Leistungen vorweisen kann? Denn solche Leistungen sind der Weltgemeinde immer noch die wichtigsten.

Monika Gänßbauer

Das Ende der Demütigung und die Wiederkehr einer glänzenden Zukunft?

Chinas Blick ins nächste Jahrtausend

„Sehr verehrte Freunde, Ende des letzten Jahrhunderts war das chinesische Volk arm und schwach und wurde von Großmächten schikaniert. Am Ende dieses Jahrhunderts wird das chinesische Volk wieder den ihm gebührenden Platz in der Weltgemeinschaft einnehmen und seinen großen Beitrag zu Frieden und Fortschritt der Menschheit leisten. Der großartige Aufschwung unseres Volkes – das ist die gegenwärtige Zeitströmung, die niemand aufhalten kann. Dieses große Werk des Aufschwungs speist sich aus den Beiträgen und Erfolgen aller Chinesen. Dieser Aufschwung ist ihr Stolz und ihr Glanz."

In diesem Zitat eines hochrangigen chinesischen Regierungskaders spiegelt sich wohl die Sicht vieler Chinesen auf das 21. Jahrhundert. Immer wieder titeln Zeitschriften bei uns: „Das 21. Jahrhundert gehört den Chinesen!" Wird China wirklich die Weltmacht des 21. Jahrhunderts? Viele Beobachter sehen heute das Land mit seinen 1,3 Milliarden Menschen, unterstützt von einem globalen Netzwerk chinesischer Unternehmer von Hongkong bis Vancouver, unaufhaltsam zur wirtschaftlichen Supermacht der Zukunft aufsteigen. „Der Kalte Krieg ist vorbei, und gewonnen haben die Chinesen", schreibt John Naisbitt in seinem Bestseller „Megatrends Asien". Das Bild von China als der neuen Weltmacht am Himmel des 21. Jahrhunderts ist nicht nur in den westlichen Medien populär. Auch in China wird der Bedeutungszuwachs des Landes gern anhand solcher westlichen Presseberichte „belegt".

Dieser Prognose steht allerdings eine Katastrophenvariante gegenüber, ein „worst case scenario" für China im 21. Jahrhundert, das auch im Lande selbst kursiert. Da wird hingewiesen auf Chinas soziales, ökologisches und wirtschaftliches Krisenpotential. Das riesige Land mit seinen so unterschiedlich geprägten Regionen könnte auseinanderfallen. Eine Militärdiktatur könnte Chinas Entwicklung um Jahrhunderte zurückwerfen, das Land wieder so stark gegenüber dem Ausland abschotten, wie es zu Zeiten der Kulturrevolution der Fall war. Im Kampf um eine Demokratisierung des Landes könnte es zu blutigen Unruhen kommen.

Chinas Zukunft ist in der letzten Zeit stark ins öffentliche Interesse gerückt – und die Prognosen über den Weg des Landes reichen von Warnungen vor einer expansionistischen, nationalistischen Supermacht bis hin zu Visionen von einer friedlichen Evolution, von einer sich schrittweise modernisierenden und demokratisierenden Gesellschaft. Doch wie sehen Chinesen selbst der Jahrtausendwende entgegen?

Um chinesische Hoffnungen und Ängste im Blick auf das nächste Jahrtausend zu begreifen, müssen wir zunächst einmal einen Blick in Chinas Vergangenheit tun. Bereits im Jahr 221 v. Chr. bildete sich das chinesische Kaiserreich heraus, das institutionell bis in unser Jahrhundert hinein, bis zum Jahr 1911, erhalten blieb. Es ist wichtig, sich diese erstaunliche – und weltweit einmalige – Kontinuität der politischen Organisation vor Augen zu führen. China stellte bis zum 19. Jahrhundert einen kolossal großen Reichsverband dar, der von einem Kranz tributpflichtiger Vasallenstaaten umgeben war. Dabei war den Chinesen der westliche Staatsbegriff mit seinen genau abgesteckten Grenzen und einer jeweiligen Nationalität fremd. Die Welt beziehungsweise das, was den Chinesen damals vom Globus bekannt war, fügte sich für sie in ein Bild konzentrischer Kreise, das von zivilisatorischen Kriterien geprägt war. China, das Reich der Mitte, befand sich im Mittelpunkt der Zivilisation. Und Chinas Grenzen waren nicht durch Grenzbäume und Markierungen definiert, sondern durch die Nähe zur chinesischen Zivilisation. Fremd war den Chinesen auch die Vorstellung von einer Weltgemeinschaft mit mehreren gleichberechtigten Staaten. Die traditionelle chinesische Gesellschaft war zutiefst vom Glauben an die Einzigartigkeit Chinas geprägt. Die Völkerfamilie erschien ihr deshalb auch als Verband, in dem China ganz selbstverständlich die Rolle des Familienoberhaupts einnahm. Schließlich gab das Reich der Mitte in Ostasien ja tatsächlich 2000 Jahre lang den Ton an. Undenkbar, daß ein anderer Staat China das Wasser reichen konnte. Die Vorstellung, daß etwa der britische König mit dem chinesischen Kaiser auf gleicher Ebene verkehren könnte, erschien den Chinesen noch Anfang des 19. Jahrhunderts so absurd, daß sie der Aufforderung Königs George III. von England, gleichrangige Beziehungen aufzunehmen, eine – für asiatische Verhältnisse – äußerst beleidigende Abfuhr erteilten. Doch nun war die – für Chinas kulturelle Psyche so fatale – Begegnung mit dem Westen nicht mehr abzuwenden. Mit der Ankunft der Europäer an Chinas Küsten brachen ab Mitte des 19. Jahrhunderts Schlag auf Schlag militärische Niederlagen über China herein: zunächst der Opiumkrieg (1839–1842), dann der chinesisch-französische Krieg (1884/1885), schließlich die traumatische Niederlage gegen Japan (1894/1895) und die Demütigung des Reichs im Gefolge des Boxeraufstands (1990). China wurde – seiner Eigenwahrnehmung nach – nicht nur politisch entmündigt und wirtschaftlich zur Ader gelassen, sondern auch als Träger eines eigenen Wertesystems achtlos beiseite geschoben. Gegen Ende des 19. Jahrhunderts war China, wie Sun Yatsen, der Vater der Republik, es einmal ausdrückte, zu einer „halbkolonialen" Gesellschaft herabgesunken. Verletzter Stolz, gleichzeitig aber auch Selbstanklage sprechen aus einem Zitat Sun Yatsens von 1927: „Von allen Völkern der Welt sind wir Chinesen das größte. Unsere Zivilisation und Kultur bestehen seit mehr als 4000 Jahren. Eigentlich sollten wir mit den europäischen und amerikanischen Ländern auf gleicher Stufe stehen; da wir aber ... kein Bewußtsein für den Staat haben, sind wir bis heute nichts weiter als ein Haufen losen Sandes. Deshalb ist unser Land heute das ärmste und schwächlichste und unsere Lage die erbärmlichste ..."

Werfen wir nun, nach dem kleinen Ausflug in Chinas Vergangenheit, noch einen Blick auf das chinesische Zeitverständnis. In China hat sich, anders als in der jüdisch-christlichen Tradition, kein lineares Zeitverständnis entwickelt. Zeit wird in China, so der Sinologe Wolfgang Bauer, eher flächig verstanden. Vergangenheit, Gegenwart und Zukunft sind wie auf einer Scheibe angelegt und können ineinandergreifen. In diesen flächigen Zeitbegriff sind wiederum Zyklen eingebaut, wie die vom immer wiederkehrenden Wechsel der Dynastien. Durch diese Einreihung in Zyklen wurde Neues in China gleichsam gezähmt und seiner gefährlichen Brisanz beraubt. Dahinter stand die Vorstellung, daß alles Neue schon einmal dagewesen sei und nur eine „Erneuerung" darstelle. Letztlich hatte dies die fatale Folge, daß der Gedanke eines allmählichen Fortschritts sich in China nie ganz durchsetzen konnte. Um so verstörter war eine ganze Generation chinesischer Intellektueller Anfang des 20. Jahrhunderts, als sie mit der vehementen Kraft konfrontiert wurde, die die westliche Kultur aus ihrem Glauben an Entwicklung und Fortschritt zog. Und um so faszinierter waren Chinesen dann, als sie mit dem Marxismus in Berührung kamen, der es als ehernes Gesetz ansah, daß dieser anscheinend so unangreifbare Westen, unter dem China gelitten hatte und litt, in seiner kapitalistisch-imperialistischen Gestalt eines Tages zusammenbrechen würde.

Kehren wir nun wieder zurück in die Gegenwart und betrachten die Gefühlslage in China kurz vor der Jahrtausendwende. Vor kurzem erschien in China ein Bestseller mit dem Titel „China kann nein sagen". In über 2 Millionen Exemplaren verkauft, knüpft es an eine Reihe ostasiatischer „Neinsager"-Werke an und steht symbolisch für den gerade unter jungen Chinesen momentan stark verbreiteten Stimmungsnationalismus.

In „China kann nein sagen" wird ein „nationales Erwachen" Chinas gefordert. Man solle sich nicht länger am Urteil des Auslands über China orientieren. China sei so gut wie andere Länder auch, es habe sich nur ein bißchen später auf den Weg gemacht. Das Werk lebt außerdem von einer starken Polemik gegen Amerika. Dem unbegrenzen Imperialismus Amerikas müsse man sich entschieden entgegenstellen, der amerikanische Einfluß auf Asien müsse gestoppt werden. Erst auf den letzten Seiten des Werkes findet sich seine eigentlich zentrale Aussage und sein Credo: „Es ist kein Traum. China kann ein starkes Land werden." Daß die Autoren des Werkes als Folie für ihre Auseinandersetzung die Weltmacht Amerika wählten, macht den Anspruch Chinas auf den zukünftigen Status einer Weltmacht deutlich. Zumindest im zivilisatorischen Bereich pocht China wieder auf seinen „verdienten Führungsanspruch". Interessant ist an dem Buch auch das Phänomen einer unterschwelligen Angst vor der Weltmacht Amerika. Sie spiegelt sich in der Aussage: „Wer kann denn garantieren, daß, wenn man eines Morgens die Tür aufmacht, nicht ein amerikanischer Panzer davorsteht." Diese Angst findet sich mit umgekehrten Vorzeichen ja auch in der westlichen Welt – angesichts eines nicht nur wirtschaftlich, sondern mehr und mehr auch militärisch erstarkenden Chinas.

Nach der Veröffentlichung von „China kann nein sagen" wurden aber auch Gegenstimmen im Land laut. Es wurde betont, daß China keine „Kreuzzugsleidenschaft" und keine „krankhaften, selbstverliebten Wahnideen über seine Würde und sein Nationalbewußtsein" brauche.

Diese Debatte scheint mir symptomatisch für die Zerrissenheit vieler heutiger Chinesen. Dem starken kulturellen Selbstbewußtsein Chinas wurde, wie wir gesehen haben, im 19. und 20. Jahrhundert der Boden entzogen. So kam es zu Spannungen zwischen einem unterschwelligen Minderwertigkeitsgefühl einerseits und einem übertriebenen Selbstbewußtsein andererseits. Heute, da Chinas Modernisierungskurs erstaunliche Erfolge aufweist, tritt diese komplizierte psychische Gemengelage wieder zutage. Viele Chinesen haben nun das Gefühl, daß das Jahrhundert der Demütigung Chinas seinem Ende zugeht, daß sie wieder Grund haben, stolz zu sein und daß eine neue Epoche angebrochen ist, die China seine frühere Macht und Autorität wiederbringen wird. Das Land fordert für das 21. Jahrhundert deutlich einen prominenten Platz in der Weltgemeinschaft. Teilweise hat China diesen Platz, zum Beispiel durch den Sitz im Sicherheitsrat der Vereinten Nationen, ja bereits erreicht.

Ein führender Kopf der Akademie für Sozialwissenschaften in Peking, Professor Zhuo Xinping, hat im Blick auf die heute wieder akute chinesische Identitätsfrage allerdings vor einem neuen „Ritenstreit" gewarnt. In einer Situation zunehmender Globalisierung dürfe man es nicht zum erneuten Konflikt zwischen östlicher und westlicher Zivilisation kommen lassen. Huntingtons These vom „Zusammenprall der Zivilisationen" habe in China zu starken Reaktionen geführt. Professor Zhuo kritisiert dieses Debatte. Der Ehrgeiz einer Nation könne katastrophale Folgen für andere Nationen wie auch für das eigene Land bedeuten. Die chinesische Kultur könne hier vom christlichen Begriff der Ökumene profitieren. Um Zhuo Xinping zu zitieren: „Wir leben in einer Welt, die uns allen gemeinsam ist und für die wir auch gemeinsam Verantwortung tragen. Unser Leben hängt mit dem vieler anderer Menschen auf der Welt eng zusammen. Mit Hilfe des Ökumenebegriffs kann die chinesische Kultur zu einem Teil der Weltkultur werden."

Es sollte deutlich geworden sein, daß Chinesen wohl insgesamt mit mehr Hoffnungen als Befürchtungen auf die Jahrtausendwende blicken und daß dieser Blick nach vorn nie ohne den Blick zurück in die Vergangenheit geschieht. Mit Zhuo Xinping bleibt zu hoffen, daß sich mit zunehmender Globalisierung auch der friedliche Austausch zwischen Angehörigen unterschiedlicher Zivilisationen verstärken und gegenseitiges Verstehen wachsen kann statt abzunehmen.

Christian Modehn

Apokalypse jetzt?

Endzeiterwartungen, Angst und Hoffnung vor der Jahrtausendwende

Ausgerechnet auf einem Flughafen soll der Heilige Geist mit aller Macht aus Himmelshöhen zur Erde herniedergefahren sein. In unmittelbarer Nähe zum „International Airport of Toronto“ befindet sich die Vineyard Church, also die Weinbergskirche. Im Jahr 1994 haben sich dort sonderbare Dinge zugetragen, die ganz und gar nichts mit einem übermäßigen Weinkonsum zu tun hatten, wie der Name der Kirche ja nahelegen könnte. Vielmehr erlebten dort Christen aus verschiedenen konservativen evangelikalen Kirchen das Geschenk des Heiligen Geistes, wie sie sagten. In den Erweckungsgottesdiensten der Airport Vineyard Church wurde offenbar so intensiv um die Gaben des Heiligen Geistes gefleht, daß dieser tatsächlich kam und sich gleich auch der Leiber bemächtigte. Hunderte von Frommen wurden während des Betens und Singens niedergestreckt, stürzten zu Boden, andere wurden von langanhaltenden Lachkrämpfen geschüttelt. Andrew Brown, Journalist bei der englischen Tageszeitung „Independent“, war bei diesem wundersamen Treiben dabei: „Nachdem sich etliche Fromme auf den Boden gestürzt hatten, begannen die Menschen am ganzen Körper zu beben und mit den Füßen auf die Erde zu stampfen. Weiter vorne vibrierte eine Frau mit kurzem schwarzen Haar wie der Preßlufthammer eines Straßenarbeiters ungefähr 20 Minuten lang. Aus einer Ecke kam ein gewaltiges Stöhnen und Keuchen, das allerdings nicht sexuell gefärbt klang. Von drei oder vier Stellen erklang ein hemmungsloses, markerschütterndes Kichern. Das klang nicht wie die Stimmen von Erwachsenen, sondern wie das Lachen von Kleinkindern. Aber es kam von seriösen Frauen zwischen dreißig und vierzig.“

Wer an diesen Gebetsstunden teilgenommen hat, meinte, das „Heiliggeistfieber“ habe ihn gepackt; dies ist keineswegs eine unheilbare Krankheit, sondern der höchste Glückszustand für ultrareligiöse Christen: Sie sind sozusagen vom Heiligen Geist bewohnt, fiebern Gott entgegen. Göttliches verbindet sich mit Menschlichem, darum die ungewöhnlichen Reaktionen. Der Publizist Damian Thompson hat sich mit diesem Phänomen auseinandergesetzt, er berichtet von einem typischen Vorfall: „Einige ziemlich steifleinene evangelikale Kirchenführer gaben zu, daß sie nach einer besonders euphorischen Gebetssitzung kichernd zu ihren Autos getragen wurden. Sie waren so sehr vom Geist erfüllt, daß sie von ihren Frauen nach Hause gefahren werden mußten."

Die Vineyard Church am Flughafen Toronto ist auch heute eines der wichtigsten Zentren geistbewegt-frommer, charismatischer und evangelikaler Christen Nordamerikas und der Englisch sprechenden Welt. Von Toronto aus haben sich die wunderbaren Ereignisse herumgesprochen; jetzt ist weltweit nur noch die Rede vom Toronto Blessing, der Toronto Segnung. Die Gläubigen geben den Ereignissen eine einmalige Deutung des Geschehens: Was dort passierte, gilt als der Beginn der größten Erweckung in der Kirchengeschichte, einer Erweckung, die der Wiederkunft Christi auf Erden vorausgeht. André Walker vom Kings College, ein Spezialist für alle Fragen geistgewirkten Glaubens, meint: „In den Gottesdiensten von Toronto drückt sich eine prämillennare Spannung aus."

Dieser seltsam anmutende Begriff fand sofort Aufnahme in die religiöse Alltagssprache. In Amerika und England ist nur noch die Rede von PMT-Syndromen; gemeint sind Pre-Millennial-Tensions; also seelische Anspannungen vor dem Übergang ins nächste Jahrtausend. Wer vom PMT-Syndrom erfaßt ist, sieht überall die Spuren des Untergangs dieser Welt; er ahnt dunkel die Ankunft des Antichristen, er sieht die Schlachten der Endzeit vor sich, die eine klare Scheidung bringen zwischen Guten und Bösen, und er hofft, auf der richtigen Seite zu stehen und Anteil zu haben am endgültigen Reich des Friedens, der Erlösung, der Gottesherrschaft.

Die konservativen evangelikalen Protestanten glauben nicht daran, daß die Kämpfe zwischen Christus und dem Antichristen irgendwann einmal in weiter Ferne stattfinden könnten. Edgar Whisenant zum Beispiel, einst Ingenieur der NASA, jetzt geisterfüllter Christ, rechnete mit seiner persönlichen Entrückung in den Himmel für das Jahr 1987. Hal Lindsey hingegen hatte in seinem Super-Bestseller „Late Great Planet Earth" genau nachzuweisen versucht, daß 40 Jahre nach der Gründung des Staates Israel, also im Jahr 1988, das Ende der Welt bevorstehe. Jetzt informieren fromme Fernsehprogramme ihre Zuschauer, was man tun kann, wenn man plötzlich von dieser Erde in den Himmel entrückt wird. Präsident Reagan sprach ausdrücklich vom Reich des Bösen im apokalyptischen Sinne, wenn er die Sowjetunion meinte. Auch er glaubte daran: Die letzte Schlacht vor der Wiederkunft Christi, die Schlacht von Harmageddon, wie das Buch Apokalypse sagt, stehe bevor. Als leibhaftiger Antichrist wurde später Saddam Hussein im Golfkrieg ausgemacht, er galt als Beförderer des Weltuntergangs; darüber waren die Frommen gar nicht unglücklich, kamen sie so doch in den Genuß, schon recht bald ins himmlische Jerusalem eintreten zu können. Deswegen unterstützten sie auch den Golfkrieg nach Kräften. Kriege können also göttlichem Willen entsprechen – und die Herabkunft des Himmels beschleunigen, meinen die evangelikal Frommen.

Die Geheime Offenbarung des Johannes

Von den bisher nicht eingetretenen Weltuntergängen lassen sich die Frommen keineswegs erschüttern; sie glauben immer fester an Gottes unendliche Weisheit. Jetzt drehen und wenden sie wieder das biblische Buch Apokalypse, um neue Untergangsdaten herauszufiltern. Das Ergebnis heißt: Bis zum Jahr 2000 kommt der Herr der Himmel auf die Erde. Der englische Publizist Damian Thompson: „In der Buchhandlung des Kensington Temples, einer aufsehenerregend erfolgreichen Pfingstkirche in Westlondon, kann man Broschüren erwerben, in denen die Europäische Gemeinschaft mit den zehn Nationen des Antichristen aus dem Buch der Apokalypse identifiziert wird. Man kann dort ein ganzes Regal von Büchern finden, in denen die Wiederkunft Christi um die Jahrtausendwende angekündigt wird. Überhaupt sind die konservativ evangelikalen Buchhandlungen voll mit Broschüren über die Endzeit."

Der amerikanische Psychoanalytiker Charles Strozier hat fünf Jahre lang Mitglieder aus den Kirchen interviewt, die eine starke Endzeiterwartung haben: „Ich fand, daß praktisch alle meine Interviewpartner große, wenn auch manchmal unverdaute Teile der apokalyptischen Theorie mit sich herumschleppten. Vorstellungen von Entrückungen von dieser Erde in den Himmel in den Zeiten des Endes, Vorstellungen von der großen Drangsal, vom Antichristen, dem apokalyptischen Tier und von Armageddon, der apokalyptischen Endschlacht."

Was sind das für Menschen, die sich an die Apokalypse klammern, an das drohende Endgericht und das Offenbarwerden Gottes in dieser Welt? Etliche Psychologen stimmen darin überein: Es sind Menschen, die unter der bestehenden Gesellschaft zu leiden haben, die sich benachteiligt fühlen, die nicht mehr klarkommen mit den neuesten gesellschaftlichen Entwicklungen, zum Beispiel im Bereich der Sexualmoral. Sie sind erklärte Gegner der Gleichstellung homosexueller Menschen oder militante Feinde der Abtreibung oder auch der feministischen Bewegungen. Manche fühlen sich gar berufen, sogenannte Abtreibungskliniken zu belagern und möglicherweise zu beschädigen, die Ärzte zu attackieren und das Personal zu schikanieren. Diese Liberalisierung macht ihnen angst, sie fühlen sich vielleicht auf einem verlorenen Posten und suchen ihren Trost in der Idee eines unmittelbar bevorstehenden Endgerichts – aus dem nur sie allein gerettet werden.

In Lateinamerika hat sich die Zahl apokalyptisch bewegter Christen verzehnfacht; in Südkorea sprießen die ganz auf Endzeitfragen spezialisierten Kirchen geradezu aus dem Boden; in China wird die Zahl evangelikaler Christen auf etwa 20 Millionen geschätzt. In den USA gibt es inzwischen mehr Endzeit-Christen als aufgeklärte Mitglieder der traditionsreichen protestantischen Kirchen.

Kein Buch des Neuen Testaments ist weltweit so bekannt und populär, bis hin zur Rockmusik, wie die Geheime Offenbarung des Johannes, die Apokalypse. In der Sammlung der Schriften des Neuen Testaments befindet sich die Geheime Offenbarung an letzter Stelle. Verschlüsselte Enthüllung und symbolisch-bildhafte Weissagung verborgenen Wissens bietet dieses im Jahre 100 nach Christus verfaßte biblische Buch. Die Apokalypse beschreibt das Ende der Welt und die Ankunft eines neuen Reiches, das ganz von Gottes Güte beherrscht sein wird. In der Übergangszeit aber gibt es wilde und wüste Kämpfe zwischen den Frommen und den Gottlosen. Von Schlachten ist die Rede und Naturkatastrophen sowie von wilden unbezwingbaren Tieren; die Macht des Antichristen wird angekündigt. Eine Fülle von Weissagungen und rätselhaften Sprüchen, von Visionen und Zahlenspielen zieht den Leser in Bann; wie kein anderes biblisches Buch verführt die Apokalypse dazu, der religiösen Einbildungskraft freien Lauf zu lassen und hemmungslos zu grübeln und zu spekulieren. Die Zeugen Jehovas sind von ihren immer wieder unzutreffenden Ankündigungen vom Ende der Welt jetzt offenbar selbst so stark irritiert, daß sie in ihrer Zeitschrift „Erwachet" auf die bisher üblichen Hinweise zum Weltenuntergang verzichten. Aber von einem wörtlichen Verständnis der bildhaften Sprache der Apokalypse wollen sie doch nicht lassen.

Neugegründete Sekten gehen noch weiter, sie wollen den endzeitlichen Kampf beschleunigen. Die Mitglieder der AUM-Sekte verübten im März 1995 den Giftgasterror in der Untergrundbahn von Tokio in der Überzeugung, die Zerstörung der – angeblich – gottlosen Gesellschaft sei der beste Beitrag, um das jenseitige Friedensreich herbeizuführen. Heaven's Gate nannte sich eine apokalyptische Gemeinschaft in Kalifornien. 39 Frauen und Männer sehnten sich so stark nach einem überirdischen Dasein, daß sie glaubten, ein UFO würde ihre leblosen Körper ins Jenseits transportieren. Angeblich hätten sie diese Meldung über Internet empfangen. Im Frühjahr 1996 faßten sie den Entschluß, kollektiv Selbstmord zu begehen. Die UFOs würden die Seelen retten, glaubten sie. Der evangelische Theologe Michael Nüchtern hat sich mit dieser apokalyptischen Bewegung befaßt: „Bei der kalifornischen Gruppe Heaven's Gate war Apokalyptik sehr verbunden mit der Abwertung dieser Welt. Nicht nur mit der Abwertung dieser Welt, sondern auch mit der Abwertung alles Materiellen, alles Leiblichen. Die haben praktisch nur noch in einer geistigen Welt gelebt. Und da war der Schritt zu einer Entleibung, zu einer Tötung, ganz nah. Weil sie glaubten: Durch den Tod kommen wir in die eigentliche Welt, in der wir jetzt eigentlich schon mit unseren Computern leben."

Auch in Deutschland ist die Lust ungebrochen, jedes einzelne Wort, jedes einzelne Bild und Symbol der Apokalypse mit einer aktuellen Bedeutung aufzuladen. In einigen Gemeinden der evangelischen „Landeskirchlichen Gemeinschaft Berlin", also keineswegs bei einer etablierten „Sekte", ist die regelmäßige Lektüre der Apokalypse viel mehr als eine bloße Pflichtübung, sie gilt als Fahrplan für den Weg ins Jenseits. Wolfgang Schmidt arbeitet als Prediger in der Ruhlebener Gemeinde; er weiß sich darüber hinaus mit der evangelikalen Bewegung des „Mitternachtsrufes weltweit" verbunden, einer Gemeinschaft, die jedes Wort der Apokalypse wörtlich versteht. Nur 144 000 Gerechte sollen am Ende gerettet werden, behauptet das Buch Apokalypse im 7. Kapitel. Wolfgang Schmidt: „Das gilt absolut. Das ist also kein Bild, sondern das ist eine absolute Darstellung der zukünftigen Herrschaft Christi auf Erden. Denn er braucht als König aller Könige auch eine, sag ich mal, Regierungsmannschaft. Und die 144 000, das sind jeweils 12 000 aus jedem Stamm Israels, sie werden das Fundament bilden, um die Botschaft vom Königreich unter alle Nationen zu bringen."

Wer die Apokalypse wie eine Informationsquelle benutzt und als exakte Beschreibung über den Ablauf der Geschichte liest, kann sich schnell einen griffigen Überblick verschaffen über die gesamte noch ausstehende Zukunft. Er kann sich dann einreden, sozusagen über göttliches Insiderwissen zu verfügen. Wolfgang Schmidt jedenfalls weiß, daß das verheißene Ende der Welt nicht plötzlich kommt, denn davor liegt noch das tausendjährige Reich des Friedens: „Also das tausendjährige Reich beginnt, wir können es ganz grob sagen, nachdem dieses von der Bibel bezeichnete antichristliche Reich stattgefunden hat. Es wird also gerade in der Apokalypse ein Reich beschrieben unter einem Weltenherrscher, der die Anbetung sucht, er gibt sich aus als Gott, er gibt sich aus als der Messias Israels; er gibt sich aus als der allein wahre, anbetungswürdige Gott. Und alle sollen sich ihm beugen. Das wird als das antichristliche

Reich bezeichnet, das muß zumindest erst mal stattfinden, bevor dieses Friedensreich beginnt." Ein frommer Apokalyptiker kennt die Phasen der Weltgeschichte wie seine Westentasche. Denn vor dem tausendjährigen Friedensreich kommt noch die Herrschaft des Antichristen, des widergöttlichen Machthabers.

In Deutschland gehören nach Schätzungen des Religionssoziologen Michael Ebertz acht Millionen Menschen zur Schar der apokalyptisch-orientierten Christen. In den USA glauben mindestens 40 Millionen evangelikale Protestanten, daß das Ende nahe bevorsteht.

In einigen Monaten wird das Jahr 2000 beginnen, mit allem nur denkbaren Glanz soll es eingeleitet werden; so wollen es die Werbemanager, so wollen es die Strategen für Konsum und Kommerz. Sie wissen genau: Das runde Datum mit gleich drei Nullen fasziniert sehr viele Menschen. Ist es nicht ein Geschenk, wenn nicht eine Gnade, ein neues Millennium, eine Jahrtausendwende erleben zu dürfen? Trendforscher meinen, daß anläßlich des magischen Datums „2000" auch die Ängste vor einer ungewissen Zukunft größer werden.

Der Papst und die Apokalypse

Auch in der katholischen Kirche gibt es ein lebhaftes Interesse an der Jahrtausendwende, an der Frage nach dem Sinn des künftigen Millenniums, das voller Ungewißheiten steckt. Die katholische Theologie und mit ihr auch die offizielle dogmatische Lehre hat zwar immer davor gewarnt, aus dem Buch der Apokalypse genau die Daten des Weltuntergangs zu berechnen. Aber die katholische Kirche will nicht das faszinierende Datum, das Jahr 2000, ignorieren. Der Papst und die Bischöfe können und wollen den Übergang ins nächste Jahrtausend nicht als letztlich belanglosen Wechsel der Daten betrachten. Der Papst will die einmal vorhandenen apokalpytischen Ängste dadurch beruhigen, daß er das Jahr zum Heiligen Jahr, zu einem Jahr besonderer Gnaden auserkoren hat. Am 15. Mai 1996 hat er im Vatikan offiziell die Vorbereitungen für das Heilige Jahr 2000 angekündigt. Allerorten sollen zusätzliche Gottesdienste und geistliche Übungen stattfinden, Bußpredigten sollen gehalten, Bibelkurse veranstaltet werden. Eine Art fromme Generalmobilmachung für das Jahr 2000 ist angesagt – mit einer dreijährigen Vorbereitungsphase. In allen Gemeinden soll im Jahr 1997 über Jesus Christus meditiert werden; ein Jahr später soll der Heilige Geist im Zentrum gläubiger Besinnung stehen; 1999 schließlich soll die göttliche Wirklichkeit im ganzen bedacht werden. Auf diese Weise soll die Jahrtausendwende zu einem katholischen Großereignis gemacht werden. Das ist der Sinn der ungewöhnlichen Aufwertung des Jahres 2000 zu einem Heiligen Jahr.

Die Tradition geht zurück aufs Jahr 1300. Jerusalem befand sich damals in der Hand der Muslime; so brauchte die Christenheit einen neuen zentralen Wallfahrtsort. Rom wurde seit dem Jahr 1300 das wichtigste Reiseziel der Frommen. Als sich viele tausend Pilger in der Heiligen Stadt einfanden, erklärte der damalige Papst Bonifaz IIX. das Jahr 1300 zu einem „Heiligen Jahr", in dem der Ablaß gewonnen werden konnte, das heißt die armen Seelen im Fegefeuer konnten durch fromme Übungen befreit werden und ins Paradies gelangen.

Die Erfahrungen des ersten Heiligen Jahres waren – auch in finanzieller Hinsicht – so positiv, daß sich die Päpste entschlossen, in einem regelmäßigen Abstand von 25 Jahren immer wieder ein großes Jubel- und Gnadenjahr auszurufen. Sie bezogen sich dabei auf die Lehre des Alten Testaments: Alle fünfzig Jahre sollte nach dem Gesetz des Moses ein außergewöhnliches Jubeljahr gefeiert werden. Alle Bewohner Israels wurden aus diesem Anlaß rechtlich gleichgestellt. Sklaven wurden in die Freiheit entlassen. Während für das Volk Israel ein Jubeljahr spürbare gesellschaftliche Auswirkungen hatte, sind die kirchlich geprägten Heiligen Jahre ausschließlich auf das spirituelle, das geistliche Wohl bezogen. Heilige Jahre wollen die Seele fördern, nicht die Gesellschaft verändern. Es geht um die Befreiung von Sünden.

Die Päpste errichteten im Petersdom eine Heilige Pforte, eine ganz besondere Tür, die nur der „Heilige Vater" im Heiligen Jahr öffnen darf. Sie befindet sich noch heute an der rechten Ecke des Hauptportals vom Petersdom; sie ist ein Symbol dafür, daß sich die Sünder durch das schmale Tor der Buße hindurchzwängen müssen, um Vergebung der Sünden zu erlangen.

Schon Ende 1999 wird Johannes Paul II. abermals die Heilige Pforte öffnen. Nach neuesten Schätzungen werden im Jahr 2000 rund 40 Millionen Pilger aus aller Welt in Rom erwartet. Selbst wenn auch noch in allen römischen Klöstern Schlafsäle für Pilger eingerichtet werden, wird die Stadt einem beinahe apokalyptischen Massenansturm von 40 Millionen zusätzlichen Gästen kaum gewachsen sein.

Der Papst sieht dem unerschütterlich entgegen. Für den gesundheitlich stark angeschlagenen Johannes Paul II. steht die Feier des Heiligen Jahres an oberster Stelle, alle seine Aktivitäten sind auf dieses Datum bezogen. Schließlich gibt es ganz Ungewöhnliches zu feiern: den zweitausendsten Geburtstag Jesu Christi. Schon 1994 hat Johannes Paul II. eine Enzyklika, ein Lehrschreiben, publiziert unter dem Titel: Tertio Millennio Adveniente, „Wenn das Dritte Jahrtausend heranrückt". Das heißt konkret: Wenn der zweitausendste Geburtstag Jesu Christi zu feiern ist. Johannes Paul II. muß allerdings selbst in einem Nebensatz seines Schreibens eingestehen: „Wobei man von einer exakten zeitlichen Berechnung des Geburtstages absieht." Im Klartext heißt das: Auch wenn wir heute aufgrund historischer Forschung wissen, daß Jesus nicht im Jahre 0, sondern wahrscheinlich im Jahr 7 vor unserer Zeitrechnung geboren wurde, so halten wir doch an dem Geburtstag im Jahre Null fest. Schließlich wollen wir unbedingt ein rundes Heiliges Jahr feiern ... Aber die Aufwertung des Jahres 2000 geht noch weiter: Der Papst betont: „Auch die Kirche besteht seit 2000 Jahren."

Die historische Realität wird auch an diesem Punkt nicht ernst genommen: Denn die Kirche (die römisch-katholische?) wurde nach Überzeugung zahlreicher katholischer Theologen „zu Pfingsten gegründet", also etliche Jahre nach dem Jahre „0". Aber solche Details interessieren den Vatikan nicht. Dem Papst geht es ganz entschieden darum, die große Jahrtausendwende sozusagen katholisch zu prägen, zu einer Sache seiner Kirche zu machen.

In seinem Schreiben „Tertio Millennio Adveniente" hat Johannes Paul II. seine Vorstellungen zum Jahr 2000 genau beschrieben; der Text ist direkt auf die apokalyptische Stimmungslage bezogen. Der Papst will beruhigen; ist doch die ganze Weltgeschichte sozusagen von der Gestalt Christi umfangen und beherrscht. „Mit dem Kommen Christi beginnt die Endzeit, die letzte Stunde. Christus ist der Herr der Zeit, er ist ihr Anfang und ihr Ende."

Aber der Papst fügt eine wichtige Ergänzung gleich hinzu: „Mit der Endzeit beginnt auch die Zeit der Kirche, die bis zur Wiederkunft Christi dauern wird." Die Zeit der Menschen, die ganze Weltgeschichte, wird also von der Kirche interpretiert und gedeutet. Die heute gängige Zeitrechnung ab anno Domini, also von der Geburt Christi her, ist für den Papst deutlicher Beleg dafür, daß der christliche Glaube tatsächlich so etwas wie der Herr der Zeiten und Epochen ist. Dem christlichen Kalender hat sich praktisch die ganze Menschheit unterworfen. Darum wollte der Papst das Jubiläumsjahr 2000 mit Vertretern des Judentums und des Islam gemeinsam feiern; aber dieser fromme Wunsch mußte scheitern.

Auch wenn sich Juden und Muslime nicht in den christlichen Kalender einfügen lassen, der Papst bleibt bei seiner Überzeugung: In der apokalyptisch erlebten Welt muß der Katholizismus wie ein sicherer Fels in der Brandung erscheinen, wie eine Burg, in die man sich vor den Verführungen des Antichristen flüchten kann, um Geborgenheit und Frieden zu finden. Allein die Kirche kann auf der Erde der Macht Satans standhalten; der Glaube an den Fürsten der Finsternis und die Realität von Teufel und Hölle sind darum in der offiziellen katholischen Lehre ungebrochen. Und apokalyptische Vorstellungen sind alles andere als tot. Kenner des Vatikans weisen darauf hin: Die Enzyklika zum Jahr 2000 ist das geistliche Testament des Papstes. Hier hat Johannes Paul II. noch einmal seine wichtigsten Überzeugungen zusammengefaßt. Schon kurz bevor Kardinal Karol Wojtyla 1978 zum Papst gewählt wurde, sagte er gegenüber seinen Freunden in Krakau: „Wir befinden uns in der größten Konfrontation der Geschichte, der größten, welche die Menschheit je zu bestehen hatte. Wir sehen uns dem Endkampf zwischen der Kirche und der Antikirche, dem Evangelium und dem Antievangelium gegenüber." Deutlicher kann man die eigenen apokalyptischen Überzeugungen wohl nicht äußern, auch wenn sich Karol Woytila damals den Endkampf konkret vorstellte als Auseinandersetzung zwischen Kirche und Kommunismus. Die Worte Untergang, Niedergang, Ende der Kulturen, Abfall vom Glauben und Satansherrschaft kehren in den Ansprachen des Papstes immer wieder; er weckt apokalyptische Vorstellungen, wenn er die Maßlosigkeit der modernen Konsumgesellschaft kritisiert beziehungsweise verdammt; vor allem wenn es um sexuelle Libertinage oder Abtreibung geht, sind die Reden des Papstes voller Anspielungen auf apokalyptische Zustände.

Das Phänomen Fatima

Daß Johannes Paul II. in seinem persönlichen Glauben ganz entschieden von apokalyptischen Vorstellungen geprägt ist, macht seine überschwengliche Liebe zum Marienwallfahrtsort Fatima in Portugal deutlich. Im Jahr 1917 soll dort Maria drei Kindern erschienen sein. Ihre Botschaft: Die Welt solle sich bekehren, sonst käme der Untergang. Mysteriös aber war das dritte Geheimnis ihrer Botschaft, das bis heute nur den Päpsten bekannt ist. Diese geheimgehaltene Botschaft hat die apokalyptischen Ängste zahlloser Katholiken gefördert. Wird es einen Atomkrieg geben, fragten sich die einen, es werde die Irrlehre in Rom verbreitet, fürchteten die anderen. Immer wieder haben hochrangige Vatikan-Prälaten zu beschwichtigen versucht; den Inhalt dieses dritten Geheimnisses haben sie freilich nie veröffentlicht. So bleiben diffuse Ängste im „katholischen Volk". Im Laufe der Jahre wurde Fatima zu dem mysteriösesten Wallfahrtsort des Katholizismus. Wer „Apokalypse jetzt" auf katholisch erleben will, gehe ins portugiesische Marienheiligtum. Petrus Appel von der katholischen Schriftenmission liefert nur ein Beispiel von vielen anderen, wie die Botschaft von Fatima apokalyptische

Ärgste erzeugt: „In Fatima hat Gott durch Maria ein Ultimatum an die Welt gestellt. Noch scheint seine Frist nicht abgelaufen zu sein. Das Ultimatum Gottes aus Fatima lautet: Entweder Anerkennung der Hoheitsrechte Gottes – oder die Welt rast in den Abgrund. Entweder Lebensbesserung – oder Chaos. Entweder Gebet und Opfer – oder ewige Höllenqual für viele. Entweder Anerkennung der königlichen Stellung Mariens – oder Kriege und Verbreitung gottloser Irrtümer. Entweder Buße und Sühne – oder Untergang." Dies ist die Botschaft von Fatima, radikal vereinfacht, so, wie sie die Pilger lieben. Ein Schwarz-Weiß-Gemälde von erschütternder Schlichtheit, so, wie es die Apokalyptiker gern hören, jene Menschen, die sich selbst als hundertprozentig gut erleben, während die „anderen" böse und antichristlich sind. Vier Millionen Katholiken besuchen in jedem Jahr Fatima. Sie wollen Maria sehen, die Gipsfigur küssen, sich an ihrem milden Lächeln freuen. Sie wollen Göttliches jetzt und hier, und darum singen sie vom Wunder, das sich am 13. Mai 1917 zugetragen haben soll.

Selbst wer sehr viel Verständnis hat für alle möglichen Ausdrucksformen katholischer Volksfrömmigkeit, muß doch in Fatima ins skeptische Grübeln kommen. Ist es doch problematisch, daß die heilige Jungfrau zur Bekehrung Rußlands aufrief, und zwar zu einem Zeitpunkt, als die kommunistische Oktober-Revolution noch gar nicht stattgefunden hatte. Der Eindruck, daß die Wunder von Fatima sozusagen nachträglich und auf die Schnelle inszeniert wurden, verstärkt sich, wenn man sich mit dem Sonnenwunder befaßt, das sich am 13. Oktober des Jahres 1917 ereignete. Solche bemerkenswerten Sonnenkonstellationen, in denen das Planetensystem zu glühen scheint, ereignen sich immer wieder, betonen die Wissenschaftler. Optische Täuschung ist wahrscheinlicher als eine Veränderung der Naturgesetze. Wenn die Menschen ein Wunder erwarten, sehen sie sogar die Sonne tanzen!

Rom hat sich niemals von Fatima distanziert. Im Gegenteil, Papst Johannes Paul II. ist ein glühender und leidenschaftlicher Verehrer der apokalyptischen Botschaft der Muttergottes von Fatima. Bei seinem Besuch am 13. Mai 1982 wertete er den Ort noch weiter auf. Er mußte zwar eingestehen, daß die Privatoffenbarung der Jungfrau von Fatima an die drei Hirtenkinder unter der Kritik der biblischen Offenbarung stehen müsse; aber Fatima befände sich im besten Einvernehmen mit der Bibel, ging es doch hier um Glaube und Unglaube.

Am 13. Mai 1982 hat Johannes Paul II. Fatima besucht. Er wollte der Jungfrau danken für die Errettung aus der Todesgefahr, denn ausgerechnet am 13. Mai 1981 hatte Ali Agca versucht, den Papst auf dem Petersplatz zu töten. Wunderbar errettet, natürlich von der Fatima-Madonna an diesem 13. Mai, wurde der Papst ein noch glühenderer Anhänger Fatimas. Nach dem Zusammenbruch des Kommunismus sah er die Botschaft der Jungfrau von dem portugiesischen Wallfahrtsort erfüllt: Der Sowjet-Kommunismus wich der liberalen Marktwirtschaft. „Betet für die Bekehrung Rußlands", hatte die Jungfrau den drei Kindern gesagt, und sie fügte hinzu: Bekehrt euch. Das kommunistische Rußland gibt es nicht mehr; aber hat sich Rußland bekehrt? Und haben sich die Westeuropäer bekehrt, die für das Ende des Sowjetimperiums gebetet haben? Das ist die Frage. Trotzdem deutet der Papst immer wieder an, die große Wende des Jahres 1989 sei ein Werk Mariens.

Katholische Apokalyptiker haben sich in Marienwallfahrtsorten ihre Refugien geschaffen, überall dort, wo Maria „einfachen Leuten" erschienen ist und ihre Anweisungen und Warnungen erteilte. Im japanischen Akita ist die Jungfrau im Jahr 1973 beispielsweise der Nonne Schwester Agnes Katsuko erschienen, die Botschaft ist apokalyptisch: „Wenn die Menschen nicht bereuen, dann wird Gott eine Strafe verhängen, die größer ist als die Sintflut. Feuer wird vom Himmel fallen und einen großen Teil der Menschheit auslöschen, die Überlebenden werden so verzweifelt sein, daß sie die Toten beneiden werden."

In Europa viel bekannter sind die Marienerscheinungen im bosnischen Medjugorje, dorthin sind vor dem Krieg in Jugoslawien viele tausend Katholiken gepilgert. Der Seherin Mirjana Dragicevic-Soldo teilte Maria mit: „Eines Tages fand sich Satan vor Gottes Thron ein und bat, ein Jahrhundert lang die Kirche auf die Probe stellen zu dürfen. Gott erlaubte es ihm für dieses Jahrhundert. Aber jetzt, am Ende dieses Jahrhunderts, hat Satan begonnen, an Macht zu verlieren. Und er ist aggressiv geworden: Er zerstört Ehen, er bringt Priester gegeneinander auf, er bewirkt Besessenheit und Mord."

War der Krieg im früheren Jugoslawien also ein apokalyptischer Krieg? Darauf hat Maria bisher noch nicht geantwortet. Klar ist, daß in diesen und vielen anderen der neuen Marienerscheinungen Katastrophen angesagt werden. Damian Thompson schreibt: „Es gibt eine apokalyptische Botschaft in ihren Erscheinungen: Zeiten großer Prüfung ständen bevor; in der die Macht des Satans wie nie zuvor entfesselt sein wird. Allein schon die Dringlichkeit der Botschaften Marias macht deutlich, daß die Menschheit in ihren letzten Tagen lebt."

Unter ganz anderen gesellschaftlichen Bedingungen entdecken die Armen in Lateinamerika das biblische Buch der Apokalypse. Die zunehmende Verelendung ganzer Volksschichten, der ständige Mangel an trinkbarem Wasser oder eßbarem Brot, die Mißachtung der Menschenrechte, die Todeschwadrone, die Verzweiflung über den zunehmenden Luxus der wenigen Reichen und das unvorstellbare Elend in den Slums, das Anwachsen der Kriminalität und des Drogenkonsums – diese Erfahrungen führen die armen Christen zu einer Neuentdeckung der Apokalypse. Sie sehen in dem Text von dem bevorstehenden Ende eine Art Trostbuch.

Vor allem der Theologe und Religionssoziologe Pablo Richard hat sich in letzter Zeit mit der Apokalypse ausführlich befaßt. Er stammt aus Chile, mußte während der Pinochet-Diktatur fliehen, fand Zuflucht in Costa Rica und lehrt seit vielen Jahren am ökumenischen Institut D.E.I. in der Hauptstadt San José (dort arbeitet auch der in Deutschland bekannte Wissenschaftler Franz Hinkelammert). In dem ökumenischen Forschungsinstitut werden auch Mitarbeiter der Basisgemeinden aus ganz Zentralafrika ausgebildet. In diesen praktischen Zusammenhängen ist das Buch Pablo Richards über die Johannesoffenbarung entstanden. In einer Welt zunehmender Verarmung aufgrund der Allmacht des neoliberalen Wirtschaftssystems müssen die Ausgeschlossenen und an den Rand Gedrängten, die Ausgeplünderten und Hungernden ihre eigene Situation auch vom Glauben her begreifen: Im apokalyptischen Bild des „Tieres" sehen sie das Zentrum der ökonomischen Allmacht; aber sie lassen sich von den vor Gewalt nur so überquellenden Texten und Bildern des apokalyptischen Buches nicht zu blinder Gewalt verführen: „Die Apokalypse reproduziert diese Gefühle, um in ihren Hörern eine Katharsis zu bewirken und so ihren Haß in Bewußtsein umzuformen", schreibt Pablo Richard, und er fügt im Blick auf seine Leserkreise in den Basisgemeinden hinzu: „Die apokalyptische Praxis ist die Kraft des Geistes, die Kraft des Bewußtseins und des Gewissens, die Macht der Mythen, des Zeugnisses und des Wortes. Wir würden heute sagen: Es handelt sich um die spirituelle Kraft der Unterdrückten und ihre Strategie der Gewaltlosigkeit, die die Lektüre der Apokalypse in Lateinamerika bewirken will."

Wichtig ist für die vom Wirtschaftssystem arm gemachten Menschen in Lateinamerika – und anderswo –, daß sie die Apokalypse nicht bloß als besänftigendes, vertröstendes Buch lesen, das letztlich zu einer Haltung des Erduldens führt. „Die Märtyrer, die Propheten, die Menschen, die das Tier oder sein Bild nicht anbeten, die sich weigern, sein Kennzeichen zu empfangen – sie alle machen reale Geschichte. Sie besiegen Satan, unterwerfen die Mächte des Bösen ... Die Johannesoffenbarung spricht vom Bau der Zukunft, diese Zukunft aber kann in der Gegenwart gestaltet werden."

Auch Theologen aus den dominanten Kulturen der sogenannten Ersten Welt unterstützen diese Apokalypse-Deutung, wie etwa Elisabeth Schüssler Fiorenza. Sie lehrt an der Harvard Divinity School in Cambridge, USA und hat den wichtigsten Kommentar zum „Buch der Offenbarung“ verfaßt. „Wenn das Buch innerhalb einer dominanten Kultur gelesen wird, dann führt es sehr leicht zur Verteufelung von anderen. Von daher hebe ich sehr stark ab, daß es sehr wichtig ist, in welcher Situation, von welchen LeserInnen die Apokalypse gelesen wird. Von daher sage ich immer: Wenn die Apokalypse, die ja meiner Ansicht nach aus einer Unterdrückungssituation her spricht, wenn die in einer anderen Situation gelesen wird, wo man diese Verfolgungssituation nicht mehr wahrnimmt, dann wird sie falsch gelesen. Wenn das Buch von der Sicht derer aus gelesen wird, die unterdrückt sind, dann hat das Buch Bilder und eine Sprache, die eschatologische Sprache, eine Macht, die zu hoffen und zu Widerstand aufruft.“

Aufgeklärten Theologen erscheint es immer dringlicher zu betonen: Die Apokalypse kann in der christlichen Lehre und Praxis niemals im Mittelpunkt stehen. Die Apokalypse, naiv begriffen und im wörtlichen Sinne verstanden, macht aus dem Evangelium eine zutiefst verletzende und krankmachende Droh-Botschaft. Sie bietet Platz für die absonderlichsten Spekulationen und Projektionen; sie animiert die unbedarften Leser geradezu, eigene Phantasien als göttliche Erleuchtung hinzustellen. Angesichts des Booms an apokalyptischem Denken hilft wohl nur eins – die Besinnung auf das Gebot: „Du sollst Dir von Gott kein Bild machen.“ Vielleicht sollte die bildlose und damit immer auch religionskritische Mystik neubelebt werden, in der es Raum gibt für den wahren, sozusagen den göttlichen Gott, den Befreier der Menschen, der eint und verbindet und nicht trennt und zerstört.

Literatur

Hans Gasper/Friederike Valentin, Endzeitfieber, Freiburg/Basel/Wien 1997

Pablo Richard, Apokalypse. Das Buch von Hoffnung und Widerstand. Ein Kommentar. Aus dem Spanischen von Michael Lauble, Luzern 1996

Elisabeth Schüssler Fiorenza, Das Buch der Offenbarung. Vision einer gerechten Welt. Aus dem Englischen von Melanie Graffam-Minkus, Stuttgart/Berlin/Köln 1994

Damian Thompson, Das Ende der Zeiten. Apokalyptik und Jahrtausendwende. Aus dem Englischen von Gerold Dommersmuth-Gudrich, Hildesheim 1997

Hans Dieter Osenberg

Der entmachtete Kalender

Theologische Anmerkungen zur Jahrtausendwende

Wenn jetzt schon viele auf das Jahr 2000 wie auf ein magisches Datum starren, dann könnte man es sich leicht machen, um diesen Bann zu brechen. Man könnte darauf verweisen, daß jede Zeitrechnung schließlich eine rein menschliche Setzung ist. Die Juden in aller Welt werden, wenn wir Silvester 1999 feiern, schon einige Monate in ihrem Jahr 5760 sein. Und wenn der römische Mönch im 6. Jahrhundert, dem wir unsere Zeitrechnung nach der Geburt Jesu Christi verdanken, schon unsere historischen Zweifel an der genauen Datierung der Biographie Jesu von Nazareth gehabt hätte, dann müßten wir uns vermutlich entweder zwei bis drei Jahre früher oder später auf das neue Jahrtausend einstellen. So relativ ist das alles.

Doch so leicht kann es sich der Theologe, der mit dem Jahr 2000 konfrontiert wird, nicht machen. Er spürt ja die unausgesprochenen Erwartungen, die mit diesem Datum gerade an ihn transportiert werden. Vage apokalyptische Befürchtungen aus vor-aufklärerischer Zeit bei den einen oder provozierende Skepsis bei den anderen, für die, nach nun zweitausendjährigem Verzug, die Botschaft vom wiederkommenden Christus weiter an Glaubwürdigkeit einbüßt.

Allen diesen Befürchtungen oder skeptischen Fragen gegenüber muß biblisch orientierter christlicher Glaube betonen: Jahrtausendwende oder Jahrhundertwende – solche Margen in unserem Kalender sind theologisch absolut irrelevant. Die Äonenwende, die Christus ausgelöst hat, verläuft quer zu jeder menschlichen Zeitrechnung und läßt den Kalender zu dem schrumpfen, was er alleine ist: ein Hilfsmittel, um Zeitabläufe zu ordnen.

Das muß erläutert werden – und dabei läßt sich etwas lernen über die verschiedenen Bedeutungen von Zeit. Unser Verständnis von Zeit ist linear. Gleichsam auf einer langen Strecke sind unendlich viele Ereignisse markiert. Mein gegenwärtiges Heute in der Mitte, links davon die Ereignisse der Vergangenheit und rechts davon das, was von der Zukunft erwartet wird oder was ich an Vorhaben und Terminen eintrage. Es ist uns im Grunde unmöglich, aus dieser linearen Vorstellung hinauszutreten.

Diese Zeitauffassung ist im Alten Testament jedoch ganz unbekannt. Einen abstrakten, quasi physikalischen Zeitbegriff kennt Israel nicht. Ereignisse, punktuell oder in ihrer Dauer, in eine Zeitskala eintragen – ganz unvorstellbar. Einen Zeitmesser nennen wir Chronometer. Das Wort „Chronos“ steckt darin. Israel fehlt das entsprechende Wort. Zeit ist im Alten Testament etwas Qualitatives. Israel kann Zeit gar nicht von dem abstrahieren, was in ihr geschieht. Zeit hat ganz und gar einen Ereignischarakter. Sie ist immer gefüllt. Es gibt eine Zeit, in der eine Frau gebiert oder in der Könige ins Feld ziehen. In dem schönen Schöpfungspsalm 104 heißt es, daß der Baum „zu seiner Zeit“ Früchte bringt und Gott „zu seiner Zeit“ die Kreatur mit Speise versorgt. Und was man in der Natur beobachtet, das überträgt man auch ins Leben. Für alles gibt es eine Zeit, sagt der Prediger Salomo in seinem bekannten Wort:

„Geboren werden hat seine Zeit,
Sterben hat seine Zeit;
Pflanzen hat seine Zeit,
Ausreißen ... hat seine Zeit ...
Weinen hat seine Zeit,
Lachen hat seine Zeit ...
Schweigen hat seine Zeit,
Reden hat seine Zeit ...“

Das Wort, das hier verwendet wird, bedeutet immer Zeitpunkt, Zeitabschnitt. Zwar wird in einer bestimmten literarischen Schicht des Alten Testaments auch etwa vermerkt, daß Israel 430 Jahre in Ägypten lebte, daß Ismael bei seiner Beschneidung 13 Jahre war oder Sarah im 127. Lebensjahr starb. Es werden später auch die Regierungszeiten der Könige von Juda und Israel angegeben. Aber all das in eine chronologische Beziehung zueinander zu setzen, daran besteht überhaupt kein Interesse.

Großes Interesse aber besteht daran, daß man einen gewichtigen Zeitpunkt in der Beziehung zu Jahwe nicht verfehlt: „Höre, Israel, die Bestimmungen und Satzungen, die ich euch heute zu Gehör bringe. Lernt sie und achtet darauf, sie zu befolgen.“ (5. Mose 5,1) Oder auch, daß man wichtige Ereignisse der Geschichte mit Jahwe nicht vergißt: „Vergiß nicht, wie du Jahwe, deinen Gott, in der Steppe erzürnt hast.“ (5. Mose 9,7)

Um das Hören, das Befolgen, das Vertrauen, das Erinnern nicht zu verfehlen, gliedert sich das Leben in einen Rhythmus von Festen, die Jahwes Taten vergegenwärtigen. Der israelitische Mensch ist gleichsam wie ein Ruderer, der mit dem Rücken in Fahrtrichtung sitzt und der vor sich sieht, was sein Volk in früheren Zeiten durchmessen hat, während wir meinen, die Vergangenheit hinter uns zu haben. Das Menschenleben besteht für ihn aus lauter solchen Zeitpunkten, an denen man nicht verfehlen darf, was zu tun oder zu lassen ist. Das kommt sehr schön zum Ausdruck in dem Psalmwort, in dem wir fälschlicherweise immer den Singular „Zeit“ verwenden. Der Psalmist sagt aber: „Meine Zeiten stehen in deinen Händen.“ (Psalm 31,16) Alle die Augenblicke also, in denen es darauf ankommt, daß der Mensch sich Gott gemäß entscheidet. Seine quantitative Lebenszeit hat der Beter hier gar nicht im Blick. Wie relativ die ist, daran läßt ein anderer Psalmvers keinen Zweifel: „Ein Tag in deinen Vorhöfen ist besser als sonst tausend.“ (Psalm 84,11)

Es spricht für die tiefe Verwurzelung der jungen Christenheit im jüdischen Glauben, wenn diese Anschauung von Zeit im Neuen Testament übernommen und zugleich auf Christus angewendet wird. Zwar kommt „chronos“, unser Wort für den Zeitablauf, im Neuen Testament vor, doch ganz untergeordnet. Der entscheidende Begriff ist „kairos“. Und das ist – ganz in der Linie des Alten Testaments – der Zeitpunkt, in dem das Ewige in die Zeit einbricht und Menschen bereit sind, es zu empfangen. Der Mensch hat ein Woher und ein Wohin. Der Augenblick, in dem ihm das bewußt wird und entsprechende Konsequenzen gezogen werden, das ist der einmalige, unwiederbringliche „kairos“.

Der grundlegende, alles andere in den Schatten stellende „Kairos“ aber ist die Geburt des Christus, der Einbruch der durch Gott qualifizierten Zeit in den menschlichen Zeitablauf. Paulus bringt es auf den Punkt: „Als aber die Zeit erfüllt ward, sandte Gott seinen Sohn.“ (Galater 4,4) Damit sind alle apokalyptischen Berechnungen gegenstandslos geworden. Eine neue Weltzeit, ein neuer Äon ist in den alten eingewandert. Gott begibt sich in die Geschichte. „Die Zeit ist erfüllt und das Reich Gottes ist herbeigekommen. Tut Buße und glaubt an das Evangelium.“ (Markus 1,15) Das ist die erste Botschaft, mit der Jesus auftritt. Der alte Äon, durch Trübsal und Bedrängnis gekennzeichnet, umgibt mich zwar noch, aber er muß und soll mich nicht mehr bestimmen: „Ist jemand in Christus, so ist er eine Neuschöpfung. Das Alte ist vergangen, alles ist neu geworden.“ (2. Korinther 5,17)

Zurück zum Kalenderjahr, das an jedem Silvestertag und erst recht an der Scheide von Jahrhunderten und Jahrtausenden den Puls der Menschen in die Höhe treiben möchte. Christen lernen aus der Heiligen Schrift, daß nicht spektakuläre Jahreszahlen ihre Herzen höher schlagen lassen sollen, sondern daß sich die Zeitenwende – besser gesagt, die Weltenwende – in jedem Augenblick ereignet, in dem sie Christus begegnen und ihm vertrauen. Unter dem Anruf von Jesu Wort ist der andere Äon aktuelle Gegenwart. Man kann das auch mit dem Wort „Ewigkeit“ bezeichnen. Die ist nicht linear in unser Zeitschema einzuordnen. Ewigkeit ist Gottes Zeit, die in jedem Akt des Glaubens beginnt und präsent ist.

Bleibt zum Schluß die Frage, ob die dialektische Verschränkung von altem und neuem Äon denn nicht doch einmal an ein Ende kommen muß. Soll das Glauben nicht einmal ins Schauen übergehen, und fällt das zusammen mit dem Ende aller Geschichte? Das Alte Testament scheint an solchem Ende gar nicht interessiert zu sein. Im Gegenteil. Zum Abschluß der Sintflutgeschichte heißt es: „Solange die Erde steht, soll nicht aufhören Saat und Ernte, Frost und Hitze, Sommer und Winter, Tag und Nacht." (1. Mose 8,22) Der württembergische Pfarrer und SPD-Landtagsabgeordnete Christoph Blumhardt aber hat unsere Frage vor etwa 100 Jahren drastisch bejaht: „Das ewige Gepredige muß einmal aufhören. Es muß einmal tatsächlich wahr werden, was wahr ist."

Die Schriften des Neuen Testaments beantworten die Frage nicht einheitlich. Kein Wunder, daß sich auch die Theologen darüber sehr uneins sind. Tatsache ist allerdings, daß immer dann, wenn man seinen Blick in der Kirche auf dieses Ende oder sogar auf einen Termin hin konzentriert hat, der „kairos" versäumt wurde, den Geschöpfen Gottes auf dieser Erde zum Evangelium zu werden.

Das könnte eine Warnung sein. Christoph Blumhardt formuliert sie so: „Ich habe dicke Bücher über die Zukunft Jesu Christi. Ach! Da werde ich so müde dran! ... Man darf nicht wissen, wie's geht, noch gar ausrechnen wollen, wann's kommt und daß es im 20. Jahrhundert kommen muß. Damit verdirbt man alles ... Es ist unsere stille Hoffnung, daß er kommt. Aber seine Zukunft nimmt in jedem Christen eine andere Gestalt an. Die Zukunft Christi läßt sich nicht uniformieren; in nichts ist die Dogmatik schlimmer, als wenn sie sich mit dem Kommen Christi befaßt. Sie ist überhaupt schlimm, aber darin am schlimmsten."

Friedrich-Wilhelm Marquardt

Zweitausend Jahre Christentum

Am Anfang des nun zu Ende gehenden 20. Jahrhunderts hätten die Leute wahrscheinlich anders auf zweitausend Jahre Christentum zurückgeblickt, als es die meisten von uns heute können: gewiß schon mit gemischten Gefühlen, auch mit Stimmen schärfster Ablehnung darunter, zum Beispiel aus der sozialistischen Arbeiterschaft und dem liberalen Bürgertum. Religionskritik und Atheismus gehörten längst zur Aufklärung des wissenschaftlichen Zeitalters, und es war nun einmal das Christentum die Religion, von deren seelischen, weltanschaulichen, gesellschaftlichen Fesseln man sich befreien wollte. Aber mindestens in der veröffentlichten Meinung galt das Christentum dennoch etwas: Man hielt es hoch als einen alten und bedeutenden Kulturfaktor; gerade am Anfang des Jahrhunderts konnten sich an den Universitäten evangelische Theologen eines allgemeinen und hohen Ansehens erfreuen, in den Methoden der Dogmen- und selbstkritischen Bibel- und Geschichtsanalyse galten sie als Vorreiter – jedenfalls im deutschen Staat stützte das Christentum verläßlich die Obrigkeiten –, als Vermittler von Normen und Werten der Lebensgestaltung und des Zusammenlebens war es volkspädagogisch wertvoll, durch diakonische Arbeit beruhigte es soziale Spannungen und widersetzte sich dem Geist des Klassenkampfes, und seelisch wirkte es gewissens- und persönlichkeitsbildend am Menschenbild der bürgerlichen Gesellschaft mit. Die Kirche stand noch mitten im Dorf, und hätte man damals auf zweitausend Jahre Christentum zurückblicken wollen, hätte man gewiß das Verhältnis dieser Religion zum Staat, in der Neuzeit besonders zu den einzelnen Nationalstaaten Europas, in den Mittelpunkt von Würdigungen gerückt. Ob man politisch eher konservativ oder eher revolutionär-progressiv oder liberal gesonnen gewesen wäre: überall wären die Gedanken um einen Brennpunkt „Christus und die Cäsaren“ gekreist. Vielleicht hätte man Jesus vor dem römischen Statthalter Pilatus als ein Schlüsselbild für die zweitausend Jahre gewählt, vom Kaiser Nero und den antiken Christenverfolgungen gesprochen – vom Untergang Roms und dem gleichzeitigen Missionserfolg des Christentums –, hätte den Kaiser Konstantin die gerade eben noch blutig niedergemachte „kleine Herde“ von Gläubigen über Nacht zur Staatsreligion erheben sehen, hätte als Fortschritt der Zivilisation den plötzlichen Kirchenbeitritt der besitzenden und herrschenden Schichten des römischen Reiches gefeiert, hätte die Bändigung eines geistigen Pluralismus innerhalb der einen Kirche durch Glaubensdogmen, die im Staatsinteresse durchgesetzt wurden, vielleicht als geistig lästig, aber politisch klug beurteilt, hätte die Verwandlung von einer römischen Staatskirche zur Volkskirche im Frankenreich gefeiert, hätte Karl den Großen und seine kaiserlichen Nachfolger als die großen Geister und Zeugen des christlichen Abendlandes angesehen, hätte insbesondere das Heilige Römische Reich deutscher Nation als große Geschichtsgestaltung aus dem Reich-Gottes-Geiste des afrikanischen Mailänders Augustin gedeutet, hätte im mittelalterlichen Gegensatz zwischen Kaiser und Papst den geistigen Fortschritt bewundert, der Europa lehrte, Religion und Politik einerseits zusammenzuhalten, sie andererseits als zwei nebeneinander herlaufende Eigengesetzlichkeiten auch auseinanderzuhalten. Darin hätte man einen Anstoß für freie Wissenschaft, freie Weltentwicklung, für religiös vorurteilsfreie Wiedergeburt der heidnischen Antike in der italienischen Renaissance gefunden, für die Befreiungsbewegungen der Reformationszeit, für Aufklärung und philosophisches Frei-Denkertum. Die Heidenmission in den europäischen Kolonien der Neuzeit hätte man als große Zivilisationsleistung des Christentums ausgegeben, genauso wie die durch Missionare vermittelte Bekanntschaft mit fremden Kulturen. Man hätte das Christentum womöglich als eine geniale Synthese zwischen ältesten Menschheitstraditionen und immer zukunftsoffenen Fortschritten bezeichnet und die Erneuerungsfähigkeit der Kirchen bewundert, die in ihrer Mitte immer soviel Opposition zuließen – von Häretikern und kulturasketischen Mönchen, protestierenden Theologieprofessoren, Reformbewegungen und Ketzereien, daß sie durch innere Widersprüche nicht zerrissen, sondern letztlich immer wieder gestärkt wurden: Meisterstücke von Diplomatie und geistiger Vermittlungskraft!

Doch neben dem Weltbild von „Christus und den Cäsaren“ hätte man am Anfang unseres Jahrhunderts ein zweites hilfreiches Spannungsverhältnis für das Christentum wesentlich gefunden: das von Gott und der Seele, der Seele und ihrem Gott. Man hätte neben der äußeren Kulturleistung des Christentums als civil religion seine innere, religiöse Kraft hervorgehoben: die geistige, seelische Befreiung von metaphysischen Mächten und Gewalten, auch denen der Kirchen – letzte Selbstverantwortung eines jeden Menschen allein vor dem Richtstuhl und Urteil Gottes und niemandem sonst, die Kräftezufuhr aus der alles andere, ja die ganze Welt mit ihren Ansprüchen abdrängenden Liebe zu Gott und dem Nächsten, das innere Einswerden mit dem Weltengrund und den Flug der Seele

„nachhaus“: in den Sinn des Lebens und ihr tiefstes Geborgensein. So vielleicht hätten die Menschen vor hundert Jahren auf zweitausend Jahre Christentum zurückgeblickt, nicht unkritisch, doch selbstbewußt. Warum geht es vielen von uns am Ende des Jahrhunderts anders?

Weil noch dieselbe Generation, die im großen Ganzen so zufrieden christlich-positiv denken konnte, mit dem Ausbruch des Ersten Weltkrieges zu einem Offenbarungseid gezwungen wurde, der die ganze Brüchigkeit der christlich geprägten Gesellschaftskultur, vor allem auch eine Unbehaustheit der Seelen aufdeckte. Weder die stolzen modernen Wissenschaften noch die sozialistischen Bewegungen noch Kirchen und Christentum widerstanden dem, was sich an menschheitszerstörenden Kräften in der Apokalypse des ersten Völkerkriegs zeigte, verborgen im Nationalismus, im Kapitalismus, doch auch im atheistischen Unterstrom der Künste und selbst der Kirchen und ihrer Kirchenpolitik. Heute wissen wir, daß 1914 nur ein Anfang für viel Schlimmeres war, gegen das das seitdem endgültig in seiner moralischen Kraft gebrochene Christentum gar nichts mehr vermochte: atheistischer Kommunismus ausgerechnet in der Welt ältester christlicher Orthodoxie im Osten! Faschismus im römisch-katholischen Italien und Spanien! Mörderischer Nationalsozialismus in der Geisteswelt Martin Luthers, seiner Freunde und seiner Gegner! Nach dem Ersten Weltkrieg entstand im deutschen Protestantismus zwar eine Theologie, die in sich selbst zur Christentumskritik wurde, radikaler als je ein unkirchlicher Kulturkritiker es vermocht hätte; sie arbeitete der Minderheit einer Bekennenden Kirche in der Nazizeit vor, die in sich eine ebenso radikale Kirchenkritik bedeutete. Aber weder diese Theologie noch diese kleine Kirche konnten dem Christentum seine alte Geltung in Europa zurückgeben – anders allerdings in den nach 1945 sich vom europäischen Kolonialismus befreienden Völkern der südlichen Welthalbkugel; dort lebten junge Kirchen auf, welche Widerstandstraditionen, die sich im Inneren des westlichen Christentums während der Nazizeit gebildet hatten, als ihr Vorbild wählten.

Aber die Christen der „alten“ Welt stehen am Ende des 20. Jahrhunderts desillusioniert vor den Trümmern einer großen zweitausendjährigen Christentumsgeschichte und begreifen besser als ihre Vorgänger die Wahrheit des Goetheschen Urteils: „Glaubt nicht, daß ich fasele, daß ich dichte,/ Seht hin und findet mir andre Gestalt!/ Es ist die ganze Kirchengeschichte/ Mischmasch von Irrtum und von Gewalt.“ Goethe war zu gescheit, als daß er sein vernichtendes Urteil über die Kirchengeschichte gleich dem ganzen Christentum angelastet hätte. Aber wir heute müssen doch einsehen, daß mindestens seine Kritik der Gewalt das Ganze trifft.

Alle Religion ist gewalthaltig. Die sogenannten monotheistischen Glaubensweisen sind es besonders, die nur einen Gott zulassen und andere nicht dulden. Aber auch die vielgestaltigen Gottheiten des Südens hindern ihre Verehrer nicht, oft blutig um sich zu schlagen im Namen ihrer höchsten Güter. Vom Christentum jedenfalls läßt sich nicht reden ohne Gedenken an jene „Menschenopfer unerhört“, von denen wieder Goethe dichtete, und die fielen aus den Reihen der Ketzer, in der Inquisition, in Kreuzzügen, bei Hexenverbrennungen und Juden-Pogromen. Als „Verirrungen“ lassen sie sich nicht verharmlosen. Physische Wut und Gewalt brauen sich immer von innen her, in unbeherrschter Seelenwut und geistiger Herrschsucht zusammen, auch in jener abendländischen Logik, die immer nur Ja zu etwas Gutem sagen kann, wenn sie ein oft ungerechtes und brutales Nein zu etwas vermeintlich Schlechtem sagen lehrt und Wahrheit nur aufstrahlen lassen kann, wenn gleichzeitig vermeintliche Unwahrheit ausgeschlossen und verworfen wird. Die Geist-Seele-Leib-Einheit im christlichen Menschenbild verlangte aber danach, daß Seelen von Irrtum und Sünde nur gerettet werden können, wenn auch die Leiber brennen; in seinem konsequenten Antijudaismus hat das Christentum, wie wir erst heute, nach Auschwitz, spüren, seine immer noch fruchttreibende Gewaltwurzel. Sie endlich zu kappen ist die dringendste christliche Aufgabe der kommenden Generationen.

Man muß sich nicht undankbar schelten lassen, wenn man am Ende des 20. Jahrhunderts so Großes vom Christentum nicht mehr reden kann, wie es am Anfang noch denkbar gewesen wäre. Ich jedenfalls bin dankbar, wenn ich von den zweitausend Jahren Feuer des Christentums wenigstens ein paar Funken in der Asche finden kann, die sich vielleicht noch einmal anblasen und entfachen lassen. Ehrlicherweise muß man hier sehr persönlich reden.

Mir bleibt am Christentum wichtig seine zweitausend Jahre lang haltende Treue zu Jesus von Nazaret, einem Zimmermannssohn, einem Juden, einem Wanderer, einem Menschen- und Gottesfreund, einem Verfolgten, Angeklagten, Verurteilten und Getöteten. Das Christentum bildet sich aus jenen Menschen der Treue, die immer wieder einmal angerührt wurden von einem Vertrauen, das sie zu ihm faßten, weil sie ein Zutrauen spürten, das von ihm zu Menschen ausging, auch zu ihnen. Die Kraft dieses Vertrauens und dieser Treue erfuhren sie als Gotteskraft, und die verband ihr Leben mit dem seinen durch dick und dünn. Zweitausend Jahre Gedenken an einen Menschen der Vergangenheit gibt es auch sonst, wie könnten wir sonst von Sokrates sprechen, mit Plato und von Aristoteles lernen oder mit den Menschen des Aeschylos, des Sophokles, des Euripides leiden. Aber von einem solchen noch am Ende des 20. Jahrhunderts sich gehalten zu wissen, sich bis ins Sterben getragen zu sehen, seine Welt als die für mich „wesentliche“, als meine eigene Welt erschlossen zu bekommen – und darin Urgrund zu finden, Gott und letzten Sinn in allen Sinnkrisen: mir jedenfalls gibt dies trotz allem das Christentum.

Mir bleibt am Christentum wichtig, daß es mir Gemeinschaft schenkt mit dem jüdischen Volk, seinem Gott und der gemeinsamen Geschichte dieses Gottes mit diesem Volk. Ich empfinde es als größte Gabe, mich nicht aus den Wurzeln eigener Kraft, meiner Seele, der abendländischen Künste und Kultur, des lieben deutschen Volkes ernähren zu müssen, sondern aus der Wirklichkeit anderer Menschen, anderer Geschichte, eines Gottes, dessen Art und Wesen ich mir gewiß so nicht erfinden würde, wie er mir durch Jesu Vermittlung im jüdischen Volk begegnet. Allerdings ist dies, soweit ich es erkennen kann, keine Freude am Exotischen, vielmehr ein Echo auf die Stimmen, die mich aus dem Menschheitsbuch der Bibel ansprechen, die das Christentum bisher keiner Bücherverbrennung übergeben, sondern zweitausend Jahre lang in immer neuer Aufmerksamkeit hat sprechen lassen. Darum kann ich – zum drittenmal – Goethes Anregung verstehen: „Wer nicht von dreitausend Jahren sich weiß Rechenschaft zu geben, bleib im Dunkeln unerfahren, mag von Tag zu Tage leben?“ Die zweitausend Jahre Christentum werden für mich überboten von den mehr als dreitausend Jahren der Israel-Geschichte, die die Bibel mir erzählt.

Einer unserer großen Pietisten hat einmal gesagt: „Ich statuiere kein Christentum ohne Gemeinschaft.“ Ich auch nicht. Ich kann und möchte mir die Kirche Jesu Christi nicht wegdenken. Ich bin sehr unglücklich darüber, daß christliche Parteien die Kirchen aus der Mitte des politischen Bewußtseins abgedrängt und so ein politisches Christentum artikuliert haben, das etwas völlig anderes als Jesus- und Israel-Gemeinschaft ist und will. Die Kirchen haben dies ohne Widerstand geschehen lassen, ja in tiefem Selbstmißverständnis sogar gefördert. Das hat auch die Sprache geschädigt. Das Christentum ist mir wert in seinen Lobgesängen Gottes, darin, daß Musik in seiner Wahrheit ist und nicht Kampf um Macht. Musik kann Arme trösten, und sie ist die Sprache der Hoffnung. Für mich ist beides der Gewinn von zweitausend Jahren Christentum, dreitausend Jahren Bibel und ist jener Funken Zukunft, der hoffentlich am Glimmen bleibt. Die Auferweckung Jesu lese ich als Zeichen des eigentlich christlichen Sinnes: Jesus, der im Anfang bei Gott ist, fängt immer wieder von vorne an.

Eberhard Jüngel

Getrost erwarten, was kommen mag

Nicht nur ein Jahr, nicht nur ein Jahrzehnt und ein Jahrhundert, sondern ein ganzes Jahrtausend geht. Und ein neues wirft Licht und Schatten voraus. Und wie zumeist beim Wechsel vom vertrauten Alten zum unbekannten Neuen nimmt man das drohende Dunkel empfindlicher wahr als das erhellende Licht. Schwellenängste stellen sich ein: mehr noch und intensiver als wir sie sonst beim Übergang zu einem neuen Jahr gewohnt sind.

Im Altertum waren solche Schwellenereignisse, die den Übergang vom vertrauten Alten zum unbekannten Neuen markieren, religiös enorm aufgeladen. Das galt in lokaler und in temporaler Hinsicht. Ob es sich um das Überschreiten einer räumlichen Grenze, um das Überqueren eines Flusses hinüber zum anderen, fremden Ufer oder aber um den Übergang in einen neuen Lebensabschnitt handelte – an einer derartigen Schwelle gewannen Raum und Zeit dämonische Züge. Und oft mußte man wie Jakob am Jabbok mit einem die unbekannte Gefahr symbolisierenden unbekannten Dämon ringen, ehe der Schritt über die Schwelle gelang. An der Schwelle wächst die Ungewißheit. Selbst die hinter uns liegende bekannte Geschichte gewinnt auf einmal undurchsichtige Züge: Was schleppen wir mit uns mit an unbewältigten und oft nicht einmal erkannten Aporien? Und kommen uns die Ausweglosigkeiten der Vergangenheit nicht aus der Zukunft aufs neue, nun aber unheimlich vergrößert entgegen? Und was kommt überhaupt auf uns zu? Wie geht es weiter? Ja, geht es überhaupt weiter? Ungewißheit kennzeichnet die menschliche Existenz in der Nähe von Schwellenereignissen. An der Schwelle von einem Jahrtausend zum nächsten steigert sich solche Ungewißheit. Und man erwartet keineswegs „getrost, was kommen mag".

Die christlichen Kirchen fragen an dieser Schwelle ins unbekannte dritte Jahrtausend zuerst und vor allem nach ihrer eigenen Zukunft, nach der Zukunft der Religion und ihrer Institutionen. Und wenn sie es nicht von selber tun, dann werden sie gefragt – oft nicht ohne zynische Bosheit, mitunter auch mitleidig, zuweilen sogar besorgt. Quo vadis Ecclesia? Wohin gehst Du, christliche Kirche?

Wollte man aus der Vergangenheit Schlüsse auf die Zukunft ziehen, so sähe das Zukunftsbild für die Kirche einigermaßen diffus aus. Denn obwohl die christliche Kirche eine weltweite Glaubensgemeinschaft ist, scheint ihr in Europa eine ganz andere Zukunft zu blühen als in den übrigen Weltgegenden. Man darf also keiner eurozentrischen Engführung erliegen, darf nicht auf Nord- und Südamerika, Afrika und Asien übertragen, was im Blick auf Europa in religiöser Hinsicht zu erwarten ist. Das ist nun freilich, wenn man religionssoziologischen Hochrechnungen trauen darf, eine einigermaßen düstere Zukunft.

Während heute weltweit eine religiöse Renaissance im Gange zu sein scheint – „die Amerikaner“ zum Beispiel glauben „mehrheitlich an Gott, halten sich für ein religiöses Volk und besuchen in großer Zahl die Kirche“ –, sind es in Europa immer weniger Menschen, die „sich zu einer religiösen Überzeugung“ bekennen, „religiöse Gebote“ beachten und „sich an religiösen Aktivitäten“ beteiligen. Nach dem Urteil des in Harvard lehrenden Professors Samuel P. Huntington spiegelt diese „Tendenz ... weniger eine Feindschaft gegen die Religion wider als (vielmehr) die vollkommene Gleichgültigkeit gegen sie“. Da aber „die europäische Kultur ... von christlichen Begriffen, Werten und Praktiken“ von jeher und noch immer ganz und gar „durchdrungen“ ist, bedeutet diese Spannung zwischen der Entchristlichung des europäischen Individuums und der christlichen Prägung der europäischen Kultur, daß Europas Kultur „durch die Schwächung ihres zentralen Elements, des Christentums“, in schwere Krisen geraten, ja von einer wachsenden Entchristlichung geradezu „unterminiert werden“ könnte.[1]

Wenn das stimmt, dann dürfte die Entkirchlichung und Entchristlichung in den neuen, einst von der sozialistischen Diktatur weltanschaulich vergewaltigten Bundesländern nicht nur die Folge der ideologischen Indoktrination durch das damalige, den theoretischen und praktischen Atheismus fördernde und fordernde Regime sein. Daß man in jenen Gegenden Deutschlands nicht nur mit einer statistisch faßbaren Entkirchlichung, sondern auch mit einem lawinenartigen Verfall der individuellen religiösen Kultur konfrontiert ist, daß man dort nur zu oft auf eine geradezu barbarische, als solche aber schon wieder faszinierende religiöse Ahnungslosigkeit trifft – das ist sicherlich durch die sich sozialistisch nennende Gewaltherrschaft des SED-Regimes außerordentlich begünstigt worden. Aber, so bleibt zu fragen, hat die antichristliche Propaganda nicht im Grunde nur akzeleriert zutage gebracht, was in ganz Europa, was zumindest in West-, Mittel- und Nordeuropa schon längst vorbereitet war: nämlich das qualitative und quantitative Wachstum einer elementaren religiösen Bedürfnislosigkeit, die in einer keineswegs aggressiven Areligiosität nunmehr ihr „Reifestadium“ gefunden hat? Die diffuse Religiosität, die in den alten Bundesländern derzeit fröhliche Urstände feiert, wäre dann so etwas wie eine religiöse Regression, die den bevorstehenden „ehrlichen Atheismus“ nur verzögern, aber nicht abwenden kann. Einem solchen ehrlichen Atheismus müßte man auf den Grund gehen, um ihn von Grund auf überwinden zu können.

Die religiöse Bedürfnislosigkeit könnte dann sogar zum Partner der christlichen Kirche werden. Angesichts eines ehrlichen Atheismus könnten die christlichen Kirchen ihren Gottesbegriff endlich von seinen religiösen Doppelgängern unterscheiden: All das Dämonische und Götzenhafte, das sich um den biblischen Gottesbegriff herumgelagert, ja ihn nur zu oft überlagert und damit entstellt hat, könnte angesichts eines ehrlichen Atheismus von der christlichen Rede von Gott regelrecht abfallen, so daß dann das Evangelium noch reiner und wahrer zur Sprache kommen kann als bisher. Vor allem aber: Angesichts eines solchen ehrlichen Atheismus könnte die christliche Kirche wiederentdecken, daß sie ihrem Wesen nach eine missionierende und das heißt eine die Wahrheit des Evangeliums bezeugende und ausbreitende Kirche ist.

Mehr braucht sie nicht zu sein. Religiöse Bedürfnisse zu befriedigen ist ihre Aufgabe nicht. Sollte sie in der Vergangenheit so etwas wie eine religiöse Bedürfnisbefriedigungsanstalt gewesen sein, so könnte ihr das kommende Jahrtausend die Chance bieten, sich auf ihren eigentlichen Auftrag zu konzentrieren. Denn die Kirche, so hat gerade eben der Mailänder Kardinal Martini an Umberto Eco geschrieben, die Kirche befriedigt keine Erwartungen, sondern sie feiert Geheimnisse: keine esoterischen Mysterien, sondern – mit Goethe gesprochen – das „kündlich öffentlich Geheimnis“ der Wahrheit des Evangeliums von einem Gott, der seine Ehre darein gesetzt hat, ganz und gar menschlich und also ein menschlicher Gott zu sein, um es uns zu ermöglichen, menschliche Menschen zu werden.

Die Feier eines solchen „kündlich öffentlich Geheimnisses“ ist im Unterschied zu allerlei esoterischen Mystifikationen ein alle Welt angehendes und deshalb ein im Ursinn des Wortes politisches Ereignis. Gilt es doch einer Freude, die allem Volk widerfahren soll (Lk 2,10).

Wenn die christliche Kirche als eine die Wahrheit des Evangeliums feiernde und mit solcher Feier die gottlose und die religiöse Welt gleichermaßen herausfordernde Gemeinschaft der Glaubenden in das neue Jahrtausend geht, dann verschwinden zumindest die religiösen Schwellenängste ganz von selbst. Das neue Jahrtausend ist dann sehr nüchtern nichts anderes als eine lange Reihe neuer Tage, im Blick auf die die Glaubenden sich – wie der seiner Ermordung durch verbrecherische Richter und ihre Schergen entgegensehende Dietrich Bonhoeffer – trotz aller drohenden Gefahren in Gott geborgen und eben deshalb zur Arbeit an den Herausforderungen der kommenden Zeit gestärkt wissen. Bonhoeffer schrieb im Gefängnis:

„Von guten Mächten wunderbar geborgen
erwarten wir getrost, was kommen mag.
Gott ist bei uns am Abend und am Morgen
und ganz gewiß an jedem neuen Tag.“

Anmerkung

1 Samuel P. Huntington, Kampf der Kulturen. Die Neugestaltung der Weltpolitik im 21. Jahrhundert, 5. Auflage München 1997, S. 501.

Dorothee Sölle

Ökumenisch, feministisch, mystisch

Vision einer zukünftigen Kirche

Norbert Sommer: Frau Sölle, weltweit hat der Rummel um das Jahr 2000 begonnen. Was bedeutet für Sie persönlich der Wechsel in ein neues Jahrtausend?

Dorothee Sölle: Ich denke eigentlich über Religion nach und über Kirche und ob sie noch eine Zukunft hat. Und da frage ich mich natürlich, was wird in diesem kommenden Jahrtausend unter den Grundbedingungen der Globalisierung? Ist da eigentlich Religion nicht völlig überflüssig geworden, weil sie ersetzt ist durch die Ökonomie, die uns sagt, was wir tun sollen – nämlich Geld verdienen? Und das ist der Lebenssinn, also der homo oeconomicus, wie man das so schön nennt! Und da frage ich mich, was können wir eigentlich dagegensetzen? Gibt es eine andere Globalisierung, die vielleicht von den Opfern der jetzigen Globalisierung ausgeht, ihre Interessen artikuliert, auf sie hört und die zugleich, um es christlich zu sagen, ökumenisch ist, das heißt niemanden ausschließt? Daß also jede Form von Ausschlußverfahren aufgehoben wird, während die Wirtschaftslage, in der wir uns befinden, ja zwei Drittel der Menschen als überflüssig ausschließt.

Nun geht es ja eigentlich um 2000 Jahre Christentum bei diesem Datum. Was sollten die christlichen Kirchen aus den vergangenen 2000 Jahren gelernt haben?

Genau das: mehr Integration, und zwar untereinander, unter den christlichen Kirchen, also Ökumene in diesem Sinn. Ich verstehe gar nicht mehr, warum es eigentlich katholische und evangelische Kirchen gibt. Und ich glaube, das teile ich mit den meisten Zeitgenossen, die sich für Fragen der Religion interessieren. Zwei Sorten sind überflüssig. Das sind Trennungen des 16. Jahrhunderts, die wir nun schleunigst überwinden sollten im Interesse eines besseren Glaubens und einer besseren Glaubenspraxis.

Welches ist Ihre Vision einer Kirche der Zukunft?

Das Ökumenische spielt eine große Rolle dabei, das Miteinander ohne vordemokratische Leitungsfunktionen. Und das führt mich zu meinem zweiten Punkt. Neben dem Ökumenischen brauchen wir in den Kirchen eine feministische Dimension. Es muß endlich begriffen werden, daß Mann und Frau im Bilde Gottes geschaffen sind und daß auch entsprechend die Vertreter der Religion nicht auf ein Geschlecht begrenzt werden können. Wir sind alle möglicherweise Christus ähnlich – und nicht nur die Hälfte der Menschheit. Und ich glaube, daß wir da in noch größere Konflikte mit einigen Kreisen aus Rom geraten werden, und die brauchen wir. Da wird erneuert, da wird neu gedacht, neu gebetet, neu gehandelt, und es ist schön, daß es so ist.

Sie haben also Hoffnung, daß sich da etwas verändert, zwar nicht sofort, aber doch auf längere Sicht?

Genau! Das kann sich nicht halten auf die Dauer. Das ist unmöglich. Es ist ja jetzt schon so, daß mehr Frauen Theologie studieren als Männer. Das ist ein interessantes Phänomen, das es jahrhundertelang nicht gegeben hat, am Ende dieses Jahrhunderts in vielen Ländern zu beobachten, und das entspricht genau der geistigen Situation.

Erwarten Sie davon dann auch eine Änderung des Handelns der Kirchen?

Ja, natürlich, wenn Frauen wirklich mit in die Leitungsfunktionen geraten. Ich lebe in Hamburg, und wir haben hier schon eine Bischöfin. Das ist ein Fortschritt, auch für die Lutheraner ein sehr großer Fortschritt, eine andere Stimme, eine andere Art des Nachdenkens, eine andere Art auch des Sich-Einmischens als das Übervorsichtige, Diplomatische, was in den Kirchen vielfach noch herrscht. Da wird sich noch mehr ändern müssen – ganz sicher. Es wird einfach eine größere Öffnung geben. Ich habe mit vielen katholischen Frauen Kontakt, die darauf warten, daß es irgendwann geschieht, die aber vielfach denken, es ist schon jetzt so, daß mit dem wachsenden Priestermangel – jedenfalls in den reichen Ländern – immer mehr Frauen die eigentlichen Funktionen der Seelsorge, des Trostes, des Zuspruchs, des Unterrichts, der Vorbereitung auf Gottesdienst, Abendmahl und so weiter übernehmen. Da wäre es nur noch ein kleiner Schritt, daß sie dann auch die Sakramente mittragen. Und das ist schön. Das wird eine menschlichere Kirche werden. Da bin ich gar nicht sehr bange, daß das auf die Dauer mißlingen könnte. Es ist klar angelegt in der Schrift und den anthropologischen Vorstellungen, die das Christentum hat und die es nicht zugunsten irgendeiner Sklaverei oder Herrschaft aufgeben kann, ohne sich selbst zu zerstören.

Sie haben gesagt, die Kirche der Zukunft müßte Ihrer Meinung nach ökumenischer und feministischer sein. Gibt es noch einen weiteren Aspekt?

Ja, der liegt mir sehr am Herzen. Das ist ein theologischer Aspekt in einem tieferen Sinn. Die Kirche der Zukunft wird der Mystik mehr Raum geben müssen. Sie wird aufhören müssen, sich nur zu verwalten, also nur das institutionelle Element zu sehen, das man im Christentum als das Petruselement bezeichnet. Auch das intellektuelle Element – das paulinische, wie man das nach dem Neuen Testament nennt – allein genügt nicht. Jede Religion hat in ihrem Kern eine mystische Beziehung zu Gott. Das heißt, sie spricht uns an auf Erfahrungen, die wir alle im Leben machen. Ich meine nicht eine esoterische Mystik, sondern eine, die für alle gilt. Wir sind tatsächlich alle Mystiker – vergessen es nur oder haben keine Sprache mehr dafür oder zerstören es eben im Laufe unseres immer tüchtiger werdenden Lebens. Da ist eine große Sehnsucht gerade bei sehr vielen jungen Menschen. Die laufen herum und warten auf etwas, erwarten etwas in der Religion, was sie im Christentum schon kaum mehr suchen. Sie gehen, weil sie so enttäuscht sind – sowohl von dem Intellektualismus wie von dem Institutionalismus der beiden großen Kirchen bei uns in Deutschland – weg und suchen etwas ganz anderes. Und das suchen sie meistens auf der Straße oder bei irgendwelchen Gurus oder in kleinen Gruppen und Sekten. Ich habe ein gespaltenes Verhältnis zu diesen jungen Leuten. Ich finde, daß der Hunger, den sie haben, vollkommen berechtigt ist. Wir können gar nichts anderes tun, als ihn zu respektieren. Das „Fast-Food", das sie häufig zu sich nehmen, halte ich nicht für eine wirkliche Antwort. Ich meine damit die Überzeugung, daß dieser Guru alleine die Wahrheit hat und dieser Kräutertee der richtige ist und jene Bauchatmung und so weiter. Das sind Versuche, etwas dingfest zu machen, die nicht halten. Aber dieser Hunger nach einer Erfahrung Gottes ist nach der klassischen Definition die Mystik – die Erkenntnis Gottes aus der Erfahrung. Das ist ein Zugeständnis, das die damaligen scholastischen Theologen an die Frauenbewegung gemacht haben, die mit solchen Erfahrungen von dem sprachen, was Gott ihnen gesagt, offenbart, kundgetan hat. Ich glaube, wir brauchen eine bessere Sprache für diese Fragen. Wie können wir über unsere Beziehung zu Gott sprechen?

Sehen Sie da bereits Ansätze, daß die Kirchen in dieser Richtung etwas tun, oder sind Sie eine einsame Mahnerin?

Ich glaube, es gibt viele „Geschwister“ von mir, die ganz ähnliche Dinge versuchen: in vielen Klöstern, wohin auch zunehmend Laien zeitweilig gehen, Kontemplation lernen, Schweigen lernen, auch Buddhismus lernen – die Religionstraditionen verwischen sich da. Dieser Hunger wird an vielen Stellen deutlich. Da spüren die Menschen einfach: Wir brauchen noch etwas mehr – auch aus unserem eigenen Alltag –, daß Gott bei uns ist. Ich will eine kleine Geschichte erzählen von meiner Enkelin: Der erzählte ich eines Tages etwas, und sie fragte mich: „Wo war ich denn, als das passierte?“ Und ich sagte: „Du warst noch nicht geboren.“ Und dann wird sie ungeduldig, dieses fünfjährige Kind, und sagt: „Ja, wo war ich denn?“ Und ich wußte nicht, was ich sagen sollte, und sagte etwas hilflos: „Ach, weißt du, du warst noch versteckt.“ Da denkt dieses Kind einen Augenblick nach, strahlt mich an und sagt: „Ach, klar, ich war in Gott versteckt.“ Das ist ein Beispiel dafür, was ich mit Mystik im Alltag meine und was Kinder auch meistens noch wissen oder auch erleben. Es gibt sehr viele Beschreibungen von Menschen, die rückblickend sagten: „Da schloß Gott sich in mich ein“, oder: „Da merkte ich plötzlich, ich bin gar nicht irgendeine Null und ganz allein, sondern ich bin ein Teil dieses Kosmos.“ Das kann unter dem Sternenhimmel einer Stadt im Mittelwesten der USA passieren, das kann auch bei einer Demonstration gegen den Vietnam-Krieg passieren, daß jemand plötzlich sagt: „Wir sind unzerstörbar. Das, wofür wir hier stehen, das sind nicht nur wir. Wir sind verbunden mit den Toten, mit denen, die bisher in den Kriegen ermordet wurden, wir sind eins.“ Dieses Grundgefühl von einer Einheit mit der Kraft Gottes, um es einmal sehr neutral zu sagen, das ist etwas Unverzichtbares für jeden Menschen.

Glauben Sie den Analysen, die in der letzten Zeit immer häufiger aufkommen, daß eigentlich die heutigen Menschen für Religion gar nicht mehr ansprechbar sind, daß ihnen Religion völlig egal ist? Was Sie jetzt erzählen, widerspricht dem ja.

Ich glaube, daß die Gottvergessenheit wächst. Die Art von Wirtschaft mit dieser Erziehung – vor allem durch das Hauptmedium – zum Konsumieren als Lebenssinn, Fun, Spaß und so weiter, das zerstört alle anderen Bedürfnisse in den Menschen. Und es dauert manchmal lange oder braucht vielleicht irgendwelche besonderen Schicksalserlebnisse, bis Menschen aus diesem Taumel aufwachen. Es gibt einen wunderbaren

Satz von einem islamischen Mystiker, der sagt: „Warum, wenn Gottes Welt doch so groß ist, bist du ausgerechnet in einem Gefängnis eingeschlafen?“ Und so empfinde ich oft die Gegenwart: Die Mehrzahl der Menschen sind in einem wunderbar eingerichteten, ausgestatteten, tapezierten, möblierten Gefängnis eingeschlafen. Mystik ist immer auch ein Aufwachen zu einer anderen Realität. Ich glaube, daß der Mensch „unheilbar religiös“ ist, wie das einmal ein russischer Religionsphilosoph ausgedrückt hat. Von dieser Krankheit werden wir wohl kaum frei, sie kommt immer wieder. Aber die Zeiten sind schlecht für sie, ja, natürlich, die Anspruchslosigkeit wächst.

Diese neue Religion, das heißt der Konsumismus, Kapitalismus, der Neoliberalismus, all das, was sich da jetzt praktisch seit dem Ende des real existierenden Sozialismus als einziger Sieger fühlt, greift um sich und hat eine solch große Macht, daß es jede religiöse Regung schwer hat, dagegen anzugehen. Glauben Sie dennoch, daß es nicht auf Dauer so bleibt?

Ich glaube, daß sich in den letzten eineinhalb Jahren mehr Widerstand gegen diesen brutalen Neoliberalismus regt und die Menschen genauer sehen, wer da eigentlich auf der Strecke bleibt. Wie ist das denn eigentlich mit behinderten Kindern oder mit alten Leuten oder mit aus der Arbeit Ausgegrenzten, also mit den nun überall proklamierten Zerstörungen dessen, was eine menschliche Gemeinschaft ist? Der Ansprechpartner in der Globalisierung ist das Individuum, während unsere altmodische Religion uns beibringt, daß der Weg zu Gott über den Nächsten oder die Nächste führt. Das heißt, über irgendeinen Menschen, mit dem ich gar nicht verwandt bin, für den ich eigentlich gar nicht verantwortlich bin, der aber merkwürdigerweise in meiner Gegend wohnt und mein Nachbar oder meine Nachbarin ist und zu dem ich gehöre. Wir brauchen, glaube ich, ein Stück „Ich-Entgrenzung“ oder „Ich-Losigkeit“, wie das viele Mystiker auch genannt haben. Ich denke an dieses Superindividuum, das da in seinem Warenhaus sitzt und alle Optionen hat: Was immer es genießen will, es braucht nur auf einen Knopf zu drücken und bekommt es. Ich glaube, daß dieses Wesen auf Dauer niemanden heilt, niemanden glücklich macht in einem ernsthaften Sinn.

Es ist sicherlich ganz wichtig, daß auch in unserer Gesellschaft wieder die Solidarität zunimmt, daß dieses von Ihnen erwähnte Ich-Betrachten zurücktritt und man wieder mehr den Nächsten sieht. Sehen Sie da konkrete Ansätze? Sehen Sie entsprechende Initiativen auch im christlichen Bereich?

Ich würde die Frage umgekehrt stellen: „Geht das eigentlich ohne eine religiöse Wurzel?“ Ich frage manchmal auch meine linken Freunde und Freundinnen, die also nichts mit Religion zu tun haben und sie für eine Marotte von mir halten: „Glaubt ihr wirklich, daß ihr das durchhalten könnt, ein wirkliches Eintreten für den anderen, ein wirkliches Aufbrechen dieses Super-Individualismus?“ Das ist die Definition dieses Menschen, der auf die Welt gekommen ist, um ein Vermögen zu erraffen, also dieser homo oeconomicus, der ein Individualist ist und nichts anderes und mit Gemeinschaft nichts im Sinn hat. Ich glaube nicht, daß das geht. Die Hoffnungen, die sich in den Religionen der Welt verstecken, die Visionen von einem gemeinsamen Leben, von dem Teilen, von Glauben, Hoffen und Lieben, davon daß man miteinander lebt, diese Visionen lassen sich nicht zerstören. Und ich frage mich manchmal, ob nicht der neuzeitliche Rationalismus und auch der Triumph der Wissenschaften eher lebensfeindlich sind. Das sind Ängste, die ich habe angesichts dieser Wissenschaft, die uns nun demnächst den Menschen zusammenklonen wird, der perfekt ist und solche altmodischen Ideen, wie ich sie gerade vertrete, gar nicht mehr braucht.

Die Menschheit hat offiziell die Sklaverei abgeschafft und viele Erfolge im Bereich Menschenrechte erzielt, und trotzdem findet man überall wieder die Rückfälle in Barbarei, in kriegerische Auseinandersetzungen, in Folter und auch Sklaverei. All das ist anscheinend nicht wegzubekommen. Ist der Mensch nicht veränderbar? Ist er nun mal so? Müssen wir uns damit abfinden, daß Herrschsucht, Gewalt und Terror das Bestimmende bleiben?

Wir dürfen die Frage nicht so stellen: „Ist der Mensch so?“ Man muß davon ausgehen, daß jeder Mensch etwas in sich hat, was ihn zu Veränderungen führen kann. Die christlichen Traditionen nennen das „Das von Gott in uns“. Auch in jedem Weltbanker, der für die Verelendung der Menschen in der Dritten Welt arbeitet, steckt „Das von Gott“. Und das muß man versuchen anzusprechen oder damit in einen Dialog zu geraten. Ich mache auch andere Erfahrungen: daß zum Beispiel Leute von Siemens mich anrufen, weil ich sage, die Atomkraftwerke verdanken sich ja Siemens und seinen Profiten, und nur deswegen betreiben wir die immer noch, obwohl wir wissen, was damit geschieht. Und ich rufe dann zum Boykott auf. Das ist eine neue Methode des Widerstands, des Kampfes gegen diese Herrschaft. Aber zugleich ist es eine Hoffnung, daß auch diese Menschen, die ja auch Kinder haben, die ihnen manchmal etwas beibringen und sagen: „So geht es doch wohl nicht“, ihre Einstellung ändern. Ein gewisser Irrtum der abendländischen Entwicklung ist vielleicht wirklich die Vorstellung, daß die Vernunft allein das schafft.

Sie haben das Stichwort Abendland gegeben. Es gibt ja gerade im Zusammenhang mit dem Jahr 2000 vom Papst her den großen Aufruf zu einer Wiederbelebung des christlichen Abendlandes. Allerdings will er die Neu-Evangelisierung nicht nur auf Europa beschränken. Sehen Sie auch die Notwendigkeit, daß wir viel stärker unseren Blick von Europa weglenken müssen und viel mehr darauf achten, was wir vielleicht aus der sogenannten Dritten Welt, aus Asien, Afrika und Lateinamerika lernen können?

Ja, sicher. Wir müssen dabei aber auf die Lieblingskinder Gottes hören. Und das sind die Armen, oder vielleicht sollte man schärfer sagen: Es sind die Frauen der Armen. Sie sind die Ärmsten in der Welt, denn sie arbeiten am meisten, verdienen am wenigsten, werden sitzengelassen von ihren Männern, die dann vielleicht woanders einen Job finden und natürlich Frauen. Da muß man sich orientieren: unten. Das ist ein grundchristliches Prinzip. Und solange das nicht klar genug ist, bleibt Mission alleine und „Jesus macht dich happy“ ein Trugschluß, eine Art Fundamentalismus auf christlich, der nicht weiterhilft. Die wirkliche Anknüpfung an die Botschaft ist etwas ganz anderes. Die hängt zusammen mit den Themen, die wir angesprochen haben: also Solidarität, ein Stück vom Ich weggehen, frei werden von dieser Ego-Besessenheit, frei werden vom Konsum, frei werden von der Angst, nicht mithalten zu können mit den richtigen Schulen oder den richtigen Ausbildungen und so weiter – davon wirklich eine größere Freiheit, die Christus versprochen hat. Ich wünsche mir, daß das Christentum sich in diesem Sinn – das heißt aber auch mit Religionstoleranz – ausbreitet. Wenn wir den Nächsten als die Grundkategorie etwas lebendiger werden ließen, dann wären wir schon ein ganzes Stück weiter.

Sie haben eben das Stichwort Angst gebraucht. Es sind ja nicht wenige, die apokalyptische Ängste haben. Und sie wird leider von bestimmten Gruppierungen noch geschürt. Was würden Sie solchen Menschen antworten, die zu Ihnen kommen und sagen: „Ich befürchte, im Jahr 2000 geht die Welt unter, und dann ist alles vorbei“.

Ich glaube, daß Ängste sehr stark sind. Ich empfinde das auch. Ich frage mich selber ganz persönlich: Ist das nicht eine Altersphobie, die ich da habe, daß alles zugrunde geht und daß früher alles besser war? Das glaube ich zwar nicht, aber ich denke, wir müssen an die Hoffnungen anknüpfen, die in all den Gruppen geweckt werden, die an einer anderen Globalisierung arbeiten, an einem anderen Umgang miteinander, an der wirklichen Einhaltung der Menschenrechte. Die sich dafür einsetzen, daß jedes Kind satt zu essen bekommt, geheilt wird, wenn es krank ist, und in die Schule gehen darf. Das sind die Basis-Menschenrechte, die bei uns ja ständig für die Mehrheit der Weltbevölkerung mit Füßen getrampelt werden. Das sind die eigentlichen Menschenrechte. Also die Verkürzung auf die individuellen Rechte halte ich für einen völligen Irrweg.

Die apokalyptischen Ängste kann ich in vieler Hinsicht teilen. Vor allem, was die Wissenschaft angeht und ihre Allmacht. Sie hat ja alle alten Eigenschaften Gottes übernommen. Unterdessen – sie ist omnipräsent, sie ist überall gegenwärtig, sie ist alleswissend, und sie ist omnipotent, allmächtig, das heißt, sie beschert uns eine andere Schöpfung. Und davor habe ich Angst. Die kann ich auch nicht so schnell loswerden. Aber es bleibt die Hoffnung auf eine Umkehr, auf eine andere Art von Leben in Gruppen, vielleicht in Enklaven. Ich denke oft, das Christentum wird so ähnlich werden, wie es im Anfang, also im Neuen Testament, war: eine kleine Gruppe in einem riesigen gewalttätigen brutalen Reich, dem Imperium Romanum, in dem die Leute damals lebten mit der Lebenserwartung, gefoltert zu werden. So werden die Christen vielleicht wieder einmal sein: in kleinen Gruppen anders lebend.

Jürgen Moltmann

Das Christentum auf der Schwelle zum dritten Jahrtausend

Die Zahl Tausend und das Wort Millennium haben im Christentum eine symbolische Bedeutung. Sie bezeichnen das Reich Christi, das vor dem Ende der Welt kommen und der Menschheit ein goldenes Zeitalter bringen soll.

Im Jahr 1000 nach Christus ging eine apokalyptische Welle durch ganz Europa. Man sah das Ende nahe, das nach Ablauf der tausend goldenen Jahre des christlichen Imperiums kommen sollte: Der Satan wird losgelassen, Gog und Magog treten an zum letzten Gefecht. Gott wird den Kampf mit Feuer vom Himmel beenden. Dann kommt das Jüngste Gericht. Viele Menschen verkauften, was sie hatten, und bereiteten sich auf das Ende vor. – Aber das Ende kam nicht, denn die Geschichte läuft weiter, wie jeder vernünftige Mensch weiß.

Im Jahr 2000 nach Christus werden wir kein solches Weltende erwarten, sondern den Anfang des nächsten Jahrtausends begrüßen. Wir wissen ja, daß die Geschichte immer weiterläuft. Wir werden also so weiterleben wie bisher – bis das Ende über uns kommt.

Vor tausend Jahren dachte man symbolisch und rechnete mit dem Weltende, aber die Geschichte lief weiter; heute rechnen wir chronologisch und denken, daß die Geschichte immer weiter läuft, aber das Ende ist uns näher als je zuvor. Wir leben am Zeitende, wenn wir in einer Zeit leben, in der das Ende der menschlichen Welt jederzeit möglich ist. Seit Hiroshima 1945 ist das Ende durch eine nukleare Katastrophe jederzeit möglich, wenn auch im Augenblick nicht sehr wahrscheinlich. Seit Tschernobyl ist unser Ende in einer ökologischen Katastrophe möglich; auch wenn sie langsam kommt, könnte sie schon unaufhaltsam sein. Die ökonomischen Katastrophen in Afrika und Asien bekommen durch wirtschaftliche Globalisierungen universale Ausmaße. Man muß kein Apokalyptiker sein, um zu erkennen, daß mit der Machtkonzentration in den Händen von Menschen auch die Gefahren der Zerstörung der Welt wachsen. „Die Zeit drängt", um Wege aus der Gefahr zu finden. Man braucht nur die Jahresberichte des World-Watch-Instituts in Washington zu lesen.

Eine Frage ist, was unsere Welt im nächsten Jahrtausend erwartet. Jede Antwort darauf ist spekulativ, denn wir wissen es nicht. Und das ist wohl gut so.

Eine andere Frage aber ist, was das 20. Jahrhundert dem 21. Jahrhundert und das zweite Jahrtausend dem dritten Jahrtausend hinterläßt und vererbt? Welche ungelösten Probleme und welche unbezahlten Rechnungen präsentieren wir den kommenden Generationen? Welche Investitionen haben wir in ihre Zukunft gemacht, und welche Schulden hinterlassen wir ihnen? Wofür werden uns die Generationen im nächsten Jahrhundert loben, und wofür werden sie uns verfluchen?

Ich beschränke mich auf das Christentum und stelle vier Alternativen vor, um an ihnen zu ermessen, was Hoffnung und was eine Last sein wird.

Ökumenische Gemeinschaft oder konfessioneller Eigensinn?

Dies ist die erste Überlebensfrage der Christenheit: Vereint werden wir leben – getrennt gehen wir zugrunde! Vereint können wir dem Frieden in einer verfeindeten Welt dienen, getrennt werden wir selbst zum Faktor der Zerstörung der Welt. Die *Ökumenische Bewegung* zur Versöhnung und Vereinigung der getrennten christlichen Kirchen ist das größte Geschenk, das wir in diesem Jahrhundert der zwei fürchterlichen Weltkriege und der Massenvernichtungen empfangen haben. In nur 70 Jahren ist es gelungen, die christlichen Kirchen an einen Tisch zu bringen und zu versöhnen, die sich seit Jahrhunderten gegenseitig exkommuniziert und verdammt hatten. Die Spaltung in Ostkirche und Westkirche, die im Jahr 1054 eintrat, und die abendländische Kirchenspaltung, die nach der Reformation im 16. Jahrhundert um sich griff, sind zwar noch nicht überwunden, aber wir sind auf einem gemeinsamen Weg, nämlich in dem „konziliaren Prozeß“ zur Überwindung dieser Feindseligkeiten, und erleben heute fast überall in der orthodoxen, römisch-katholischen und evangelischen Christenheit schon eine „versöhnte Vielfalt“. Die trennenden konfessionellen Identitäten treten zurück, die gemeinsame christliche Solidarität kommt zum Vorschein. Das ist für konfessionsverschiedene Ehen von nicht zu unterschätzender Bedeutung. Die anderen Kirchen sind nicht mehr Gegner, von denen man sich abgrenzen muß, sondern Glieder der größeren Gemeinschaft Christi: von denen man Ergänzungen des eigenen Lebens und Glaubens lernen kann. Konfessionelles Bewußtsein denkt exklusiv, ökumenisches Bewußtsein denkt komplementär. Es führt zu einer wunderbaren Bereicherung des Glaubens und der Gemeinschaft.

Natürlich gibt es verschiedene theologische Lehren, verschiedene Formen der Frömmigkeit und verschiedene Ordnungen der Kirchen. Aber auf allen ökumenischen Konferenzen und in den Begegnungen vor Ort haben wir entdeckt, daß es keine Verschiedenheit gibt, die die Trennung oder Zurückweisung vom Tisch des Herrn in Abendmahl oder Eucharistie rechtfertigen würde. Die gegenseitigen Exkommunikationen von Orthodoxen und Katholiken und von Katholiken und Protestanten haben keinen Rechtsgrund mehr. Die Verwerfungsurteile sind Vergangenheit geworden und passé. Die bestehenden Unterschiede sind vielmehr anregend und produktiv und können schöpferisch für die zukünftige neue Gemeinschaft aller Christen benutzt werden. Nach 50 Jahren gemeinsamer Arbeit von orthodoxen, katholischen und evangelischen Theologen haben wir die „Lima-Dokumente", das sind „Konvergenzerklärungen" über „Taufe, Eucharistie und Amt". Wir sind heute in der Lage, „gemeinsam den einen Glauben zu bekennen", und zwar mit den Worten des alten Bekenntnisses von Nicäa-Konstantinopel von 381. Wir sind in den „konziliaren Prozeß" eingetreten, um uns gemeinsam und öffentlich für „Gerechtigkeit, Frieden und die Bewahrung der Schöpfung" in der Welt einzusetzen. Die Konferenzen von Basel und Dresden 1989 und die letzte Konferenz in Graz 1997 haben auch gezeigt, wie Christen aus verschiedenen Kirchen gemeinsam die neuen Herausforderungen im „offenen Haus Europa" angenommen haben. Das neue Europa braucht eine ökumenisch vereinigte Christenheit, wenn es nicht nur durch das Geld, den „Euro", sondern auch in seiner Seele zusammenwachsen soll. Hier zeigt es sich, daß die katholisch-protestantische Trennung leichter zu überwinden ist als die ostkirchlich-westkirchliche Trennung, denn die orthodoxen Länder Südosteuropas haben 500 Jahre im Osmanischen Reich existiert und eine ganz andere Entwicklung genommen als das lateinische Westeuropa. Der Balkankonflikt zwischen orthodoxen Serben, katholischen Kroaten und muslimischen Bosniern und Albanern hat uns das erschreckend klar vor Augen gestellt.

Eine ungelöste ökumenische Frage stellt das Papsttum in Rom dar. Was der Einheit der Kirche dienen sollte, scheint zum letzten Hindernis zu werden, wie Papst Paul VI. hellsichtig sagte. Doch auch in dieser Frage gibt es mögliche Antworten: Die meisten nicht-römisch-katholischen Kirchen sind zur Gemeinschaft mit Rom (cum Petro) bereit, wenn auch nicht zur Gemeinschaft unter Rom (sub Petro). Ein universaler Dienst an der Einheit der Christenheit kann anerkannt werden, wenn er ein Dienst ohne unfehlbaren Herrschaftsanspruch und in selbstloser Demut ist.

Diese ökumenische Zukunft ist das Beste, was unser Jahrhundert auf der Schwelle zum nächsten Jahrtausend den kommenden Generationen überreichen kann. Aber es ist nicht so, daß die Ökumene gesiegt und der konfessionelle Eigensinn schon verloren hätte. Immer wenn uns die Zukunft unsicher und riskant erscheint, klammern wir uns an die alten Identitäten, die uns Schutz gegeben haben. Das sind im neuen Europa der *Nationalismus* und der *Konfessionalismus*.

Nach dem Zerfall des Sowjetimperiums und des „Ostblocks" hatten wir eine große Demokratiebewegung in Osteuropa erwartet, doch es kam der neue Nationalismus, der auf dem Balkan seine blutigen Spuren hinterließ. Von den Kirchen in jenen Ländern hatten wir eine neue ökumenische Begeisterung erwartet, doch was kam, war ein neuer, antiwestlicher und antiökumenischer Konfessionalismus in den orthodoxen Ländern. Gewiß waren daran die sektiererischen Missionsbemühungen aus dem Westen und das, nach Osten gerichtete, vatikanische Programm einer „Neuevangelisierung Europas" schuld, aber es gibt auch interne Gründe für die Angst und Abwehr des Westens in den orthodoxen Kirchen. Sie hängen am Begriff der Orthodoxie wie die römische Unfehlbarkeit am Papsttum. Wer wird gewinnen: die Ökumene oder der konfessionelle Eigensinn? Wir geben dieses ungelöste Problem an die nächsten Generationen weiter mit folgender Warnung: Kommt es zu diesem neuen, ethnozentrischen Konfessionalismus, dann werden wir Versuche erleben, einheitliche Glaubensstaaten wiederherzustellen mit der bekannten Zurücksetzung oder Unterdrückung der Minderheiten. Wir können dann auch einen neuen evangelischen Fundamentalismus in Europa wie in den USA erleben. Und darauf wird mit Sicherheit eine neue Welle der Säkularisierung folgen wie vor 300 Jahren im Abendland. Viele Menschen werden dann glauben, daß sie ein gemeinsames „Haus Europa" nur gegen die gespaltenen und spaltenden Kirchen bauen können, und werden die Kirchen verlassen. Mit anderen Worten: Konfessionell gespaltene, ökumenisch unversöhnte Kirchen sind nicht europafähig und nicht friedensbereit.

Modernismus oder Fundamentalismus?

Das ist die zweite Überlebensfrage der Christenheit wie auch anderer Religionen. Seit der Entstehung der wissenschaftlich-technischen Zivilisation, die man „die moderne Welt" nennt, hat die Christenheit große Anstrengungen unternommen, um mit dem „Fortschritt" Schritt zu halten und die neuen Lebensbedingungen und Denkweisen als Chancen für das „Christsein" zu ergreifen. Weil diese „moderne Welt" vornehmlich in den industrialisierten, protestantischen Ländern entstanden ist, hat die evangelische Christenheit sich früh auf die Prinzipien der Aufklärung eingelassen und den sogenannten „Kulturprotestantismus“ hervorgebracht. In ihm gehören Glaubensfreiheit und Gedankenfreiheit, Religionsfreiheit und Demokratie zusammen.

Die römisch-katholische Kirche hat sich lange gegen den Geist der französischen Revolution gewehrt und sich noch 1907 durch den „Antimodernisteneid“, der Theologen auferlegt wurde, gegen die Einflüsse des „Modernismus“ geschützt. Sie hat dann aber im Zweiten Vatikanischen Konzil 1963 sich entschlossen auf die „Vergegenwärtigung“ (aggiornamento) eingelassen und sich für die Religionsfreiheit entschieden, die sie 50 Jahre zuvor bekämpft hatte. Heute erleben wir in Europa und den beiden Amerikas einen eindrücklichen Aufbruch des Katholizismus zur „modernen Welt“, um dort präsent zu sein, wo Menschen heute leben und leiden. Vergangen ist die Zeit, da man die katholische Kirche für ein Museum aus dem Mittelalter halten konnte.

Die Prinzipien der modernen Welt sind in diesen Zusammenhang:

1. die vorurteilsfreie Anwendung der modernen Wissenschaften auf die Welterkenntnis. Der christliche Glaube hängt nicht am Weltbild der Bibel, sondern befreit die Vernunft aus Vorurteilen zu ihrer eigenen Vernünftigkeit. Die Anwendung der historischen Wissenschaften auf die Erforschung der Bibel und der Tradition zerstört die Grundlagen des Glaubens nicht, sondern legt den transzendenten Grund des Glaubens frei.

2. Der Glaube ist eine persönliche Entscheidung und eine eigene Überzeugung. Weder der Staat noch die Kirche können ihn erzwingen. Die moderne Welt hat die Freiheit jedes einzelnen Menschen entdeckt und schützt die individuelle Menschenwürde durch die Anerkennung der Menschenrechte. Sie macht darum Glaubens- und Gewissensfreiheit gegenüber der Institution Kirche und Religionsfreiheit gegenüber dem Staat möglich und versetzt jeden Menschen in die eigene Verantwortung. Ohne Glaubensfreiheit keine freie Kirche; ohne Religionsfreiheit keine freiheitliche Demokratie.

3. Je mehr sich moderne Menschen ihrer Freiheit bewußt werden, desto weniger wollen sie von einer Hierarchie von Bischöfen und Theologen bevormundet werden. Wir sind auf dem Weg von einer Betreuungskirche zu einer Beteiligungskirche. Überall nehmen die traditionellen Kirchen ab und wachsen die Pfingstkirchen. Die Kraft der religiösen Zugehörigkeit nimmt ab, die Kraft der eigenen Entscheidung wächst. Die Mitgliederzahlen der Kirchen werden ab-, die Kraft des christlichen Engagements aber wird zunehmen.

Zusammen mit dem Modernismus aber ist sein feindlicher Bruder, der Fundamentalismus, gewachsen. Ursprünglich entstand er im amerikanischen Protestantismus als eine Reaktion auf die liberale, moderne Theologie. „The Fundamentals. A Testimony of Truth", hieß die Taschenbuchreihe, die 1910 bis 1915 erschien. In ihr werden die ewigen christlichen Grundwahrheiten – Autorität der Bibel, Jungfrauengeburt, Auferstehung Christi und so weiter – verteidigt und die absoluten Gebote Gottes aufgerichtet. Christlicher Fundamentalismus in den USA ist ebensowenig wie islamischer Fundamentalismus im Iran nur eine rückwärtsgewandte Reaktion auf die moderne Welt, sondern vielmehr ein Programm zur Rückgewinnung der Welt für den ewigen Glauben. Dafür werden alle technischen Mittel der modernen Welt verwendet: die „electronic church" in den USA, moderne Marketing-Methoden, eigene Fernsehstationen. Die Khomeini-Revolution im Iran gegen den Schah, der Persien modernisieren wollte, wurde auch die „Kassetten-Recorder-Revolution" genannt. Das katholische Opus-Dei bildet technokratische Führungskräfte aus. Der evangelikale Fundamentalismus predigt die „Religion des Erfolgs und des Wohlstands" und bietet sich den sozialen Aufsteigern und Besserverdienenden an.

Fundamentalistische Identität ist eine verkrampfte Identität ohne Offenheit für andere. Man klammert sich an absolute Werte und sieht überall nur Feinde und Verschwörungen. Dahinter stehen oft tiefe Kränkungen. Für Fundamentalisten ist „eine Welt untergegangen". Für Islamisten ist es der Niedergang der einst so siegreichen und erfolgreichen arabischen Welt und dann des osmanischen Weltreiches. Für Christen ist es der Untergang der konfessionell einheitlichen Glaubensstaaten. In den USA ging der Traum vom „Christlichen Amerika" und der „unschuldigen Erlösernation" verloren. Das macht es verständlich, warum der neue Fundamentalismus im Islam und im Christentum so apokalyptisch auf den Endkampf von „Harmaggedon" oder die „Mutter aller Schlachten" fixiert ist.

Warum breitet sich religiöser Fundamentalismus in der modernen Welt aus? Weil das Grundvertrauen in diese moderne Welt verlorenging: Wir wissen, daß es jederzeit mit uns zu Ende sein kann. Darum vertrauen wir der Zukunft nicht mehr. Wir vertrauen nicht mehr auf die Erde, denn sie könnte kontaminiert sein. Das Erdvertrauen geht verloren. Auf Menschen vertrauen wir nach Hitler und Stalin auch nicht mehr. So bleiben nur der Himmel und die Ewigkeit übrig, wenn man nicht zum Nihilisten wird. Je mehr Katastrophen die moderne Welt produziert, desto stärker wird der Fundamentalismus.

Vor 30 Jahren dachten wir, der Fundamentalismus würde bald verschwinden, weil er so verkrampft und unmodern ist. Heute sieht es so aus, als ob der Kampf zwischen Modernismus und Fundamentalismus noch nicht entschieden ist, weder in der Türkei noch in Amerika. Am Ende dieses Jahrhunderts reichen wir diesen Konflikt ungelöst weiter.

Patriarchat oder Feminismus?

„Die Zukunft wird weiblich sein", sagt der Slogan. Wird sie es wirklich? Erst seit der amerikanischen und der französischen Revolution, seit der Anerkennung der Menschenwürde und der Menschenrechte für jeden Mann und jede Frau hat die Befreiung der Frauen in unserer Kultur aus dem uralten Herrschaftssystem der Männer, „Patriarchat" genannt, begonnen. Denn „alle Menschen sind gleich und frei geschaffen", wie es in den ersten demokratischen Verfassungen heißt.

Unter „Patriarchat" versteht man die Herrschaft der Väter über die Familie und das Haus, die männliche Erbfolge der Söhne, die Politik der Männer als Vertreter ihrer Familien nach außen, die politische Herrschaft der Könige und Richter sowie die kulturelle Hochschätzung männlicher Eigenschaften bei gleichzeitiger Abwertung weiblicher Eigenschaften. So weit die geschichtlichen Zeugnisse der Menschheit zurückreichen, lassen sich patriarchalische Lebensformen feststellen. Fast überall aber zeigen sich in den Ursprungssagen der Völker auch Spuren früherer matriarchalischer Lebensformen. Der griechische Kultort Delphi ist ein Beispiel: Früher saß dort die Frau Pythia mit der Schlange und weissagte den Stämmen, was die Erdgöttin ihnen zu sagen hatte. Dann kamen die griechischen Stämme über die Berge, erschlugen die Schlange und bauten ihrem Himmelsgott Apoll den berühmten Tempel, dessen Ruinen noch heute zu sehen sind.

In den Religionen finden sich letztgültige Rechtfertigungen für die Wertsysteme der menschlichen Kulturen. So haben wir im Alten Testament die Sündenfallgeschichte, nach der Schuld und Elend der Menschheit auf die böse Schlange und die verführbare Eva zurückgehen. „Dein Verlangen soll nach deinem Mann sein, und er soll dein Herr sein", sagt dann die göttliche Stimme. Im Neuen Testament wird die Herabsetzung der Frau gleich doppelt begründet: Sie schweige in der Gemeinde, denn „sie wurde als zweite geschaffen und fiel als erste in Sünde". Seit dem 4. Jahrhundert, als das Christentum zur Staatsreligion im römischen Reich wurde, hat sich der Patriarchalismus der Römer in der christlichen Kirche durchgesetzt. Aristoteles und Cicero wurden wichtiger als der Gott, in dessen Namen Jesus gekrümmte Frauen aufrichtete.

In den demokratischen Staaten der westlichen Welt entstand im 19. Jahrhundert eine selbstbewußte Frauenbewegung, die für die Rechte der Frau kämpfte, aber es dauerte bis in das 20. Jahrhundert, bis die Frau als gleichberechtigte Rechtsperson im öffentlichen Leben anerkannt wurde. In den Familien hielt sich die Letztentscheidungsgewalt des Vaters besonders lange. Während bei den niedrigen Arbeiten Frauen schon bald im Produktionsprozeß benötigt wurden, kommen sie noch heute in Führungsetagen nur selten vor. Oft werden sie als letzte eingestellt und als erste entlassen. In den Berufen müssen sie wie die Männer ständig verfügbar sein, was den Schwangerschaftsschutz schwierig macht. Nach der Wende Ostdeutschlands zur freien Marktgesellschaft sank die Geburtenrate dort um 50 Prozent.

In der christlichen Religion des Westens haben erst die Forderung nach einer Ordination der Frau zum Pfarr- und Priesteramt und die feministische Theologie im 20. Jahrhundert den Kampf um das Recht der Frau und die Annahme der Fülle ihrer Gaben eingeleitet. Nach 1945 wurde die Ordination der Frau in die evangelischen Kirchen in Deutschland eingeführt. Jetzt gibt es die erste Bischöfin. Die skandinavischen Kirchen folgten. Vor einigen Jahren führte auch die anglikanische Kirche in England die Frauenordination ein. Die Erfahrungen der Gemeinden sind hervorragend. Die religiöse Rechtfertigung ergibt sich aus der Ausgießung des heiligen Gottesgeistes auf Männer und Frauen gleichermaßen, aus dem Osterzeugnis der Apostolin Maria Magdalena und aus der Taufe. Die römisch-katholische Kirche ist heute nach Auskunft des Papstes der Überzeugung, sie habe keine Vollmacht, Frauen zu ordinieren, während sie in ihrer Frühzeit die Diakoninnenweihe durchaus kannte. Die orthodoxe Kirche lehnt die Frauenordination strikt ab, unter anderem mit der Begründung ihrer möglichen „Unreinheit“ am Altar. Die neue feministische Theologie hat gezeigt, daß die Jesusbewegung aus Männern und Frauen bestand und durch und durch patriarchatskritisch war: „Ihr sollt niemanden Vater nennen, allein Gott ist euer Vater.“ Sie hat die eigene Sicht von Frauen auf die biblischen Traditionen herausgearbeitet, die die männliche Sicht in ihre Grenzen weist und dort ergänzt. In einer Gemeinschaft von Frauen und Männern entfalten sich die Gaben des Geistes erst, wenn beide gleichberechtigt sind und keine Seite „schweigen“ muß. Nach den Jahrtausenden rein patriarchalischer und androzentrischer Religion muß sich eine feministische Weise dieser Religion erst befreien und selbst entfalten, bis es einmal zu einer neuen, reicheren Gemeinschaft von Männern und Frauen kommt. War die Vergangenheit männlich, so wird die nächste Zukunft weiblich und die ferne Zukunft gemeinschaftlich werden. Kirchen, die sich gegen diese Entwicklung sperren, hindern den Geist Gottes und erleiden einen Mangel an Berufungen.

Friede zwischen Weltreligionen oder die Religion der Erde?

Noch vor 150 Jahren lebten wir in relativ geschlossenen Gesellschaften. Ein Staat, ein Gesetz, eine Religion. Heute werden wir wie überall im Westen zu einer multireligiösen Gesellschaft. Diese religiöse Vielfalt bereichert unsere Gesellschaft, sammelt aber auch Konfliktstoff an, der sich in Rassenhaß und Religionskriegen entladen kann. Um so wichtiger wird es, daß die verschiedenen Religionsgemeinschaften sich gegenseitig kennen und respektieren lernen. Bei uns leben mehr als zwei Millionen Muslime, aber die Kenntnis des Islam hält sich bei Deutschen in Grenzen, und die Kenntnis des Christentums ist bei Türken minimal. Man lebt nicht zusammen, sondern nebeneinander her. Das ist gefährlich, weil Vorurteile dann die Erfahrungen ersetzen. Also müssen die Religionsgemeinschaften miteinander in einen Dialog kommen. Dessen Ziel ist nicht die Vermischung aller Religionen zu einer langweiligen Einheitsreligion, sondern Entdeckung des anderen und die Wahrnehmung der eigenen Identität am anderen und die fruchtbare Gestaltung der Differenzen. Beheimatung im eigenen Glauben ist die Voraussetzung für die Erkenntnis des anderen Glaubens. Wer sich nicht für andere öffnet, lernt nichts hinzu. Wer seine eigene christliche oder muslimische Identität nicht kennt oder preisgibt, wird überflüssig. Man muß nicht nur dialogfähig, sondern auch dialogwürdig sein.

Auf globaler Ebene suchen wir nach Frieden zwischen den Weltreligionen, weil es ohne diesen auch keinen Weltfrieden geben wird. Was aber ist eine „Weltreligion“?

Es gibt Stammesreligionen, Naturreligionen und politische Religionen. Sie sind lokal bedingt. Von einer „Weltreligion“ sprechen wir erst, wenn eine Religion sich an alle Menschen wendet, wo immer sie sind, wie zum Beispiel Christentum, Islam, Buddhismus, Neohinduismus und so weiter. Im Zeitalter der Globalisierung der Wirtschaft und der Kommunikation wachsen die Völker und Kulturen heute und morgen tatsächlich zu „einer Welt“ zusammen: Weltwirtschaft, Weltpolitik, Weltzivilisation. Entsteht aber eine gemeinsame Welt, oder wird die Kluft zwischen der „Ersten Welt“ und der „Dritten Welt“ immer größer? Ist das der Fall, dann müssen wir fragen, welcher Welt eine „Weltreligion“ denn dienen will. Der Islam hat sich in der Zeit der indischen Mogulkaiser und der türkischen Sultane ausgebreitet. Das Christentum missionierte die Welt zur Zeit des europäischen Imperialismus im 19. Jahrhundert. Um der einen, gemeinsamen Welt zu dienen, müssen sich die herrschenden Weltreligionen aus ihren sozialen Gefängnissen in den Klassen- und Herrschaftsformen ihrer eigenen Welt befreien und die Kraft gewinnen, das Gefälle von der reichen Ersten Welt in die armen Völker der Dritten Welt zu überwinden. Erst wenn das Christentum seinen eurozentrischen Charakter und seine Bindungen an die westliche Welt aufgibt und der Befreiung des unterdrückten Volkes in der Dritten Welt dient, wird es im echten Sinn zu einer „Weltreligion". Wir werden eine Verlagerung der Zentren des Christentums nach Afrika, Asien und Lateinamerika erleben.

„Weltreligion" hat aber noch eine andere Bedeutung. Unsere „Welt" geht über die Menschenwelt hinaus und schließt die Erde ein, auf der Menschen leben. Je weiter die ökologischen Krisen um sich greifen, die unsere menschliche Zivilisation anrichtet, desto mehr wird sich in Zukunft Ökonomie zur Ökologie wenden. Die „Erde", heute ein stummer, leidender Partner, wird ins Zentrum jeder menschlichen Überlebenspolitik rücken. Ernst von Weizsäcker hat recht: Aus Weltpolitik wird „Erdpolitik" werden, aus Weltwirtschaft „Erdwirtschaft", und diejenigen Weltreligionen werden am hilfreichsten sein, die die „Religion der Erde" aufnehmen und uns die Spiritualität der Erde lehren. Wo finden heute die interessantesten „interreligiösen Dialoge" statt? Nicht auf den Religionskonferenzen, sondern auf den ökologischen Konferenzen und am „Tag der Erde", der in den USA von vielen Religionsgemeinschaften am 27. April gefeiert wird. Was haben die Weltreligionen zur Zerstörung oder zur Bewahrung der Schöpfung beigetragen? Wo gibt es lebensfeindliche, apokalyptische Tendenzen in den Weltreligionen? Während auf den Religionskonferenzen die Vertreter der sogenannten „Naturreligionen" in Afrika und Australien kaum eingeladen werden, finden sie auf den ökologischen Konferenzen unser Ohr, wenn sie von der uralten Harmonie ihrer Kulturen mit den Rhythmen und Zyklen der Erde und des Mondes sprechen. Die moderne Welt kann nicht in ein solches vormodernes Paradies zurückkehren, aber wir können die alte ökologische Weisheit in das nachindustrielle Zeitalter übersetzen, das vor uns liegt. Sehen wir daraufhin in unserer eigenen biblischen Tradition nach, dann entdecken wir die alte israelitische Weisheit des Sabbat Gottes wieder; die Sabbatruhe am siebten Tag und das Sabbatjahr im siebten Jahr sind gute Medizin für moderne Menschen in Zeitnot. Die Herstellung der Gerechtigkeit durch Schulderlaß im Halljahr kann die Gerechtigkeitslücke in unserer Gesellschaft schließen. Und der „Sabbat der Erde", die im siebten Jahr in Ruhe gelassen werden soll, ist gute ökologische Weisheit.

Hat das Christentum eine Zukunft im dritten Jahrtausend?

Das historische Christentum hat seine Zeit gehabt. Die Geschichte des Christentums aber zeigt ein ungewöhnlich großes Potential der Erneuerung im christlichen Glauben. Wir sind von einer Reformation zur anderen geschritten und von einer Erweckung zur nächsten. Als die Kraft der Hoffnung für das Leben im Glauben an Gott mag das Christentum seine wahre Zukunft erst noch vor sich haben. Seine Heimat ist nicht die Vergangenheit, auch nicht Europa, sondern das kommende Reich Gottes, in dem Gerechtigkeit herrscht.

Konrad Raiser

Neubelebung der Religion?

Die Zukunft der Ökumene

Das 20. Jahrhundert drängt seinem Ende zu. Es hatte verspätet mit dem Ersten Weltkrieg begonnen, und die Ereignisse der Wendejahre 1989/1990 haben sein Ende vorweggenommen. Es war wohl das mörderischste Jahrhundert in der menschlichen Geschichte und zugleich eine Periode von atemberaubenden technologischen Veränderungen und wirtschaftlichem Fortschritt.

Zu den besonderen Merkmalen dieses zu Ende gehenden Jahrhunderts gehört auch die ökumenische Bewegung unter den christlichen Kirchen. Während die Christenheit sich in den 900 Jahren seit der ersten Jahrtausendwende immer stärker aufsplitterte und Kreuzzüge, Inquisition und Religionskriege das Gesicht der Kirche entstellten, haben die Kirchen im 20. Jahrhundert den Weg zueinander gefunden. Aus Fremden und Gegnern sind Nachbarn und Freunde geworden. Dieser Wandel ist wohl unumkehrbar, aber er ist noch nicht abgeschlossen, wie die ökumene-kritischen Töne aus manchen Kirchen zeigen. Reicht dieser Bewußtseinswandel aus, um die Spaltungen endgültig zu überwinden? Was ist die Zukunft der Ökumene am Vorabend des 21. Jahrhunderts?

An vielen Orten wird das Jahr 2000 vorbereitet. Von der Millenniums-Halle in London über die Expo in Hannover und die Hotelbauten für Pilger in Rom, Jerusalem und Bethlehem bis hin zu den frühzeitigen Angeboten von Reisen in den Südpazifik, um den Beginn des Jahres 2000 auf der Datumsgrenze zu erleben – für viele scheint das Jahr 2000 vor allem ein kostbares Marketing-Symbol zur Belebung des Geschäfts zu sein.

Für andere ist die Jahrtausendwende eher eine Quelle düsterer Vorahnungen und apokalyptischer Ängste. Diese Stimmung wird verstärkt durch die plötzlich auftauchenden, unkontrollierbar scheinenden wirtschaftlichen Krisen und die nicht abreißende Kette von Kriegen und Gewaltakten.

Das Jahr 2000 sollte natürlich vor allem ein Symbol für die Christen und die Kirchen sein. Ist es nur ein Symbol der Erinnerung an 2000 Jahre Kirche oder auch ein Zeichen der befreienden Erneuerung? Begehen wir in erster Linie den 2000. Geburtstag von Jesus von Nazareth mit publikumswirksamen Selbstdarstellungen „seiner“ Kirche oder zugleich ein Jahr der Befreiung von den belastenden Erinnerungen an Spaltung und Unterdrückung, an Bannflüche und Ketzerurteile, um so den Herausforderungen eines neuen Jahrhunderts gemeinsam begegnen zu können?

Bei den Vorbereitungen der Kirchen auf das Jahr 2000 überwiegt bislang das legitime Interesse, die christliche Botschaft in einer säkularisierten Welt hörbar zu machen. Die Suche nach einer gemeinsamen Antwort der Kirchen auf die Herausforderungen des 21. Jahrhunderts verläuft sehr viel zögerlicher. Dabei sollte deutlich sein, daß nur eine gemeinsame Antwort der Situation einer globalisierten Welt gerecht werden kann.

Die Globalisierung wird im 21. Jahrhundert zunehmen. Sie ist Segen und Fluch zugleich. Muß die ökumenische Bewegung sich einfach anpassen an die globalen Bedingungen des Wettbewerbs, die in zunehmendem Maß auch die Präsenz von Religionen und Sinnangeboten bestimmen? Die christliche Tradition birgt Kräfte und Möglichkeiten für einen alternativen Umgang mit der globalen Realität. Sie zu entdecken und zu entfalten bedarf freilich der gemeinsamen ökumenischen Anstrengung.

Müssen die historischen Kirchen den Pfingstlern und den neuen religiösen Bewegungen das Feld überlassen, wo es um die Suche nach glaubwürdiger Erfahrung von Spiritualität geht? Die ökumenische Bewegung hat gezeigt, daß sie das Potential hat, zur Keimzelle und zum Laboratorium für eine neue Kultur zu werden, die Armut und Gewalt nicht nur als soziales und politisches Problem, sondern als Anfrage an unsere geistliche Verwurzelung versteht.

Vieles deutet darauf hin, daß das 21. Jahrhundert von einer Neubelebung der Religionen geprägt sein wird, einer gegenläufigen Bewegung zum Prozeß der Säkularisierung im 20. Jahrhundert. Die Kirchen sind noch schlecht auf diese Begegnung mit kultureller und religiöser Pluralität vorbereitet. Die gemeinsamen Anstrengungen mit anderen Religionsgemeinschaften werden sich stärker als bisher auf die Verständigung über ethische Grundlagen einer neuen Weltordnung konzentrieren. Dies wird auch die ökumenische Bewegung nötigen, sich den Fragen der Alltagsethik erneut zuzuwenden, zumal Unterschiede im ethisch-moralischen Urteil zu zentralen Streitfragen zwischen den christlichen Kirchen geworden sind.

Diese kurzen Andeutungen mögen ausreichen, um zu zeigen, daß die ökumenische Tagesordnung des beginnenden 21. Jahrhunderts sich in manchem von den bisherigen Perspektiven unterscheiden wird – wenn sie den neuen Herausforderungen gerecht werden soll. Zwischenkirchliche Organisationsformen werden wichtig bleiben, aber sie müssen ergänzt werden durch offene Netzwerk-Strukturen, die es auch Laien, insbesondere Jugendlichen und Frauen, ermöglichen, aktiv an der ökumenischen Arbeit teilzunehmen.

Der Ökumenische Rat der Kirchen, der anläßlich seiner 8. Vollversammlung im Dezember 1998 auch sein 50jähriges Jubiläum begehen wird, hat den Versuch gemacht, seine Rolle und Aufgabe in der veränderten Situation neu zu bestimmen. Damit verbindet sich die Hoffnung, daß die Vollversammlung die ökumenische Vision, die zu Beginn des 20. Jahrhunderts vor allem junge Menschen inspiriert und in Bewegung versetzt hat, so griffig und glaubwürdig neu formulieren kann, daß der Impuls der ökumenischen Bewegung auch in das 21. Jahrhundert hinein erhalten bleibt.

Margot Käßmann

Ökumene wichtiger denn je

I.

Das 20. Jahrhundert – es sollte das Jahrhundert der Ökumene werden. Große Aufbrüche und Hoffnungen gab es, daß in diesem Jahrhundert nach den vielen Trennungen und Spaltungen die Kirchen der Welt nun endlich zusammenfinden würden.

Gerungen werden sollte um die Glaubwürdigkeit der Kirchen, es gab eine Hoffnung auf Einheit sowohl in der Lehre als auch im Handeln in den großen sozialen Herausforderungen. Vieles hat die ökumenische Bewegung erreicht: Da war das gewichtige Zeugnis etwa gegen den Rassismus in Südafrika und andernorts. In den großen Auseinandersetzungen um Wirtschaftsfragen sind die Kirchen in aller Welt eingetreten für die Armen und an den Rand Gedrängten. In Südamerika und an anderen Orten hat die ökumenische Bewegung ihre Stimme erhoben für die Wahrung der Menschenrechte. Auch auf theologischer Ebene erscheint so manches auf der Habenseite: Die Taufe wird inzwischen von fast allen Kirchen gegenseitig anerkannt, zwischen vielen Konfessionen gibt es Kirchengemeinschaft.

Und dennoch, 50 Jahre nach der Gründung des Ökumenischen Rates der Kirchen 1948 in Amsterdam, herrscht vielerorts Ratlosigkeit. Einerseits erkennen die drei großen Konfessionsfamilien Orthodoxie, Katholizismus und Evangelische ihre Ämter noch immer nicht gegenseitig an. Noch immer gibt es keine gemeinsame Abendmahlsfeier zwischen den Konfessionen. Gerade dies wäre um der Glaubwürdigkeit willen doch so wichtig. Dieses Zeichen der Einheit, das gemeinsam gefeiert werden könnte, es bleibt noch immer aus. Und auch im sozialethischen Bereich gab es viele Enttäuschungen: Das große Ringen um Gerechtigkeit in den siebziger Jahren ist fast in Vergessenheit geraten. In Ruanda, in Irland, in Bosnien tragen die Kirchen, die Religionen gerade nicht zum Frieden bei. Vielmehr ist Religion immer wieder ein Faktor, der die Konflikte in aller Welt verschärft.

Ist die Ökumene am Ende des ökumenischen Jahrhunderts also am Ende?

II.

Während die Kirchen weiter um ihre Einheit ringen, macht sich in der säkularen Welt ein Phänomen breit, das unter dem Begriff „Globalisierung“ gehandelt wird. Letzten Endes handelt es sich hierbei um ein ureigenstes kirchliches Anliegen. Stets haben in diesem Jahrhundert die ökumenischen Theologinnen und Theologen betont, daß gerade das Christentum die Grenzen von Rasse, Kultur und ethnischer Zugehörigkeit überwindet. Eine Vision von Einheit entstand, die alte Grenzen überschreitet und die Welt als einen gemeinsamen Haushalt in den Blick nimmt. Vor allem der konziliare Prozeß für Gerechtigkeit, Frieden und Bewahrung der Schöpfung, der die Kirchen in den achtziger Jahren beschäftigte, hat diese Vision umgesetzt. Das Handeln an verschiedenen Orten und zu verschiedenen Themen sollte in seiner Bezogenheit aufeinander deutlich werden. Die atomare Verseuchung im Pazifik ist verknüpft mit den Atomkraftwerken in Europa. Die Ungerechtigkeit in Indien hat etwas zu tun mit den Teppichpreisen in Deutschland. Der Krieg im Kongo hängt zusammen mit der gesteigerten Rüstungsproduktion in den USA und Frankreich. In den letzten Jahren scheint dieses Programm in den Hintergrund zu rücken, und so ist zu fragen, was denn 50 Jahre nach der Gründung des Ökumenischen Rates und am Ende des ökumenischen Jahrhunderts die Zukunftsperspektiven für die weltweite ökumenische Bewegung sind.

Bei der Frage nach Zukunftsperspektiven muß es um die Kirchen und die ökumenische Bewegung selbst gehen. Ihre Glaubwürdigkeit kann nicht länger darunter leiden, daß die eigenen Trennungen im Vordergrund stehen. Gerade in einer Zeit, in der die einzelnen Kirchen verstärkt auf einen alten Provinzialismus zurückfallen, in der angesichts zurückgehender Finanzen ein Rückzug auf die eigene Kirche, die eigene Region, die eigene Gemeinde stattfindet, muß das Bewußtsein für die weltweite Gemeinschaft erhöht werden. Ernst Lange schrieb einst: „Die westdeutsche Kirche ist eine Provinz der Weltchristenheit und sonst gar nichts.“ Die eigene Provinzialität einzuordnen in den weltweiten Horizont christlicher Gemeinschaft ist dringend notwendig. Ein ökumenisches Lernen, das sich in Gemeindearbeit, theologischer Ausbildung und Kirchenleitung niederschlägt und zu einer verbindlichen Gemeinschaft auf Weltebene beiträgt, steht auf der Tagesordnung. Hierzu wird es auch notwendig sein, die vorhandenen Differenzen zwischen Katholizismus, Orthodoxie und Kirchen der Reformation so zu ordnen und zu klären, daß die Gemeinschaft zumindest in Umrissen erkennbar wird. Da gibt es derzeit große Probleme: Themen wie der Umgang mit der Homosexualität spalten die Kirche. Die Frauenordination wird von vielen Kirchen nicht anerkannt. In Osteuropa wird die Vielfalt in Sachen Religion, die eine Demokratisierung automatisch im Gepäck führt, als Bedrohung wahrgenommen. Nationalismus paart sich immer wieder mit Kirchen. Gegenüber all diesen Trennungen gilt: Gegenseitige Rechenschaftspflicht und Verbindlichkeit müssen die Gemeinschaft der Kirchen charakterisieren. Um sie muß gerungen werden! Kirchen aus verschiedenen Konfessionen und Traditionen können in ihrer Verschiedenheit doch voneinander lernen und miteinander existieren. Das ist eine entscheidende Voraussetzung für die Zukunft der Ökumene.

Eine weitere Herausforderung besteht in der Fortsetzung des Prozesses für Gerechtigkeit, Frieden und Bewahrung der Schöpfung. Viele Hoffnungen wurden geweckt, daß sich die Kirchen der Welt in diesen Fragen eindeutig äußern und überzeugend handeln. Für die Zukunft scheint sich eine Möglichkeit hierzu im „Programm zur Überwindung der Gewalt“ abzuzeichnen, das seine ersten Ergebnisse bei der Vollversammlung des Ökumenischen Rates der Kirchen im Dezember 1998 in Harare vorstellen wird. Ungerechtigkeit ist meist das Resultat struktureller Gewalt, Krieg und Gewalt hängen unmittelbar zusammen, ökologische Zerstörung kann als Gewalt gegen die Schöpfung interpretiert werden. Zwar hat dieses Programm einen sehr weiten Horizont, von der Gewalt in der Familie über die theologische Reflektion von Gewalt bis zu Gewalt in internationalen Konflikten. Gleichzeitig gibt es die Möglichkeit, sich im Rahmen dieses Programmes unmittelbar vor Ort zu engagieren und sich so in eine weltweite Aktion einzuklinken. Die Vision von einer Kirche, die weltweit aktiv für die Überwindung der Gewalt eintritt, würde erheblich zur Glaubwürdigkeit der ökumenischen Bewegung beitragen. Auch gäbe es hier eine Möglichkeit zur Partizipation in sehr unterschiedlichen Kontexten. Dieses Projekt könnte die Erfahrungen ökumenischer Arbeit aus den verschiedensten Programmen nutzen und den konziliaren Prozeß für Gerechtigkeit, Frieden und Bewahrung der Schöpfung weiterführen.

III.

Schließlich müßte der Ökumenische Rat der Kirchen sich stärker als Vertretung der Christinnen und Christen auf Weltebene profilieren. Das gilt zum einen gegenüber internationalen Organisationen wie der UNO. Die Kirchen haben einen Beitrag zu leisten zu den globalen Fragen unserer Zeit. Zum anderen gilt es für den interreligiösen Dialog, der auch auf Weltebene geführt werden muß und die unterschiedlichen Erfahrungen in den Regionen reflektieren sollte. Und schließlich gilt es für die Vermittlung in Konflikten, die Kundgebung zu Themen, zu denen Christinnen und Christen auf Weltebene sprechen sollten.

In einer Welt, die sich auf wirtschaftlicher und politischer Ebene stärker zusammenschließt, könnten und sollten die Kirchen gemeinsam die Stimme erheben für diejenigen, die am Rande des politischen und wirtschaftlichen Geschehens stehen. Diejenigen, deren Produkte nicht benötigt werden, die Menschen, die behindert sind, die arm sind und nicht am Wirtschaftswachstum teilhaben können, Kinder, Frauen – sie alle brauchen eine Stimme in dieser Welt. Der Ökumenische Rat der Kirchen, die ökumenische Bewegung scheint im neuen Jahrhundert, ja im neuen Jahrtausend wichtiger denn je. So bleibt zu hoffen, daß seine Krise eine Krise der Erneuerung und nicht des Rückschritts ist.

Wolfgang Huber

Die Kirche nach der Jahrtausendwende

I.

Wenn man die Stadtpfarrkirche in Müncheberg – zwischen Berlin und der Oder gelegen – betritt, staunt man über die Einbauten auf der linken Seite des mittelalterlichen, im Zweiten Weltkrieg schwer zerstörten Gebäudes. Wie ein überdimensionales Schwalbennest hat eine Bibliothek im Kirchenraum Platz gefunden. Menschen, die zum Lesen kommen oder Bücher ausleihen wollen, schauen durch die Fensterscheiben der Stadtbücherei in den Innenraum der Kirche. Neu und zweckmäßig ist er hergerichtet, aber doch so, daß die Wunden und die Narben der Vergangenheit erkennbar bleiben.

Wendet man sich zur Abwechslung von Berlin nach Westen und macht beispielsweise in Ribbeck im Havelland Station, das Fontane im Gedicht verewigt hat, dann stößt man auf eine Dorfkirche, in welcher der Gottesdienstraum sich mit einem Gemeinderaum verbindet. Über dem Gemeinderaum aber ist Platz für Ausstellungen entstanden – ein Platz allerdings, der bei besonderen Gelegenheiten zum Kirchenraum hin geöffnet und mit ihm verbunden werden kann. Vor allem an sommerlichen Wochenenden erweisen sich die Ribbecker als glänzende Gastgeber. Vor der Kirche sind Tische und Bänke aufgestellt. Bei Kaffee und selbstgebackenem Kuchen entspinnt sich manches Gespräch. Nicht nur über den Herrn von Ribbeck auf Ribbeck im Havelland wird da gesprochen – und dann mischt sich plötzlich der Nachfahre gleichen Namens ein – ; sondern auch von dem Herrn ist die Rede, um dessentwillen bis zum heutigen Tag und auch künftig hier eine Kirche steht, in der Sonntag für Sonntag Gottesdienst gefeiert wird.

„In meinem Ruhestand habe ich angefangen, Kirchen zu sammeln", schreibt eine gerade pensionierte Kollegin an meine Frau. „Das geht so: Ich schaue aus dem 11. Stock (also aus unserem Wohnzimmer) auf Berlin, sehe durch den Feldstecher eine Kirche: Turnschuhe an, Stadtplan eingesteckt, dazu die Umweltkarte, dann hingewandert. Unterwegs treffe ich noch eine Kirche, eine zweite, eine dritte. Ich schreibe sie mir auf, schaue, wenn sie offen ist, auch rein und komme müde nach Hause zurück." Beispielsweise auf die Heiligkreuzkirche könnte die Kirchensammlerin dabei stoßen, einen Ort für Gottesdienst und Kultur, einen Ort zugleich, an dem die Fürsorge für bedrohte Flüchtlinge, die unter uns leben, Heimat gefunden hat. Alle Grundfunktionen der Gemeinde: Gottesdienst und Seelsorge, Unterricht und Geselligkeit, Diakonie und politischer Protest, Verwaltung und Gremienarbeit – alles hat in dem bis unter das mächtige Kuppeldach umgebauten Gebäude Platz gefunden.

Unsere Kirchensammlerin könnte auch an der St.-Matthäus-Kirche vorbeikommen, am Kulturforum gelegen, in der Nähe des Potsdamer Platzes, einstweilen noch dem Symbol einer Stadt ohne Gott. Ein Ort der Begegnung zwischen Glaube und Kunst, zwischen Kirche und Kultur soll St. Matthäus werden. Eine Oase wird die Kirche auch sein müssen für diejenigen, denen im Getriebe des neuen Platzes Hören und Sehen vergeht. Und auch einen Anlaufplatz wird man brauchen für Menschen, die jeden Halt verlieren und unter die Räder geraten.

II.

Ich könnte fortfahren, mein Bild von der Kirche nach der Jahrtausendwende am Beispiel von Kirchengebäuden in Brandenburg und Berlin zu zeichnen, in denen am Alten und im Alten schon das Neue vorscheint: eine einladende und den Menschen zugewandte Kirche, eine friedliebende und deshalb auch streitbare Kirche, eine Kirche, in der das verkündigte Wort und die gelebte Tat zusammenklingen, eine Kirche, die sinnenfroh ist, aber sich nicht an diese Welt verliert, eine offene und öffentliche Kirche.

Eine solche Kirche ist nötig in einer Welt, die weithin von Gottvergessenheit geplagt ist. Zwar breitet sich im Übergang zu einem neuen Jahrhundert die Einsicht aus, daß die Muster des alten Jahrhunderts nicht mehr weiterhelfen. Der Jubel über die Individualisierung in der Gesellschaft wird leiser; denn manche erfahren die Probleme der Vereinzelung am eigenen Leib. Über Freiheit reden manche schon nachdenklicher und fragen neu, wie sie sich mit Verantwortung verbinden läßt. Daß jeder seines eigenen Glückes Schmied sei, wird nicht mehr so vollmundig gesagt; denn zum Glück gehören mindestens zwei. Daß Leistung, auch wenn sie sich lohnen soll, noch längst nicht alles ist, merken nicht nur die, denen plötzliche Arbeitslosigkeit oder jähe Krankheit den Weg zur Leistung versperren. Nach den „Kohäsionskräften" der Gesellschaft wird wieder gefragt, nach dem Zusammenhalt im Pluralismus, nach verläßlicher Gemeinschaft in einer Gesellschaft der Vereinzelten.

Wie sieht gelingendes Leben aus? Diese Frage darf wieder gestellt werden. Die großen Überlieferungen, die weiterzuerzählen die wichtigste Aufgabe der Kirche ist, geben darauf eine eindrückliche Antwort. Immer wieder kreisen sie um drei Themen, denen sie für die Lebensorientierung der einzelnen wie für das Zusammenleben der Menschen eine elementare Bedeutung zuschreiben. Diese drei Themen sind Gotteserkenntnis, Gerechtigkeit und Barmherzigkeit. Gotteserkenntnis steht für die Bereitschaft, nach der Wahrheit zu fragen und gemeinsam diese Wahrheit zu feiern. Es geht um die Abkehr von den Götzen und die Zuwendung zu dem wahren Gott. Gerechtigkeit steht für eine Form des Zusammenlebens, in der Menschen sich in der Unantastbarkeit ihres Lebens und in ihrer gleichen Freiheit anerkennen und achten. Es geht um die Würde der einmaligen, von Gott geliebten Person. Barmherzigkeit schließlich steht für die Pflicht, denen zu Hilfe zu kommen, die aus der Gesellschaft herauszufallen drohen und ihr Leben nicht mehr selbst oder doch nicht allein in die Hand nehmen können. Es geht um eine Kultur des Helfens, ohne die jede Gesellschaft zugrunde geht.

Liebe zur Wahrheit, der Wille zur Gerechtigkeit und die Kultur des Helfens sind die entscheidenden Lebenskräfte einer zukunftsfähigen Gesellschaft. Das wiederzuentdecken ist die entscheidende Aufgabe an der Schwelle des Jahres 2000.

Die Einwände gegen eine solche Behauptung liegen auf der Straße. In einer zugleich pluralistischen und säkularisierten Gesellschaft, so wird eingewandt, kann ein Einverständnis über diese drei Maßstäbe nicht mehr erwartet werden. Die Frage nach der Wahrheit hat im öffentlichen Gespräch dieser Gesellschaft keinen Ort mehr. Der Zusammenhalt der Gesellschaft muß gewährleistet werden, ohne daß dafür eine Übereinstimmung in der Gottesfrage vorausgesetzt werden kann; sie muß funktionieren, „als ob es Gott nicht gäbe“. Darüber, was Gerechtigkeit ist, wird gestritten; das Recht muß unabhängig davon durchgesetzt werden, ob dieser Streit geschlichtet wird. Die Gesellschaft muß funktionieren, „als ob es Gerechtigkeit nicht gäbe“. Und schließlich: Ob sie Barmherzigkeit üben, ist ins Belieben der einzelnen gestellt. So weit diese für das soziale Netz als erforderlich gilt, wird sie von den Wohlfahrtsverbänden oder dem Staat in mehr oder weniger organisierter Form erbracht. Zwar soll es mit dem Sozialstaat weniger werden. Aber das ändert nichts an der Überzeugung, daß auf das freiwillige Erbarmen der einzelnen kein Verlaß ist. Die Gesellschaft muß funktionieren, „als ob es eine Kultur des Helfens nicht gäbe“.

Der Einspruch gegen ein derart kaltes Modell der Gesellschaft war nie so nötig wie heute. Der Wärmestrom eines Glaubens, der die Beziehung zu Gott mit der Offenheit für den Nächsten und einer tätigen Bejahung des eigenen Lebens verbindet, wird gebraucht. Die Kirche ist dafür der Ort; sie muß und kann neu bezeugen, daß dieser Wärmestrom, der in Jesus von Nazareth seine entscheidende Quelle hat, keineswegs versiegt ist, sondern neue Kraft entfaltet.

Die Bedingungen, unter denen sie das bezeugt, haben sich gründlich verändert. In Fragen der Religion haben die Kirchen schon längst keinen Monopolanspruch mehr. In Fragen gesellschaftlicher Gerechtigkeit ist ihre Autorität nicht unumstritten. Helfendes Handeln in organisierter Form wird von konkurrierenden Akteuren angeboten. Nichts versteht sich mehr von selbst. Alles muß neu verständlich gemacht werden. Massenhaft haben die Menschen die Kirche verlassen, besonders im Osten Deutschlands. Und nur als einzelne lassen sie sich zurückgewinnen, oft erst nach langem Warten und geduldigen Gesprächen, oft auch gar nicht. Aber auch im Osten Deutschlands sind die Kirchen mit großem Abstand der größte Personenverband, in vielen Dörfern sind sie der einzige „Kulturträger". Die Kirche steckt in einer Krise, ohne Zweifel. Aber kneifen kann sie nicht. Sie muß sich den Herausforderungen stellen; sie muß ihre Krise bewältigen.

III.

Wir erleben heute nicht nur eine Krise der kirchlichen Strukturen oder Arbeitsformen. Wir erleben eine Orientierungskrise. „Orientierung" meint im Wortsinn: Ausrichtung nach Osten, nach Jerusalem, zum Ort der Kreuzigung und Auferweckung Jesu, also zum Ursprung des Glaubens. Der Ansatzpunkt für die Erneuerung der Kirche liegt darin, daß sie ihre eigene Botschaft ernst nimmt. Das geschieht, wenn sie die Wahrheit Gottes feiert, wenn sie hilft, den Menschen als Ebenbild Gottes zu entdecken, und wenn sie zu mündigem Glauben und helfendem Handeln ermutigt.

Aktuell zeigt sich die Krise der Kirche vor allem als Mitgliederkrise. Zwar verliert die Kirche weniger Mitglieder als die meisten gesellschaftlichen Verbände um sie herum. Unter ein Prozent ist der jährliche Mitgliederverlust inzwischen gesunken. Aber das ist immer noch zuviel. Die Kirchenaustritte überwiegen die Kircheneintritte noch immer bei weitem. Kirchliches Handeln muß deshalb vorrangig darauf ausgerichtet sein, Menschen für den Glauben zu gewinnen, ihnen den Zugang zur

Taufe zu eröffnen und sie zur Mitgliedschaft in der Kirche zu ermutigen. Die Zugehörigkeit zur Kirche auf dem Weg zur Taufe bedarf ebenso der Anerkennung wie der Förderstatus für bestimmte kirchliche Aktivitäten. Mitgliederpflege, Begrüßung von Neuzugezogenen, planmäßige und professionelle Öffentlichkeitsarbeit auf allen Ebenen sowie das Wahrnehmen neuer publizistischer Herausforderungen sind vorrangige Aufgabenfelder. Die Einrichtung von Kircheneintrittsstellen in City-Kirchen bildet ebenso einen praktischen Ansatzpunkt wie die gemeinsame Arbeit am Leitbild einer offenen und öffentlichen Kirche, die sich ihrer missionarischen Aufgabe stellt. Daß die Christen im Alltag ihres Lebens als Christen erkennbar sind, ist das A und O. Sie sollten nicht verschweigen, daß die Zugehörigkeit zur Kirche ihnen wichtig und erfreulich ist. Dafür brauchen sie die Fähigkeit, über ihren Glauben selbst Auskunft geben zu können. Nicht nur die beruflichen Mitarbeiterinnen und Mitarbeiter, sondern alle Christen brauchen eine Sprachlehre des Glaubens. Denn die wirklichen Arme der Kirche in die Gesellschaft sind vor allem die Christen im Alltag ihres Lebens, nicht nur die beruflichen Mitarbeiterinnen und Mitarbeiter der Kirche.

Wenn in den letzten Jahren öffentlich über die Kirche geredet wurde, dann allzuoft deshalb, weil über kirchliche Finanzkrisen zu berichten war. Die Kirchensteuereinnahmen gehen zurück. Ein alternatives System – sei es nach dem amerikanischen Muster einer Beitragsfinanzierung, sei es nach dem italienischen Muster einer staatlichen Kultursteuer zugunsten der Kirchen – läßt sich in Deutschland nicht verwirklichen. Aber die Kirchensteuer geht in ihrer Bedeutung und Leistungskraft zurück; eine Ergänzung ist dringend nötig. Das Gemeindekirchgeld, Fördervereine und Stiftungen, Sponsoring und Kollekten, professionelle Spendenwerbung und ebenso professionelle Vermögensverwaltung gehören dazu.

Auch wenn das alles gelingt, wird die Zahl der in der Kirche tätigen beruflichen Mitarbeiterinnen und Mitarbeiter sinken. Zwar gibt es wichtige Ansätze zu einem neuen Teilen der Arbeit. Es zeigt sich eine bemerkenswerte Bereitschaft, Gehaltsverzichte zu leisten, die über die aus der Situation gebotenen Gehaltsreduzierungen hinausgehen. Aber trotzdem wird sich das Verhältnis zwischen beruflicher und ehrenamtlicher Arbeit in der Kirche verschieben. Dringender Reformbedarf besteht deshalb vor allem in der inhaltlichen Ausrichtung der beruflichen Arbeit in der Kirche. Im Blick auf alle kirchlichen Berufsgruppen sind die Bejahung des Glaubensthemas, die Bereitschaft zur Mitverantwortung für die Kirche als Institution, die Weiterentwicklung und der Einsatz der eigenen beruflichen Kompetenz sowie die Ermutigung und Befähigung zu ehrenamtlicher Mitarbeit als Schlüsselaufgaben geltend zu machen. Das geht nicht ohne neue Formen der Personalführung und Personalorientierung. In diesem Bereich darf die Kirche sich nicht scheuen, von der Wirtschaft zu lernen. Auch hier gilt ja, daß man lernbereit sein muß, bevor man anfängt, andere zu belehren.

IV.

Eine lernbereite Kirche – eine Kirche, die der Gesellschaft viel geben kann, weil sie bereit ist, auch von anderen zu lernen – eine solche Kirche brauchte vor der Zukunft keine Angst zu haben. Doch in vielen kirchlichen Quartieren herrscht noch immer Veränderungsscheu. Viele Worte, auch große Worte, werden aufgewandt, um Veränderungen abzuwehren. Aber in ihren Strukturen ist die Kirche keine heilige Institution, sondern Menschenwerk. Das Menschenwerk an der Kirche hat keine Ewigkeitsgarantie. Keine menschliche Institution kann ihrer Aufgabe auf Dauer gerecht werden, wenn sie sich dem Wandel verschließt. Vor einem halben Jahrtausend mußte die katholische Kirche das einsehen. Heute muß auch die evangelische Kirche diese Lektion lernen.

Wenn sie dazu die Bereitschaft entwickelt, wird sie ihre Aufgabe im neuen Jahrhundert erfüllen. Sie wird eine einladende und offene, eine predigende und helfende, eine feiernde und streitende Kirche sein. Sie wird in der Gesellschaft ein Wahrzeichen sein für eine gottoffene und deshalb dem Mitmenschen zugewandte Humanität. Sie wird Menschen dabei helfen, Gott zu ehren, den Mitmenschen zu lieben und das eigene Dasein tätig zu bejahen.

Diese Hilfe wird immer gebraucht – auch im dritten Jahrtausend.

Elisabeth Schüssler Fiorenza

Ohne Frauengleichstellung keine Zukunft für die Kirche

Johanna Jäger: Welche Bedeutung messen Sie der Jahrtausendwende bei?

Schüssler Fiorenza: Die Jahrtausendwende wird überall so hochgejubelt, und ich habe nur eins dazu zu sagen, nämlich daß das wieder eine Ritualisierung und Zelebration von christlichem Imperialismus ist. Denn das ist nur eine Jahrtausendwende für ChristInnen, aber nicht für JüdInnen oder für BuddhistInnen und so weiter. Es ist nicht nur so, daß wir der ganzen Welt unsere christliche Zeitrechnung aufhalsen, sondern jetzt zelebrieren wir sie und feiern wir sie noch großartig. Das wird hier und auch in den USA sehr wenig diskutiert.

Dann ist das also auch keine Schwelle, über die Sie bewußt schreiten und mit der Sie bestimmte Hoffnungen oder Befürchtungen verbinden?

Nein, als Biblikerin weiß ich ja, daß die Zeitrechnung sowieso falsch ist: daß Jesus wahrscheinlich sechs Jahre vorher geboren ist, vor unserer Zeitrechnung. Und von daher ist es wirklich typisch christlich-ideologische Art, das Christentum wieder ins Zentrum zu setzen.

Sie haben statt des Begriffs „Patriarchat" das Wort „Kyriarchat", Herrschaftssystem, eingeführt. In diesem Kyriarchat unterdrücken nicht etwa alle Männer alle Frauen. Vielmehr wirkt dieses Herrschaftssystem als Pyramide, an deren Spitze zwar weiße, reiche Männer stehen und deren Boden vor allem von armen, farbigen Frauen und Kindern gebildet wird. Doch dazwischen nehmen auf allen Stufen auch Frauen an der Unterdrückung anderer Frauen und Männer teil, zum Beispiel wegen deren Hautfarbe oder niedriger sozialer Klasse. Ist dieses Denkmodell auch ein Grund dafür, daß Sie das biblische Bild vom Exodus, das heißt von der Befreiung des Volkes Israel aus der ägyptischen Sklaverei, nicht für die Frauenbefreiung verwenden möchten?

Für mich war der schwierige Punkt, daß oft die Basis-Gemeinden, die Exodus-Gemeinden und das Exodus-Bild Frauen an den Rand von Kirche und Gesellschaft gebracht haben. Und ich finde es sehr wichtig, Freiräume an den Rändern zu schaffen, aber mir ging's immer darum, Frauen im Zentrum zu behalten. Das war das eine, und das andere, daß oft die Vorstellung einer befreiten Gemeinde hier mitgespielt hat. Für mich war es theoretisch nicht möglich, zu sagen, daß Frauen nicht von Herrschaftsstrukturen so sehr verdorben – könnte man sagen – sind wie Männer. Für mich war Patriarchat – im komplexen Sinne – immer strukturale Sünde. Und wenn wir Patriarchat als strukturale Sünde sehen, dann gibt es keine Möglichkeit, am Rand zu sagen: „Wir sind sündenlos und rein." Von daher habe ich das Bild der Ekklesia eingeführt und versucht, es theoretisch zu entwickeln.

Ekklesia der Frauen – das ist ein anderer wichtiger Begriff, den Sie geprägt haben. Können Sie ihn kurz erklären?

Ekklesia ist das griechische Wort, das zum Beispiel im Neuen Testament für Kirche steht. Das griechische Wort ekklesia heißt aber übersetzt „der Kongreß" oder „die Versammlung" von VollbürgerInnen. Doch in der Geschichte wurde ekklesia und damit demokratische Gesellschaft und Kirche nur als Männer-Demokratie gelebt und verwirklicht. Und es wurden Theorien und Theologien entwickelt, die den Ausschluß von bestimmten Menschen – und das sind heute Frauen, aber das waren in der Vergangenheit SklavInnen und Menschen mit anderer Hautfarbe und so weiter – forderten, das heißt, es wurden Theorien entwickelt, warum bestimmte Menschen am demokratischen Gemeinwesen nicht teilnehmen können. Und deshalb habe ich gesagt, daß ekklesia immer mit „Frauen-" qualifiziert werden muß, nicht um zu sagen, daß nur Frauen dazugehören, sondern um zu sagen, daß solange Demokratie und solange Kirche Frauen ausschließt, sie wirklich nicht demokratisch sind und von daher wir immer dazusetzen müssen: „Frauen-"..., um zu qualifizieren, daß wir nicht nur „Männer-"Kirche oder „Männer-"Demokratie meinen. Ich sage immer zu den Herren, daß es für sie eine gute spirituelle Übung ist, für die nächsten hundert Jahre, sich mit anzuhören, wenn ich „Ekklesia der Frauen" sage.

Wenn Sie an die Zukunft denken: Welche Hoffnung haben Sie für Frauen, für Frauen in der Welt, in der Kirche?

Ich unterhalte mich oft mit Frauen. Wir sagen immer: Es kommt drauf an, wie man es sieht, ob das Glas halbvoll oder halbleer ist. Wenn wir uns überlegen, wie viel Frauen in den letzten hundert Jahren erreicht haben, dann ist es keine Frage, daß in den nächsten hundert Jahren, wenn die Kirchen überleben wollen, Frauen gleichgestellt in den Kirchen und in der Gesellschaft mitarbeiten. In der Gesellschaft sehe ich sehr große Gefahren, weil im Augenblick die Globalisierung ja wirklich auf dem Rücken von Frauen stattfindet. Und die Kirche? Weil die Ordinationsfrage und ähnliche Fragen im Mittelpunkt stehen, kann die Botschaft der Kirche, die sich für soziale Gerechtigkeit einsetzt, nicht von Frauen gehört werden. Wenn sich das nicht ändert, glaube ich, daß nur solche Kirchen überleben werden, die Frauen wirklich gleichstellen und ihnen Leitung zugestehen. Wenn ich mir junge Frauen ansehe: Die sind einfach nicht mehr so geduldig, wie wir es waren.

Ina Praetorius

Zum Jahr 2000: Das Ende des Patriarchats

Für Johanna Spyri, Astrid Lindgren und meine Mutter

Vier Jahre vor dem Jahr 2000 haben die Frauen des Mailänder Frauenbuchladens einen Text veröffentlicht, der den Titel trägt: „Das Patriarchat ist zu Ende. Es ist passiert – nicht aus Zufall.“[1] Viele waren skeptisch diesem Text gegenüber, viele sind es noch. Die Rede vom Ende des Patriarchats steht quer zur herkömmlichen Rhetorik jedenfalls der deutschsprachigen Frauenbewegung. Nichts wünschen wir Feministinnen und unsere männlichen Sympathisanten zwar so sehnlich herbei wie das Ende dessen, was wir Frauenunterdrückung nennen. Jahrhundertelangen Kämpfen zum Trotz scheint aber das Ersehnte nicht in Sicht. Offenbar entrückt es sogar in immer fernere Zukunft. Schwarze Fakten führen wir an, um zu belegen, was wir zu sehen meinen: Fortpflanzungstechniker strengen sich an, weibliches Gebären durch etwas Besseres zu ersetzen. Auf dem Markt der gutbezahlten Jobs sinken die Chancen der Frauen. Die Armut wird immer weiblicher. Kein Ende der Gewalt gegen Frauen ist in Sicht. Wer mag angesichts solcher Entwicklungen vom Ende des Patriarchats sprechen?

Ein paar kluge Frauen leisten sich die Naivität. Die Mailänderinnen sagen: „Das Patriarchat ist zu Ende. Die Frauen glauben nicht mehr daran, und damit ist es zu Ende.“[2]

Das Patriarchat ist ein Glaubensinhalt. Ein ordnendes Prinzip, das meine Wahrnehmungen in bestimmte Bahnen lenkt. Um seine Macht ausüben und erhalten zu können, braucht es die Gemeinde der Patriarchatsgläubigen. Sie besteht aus denen, die das Patriarchat behalten, und aus denen, die es abschaffen wollen. Es scheint, als seien die Patriarchen selbst ihrer Sache nie besonders sicher gewesen. Jedenfalls brauchen sie, gerade heute, immer neue Tricks und Drohgebärden, um zu retten, was keine Zukunft hat. Um etwas zu bekämpfen, jedenfalls, muß ich glauben, daß es existiert. Ans Patriarchat zu glauben bedeutet, sich bejahend oder verneinend auf Werte und Maßstäbe zu beziehen, die für die partriarchale Ordnung konstitutiv sind. Zum Beispiel muß ich glauben, daß das Wissen, das ich mir an einer Universität aneigne, faktisch, nicht nur taktisch, einen höheren Wert darstellt als das Wissen, das mir meine Mutter vermittelt hat. Oder daß Geld wichtiger ist als Leben. Ich muß glauben, daß die Welt aus zwei Hälften besteht, einer höheren und einer niedrigen, einer wichtigen und einer trivialen, einer harten und einer weichen, einer rationalen und einer irrationalen, einer männlichen und einer weiblichen. Und daß die eine beständig der anderen unterliegt. Und daß Frauen um das kämpfen müssen, was man „das Höhere" nennt. Und daß sie glücklich sein werden, wenn sie sich „Gleichheit" erstritten haben. Wenn wir aufhören, solche Dinge für wahr zu halten, dann endet das Patriarchat.

Das Patriarchat ist nicht mehr die Allgegenwart, die eine unwiderstehliche Kontrolle über alles und alle ausübt. Ich sehe es so: Da rattert eine längst veraltete Maschine lautstark weiter, weil bisher niemand den Knopf gefunden hat, um sie zum Stillstehen zu bringen. Hinter einem ins Lächerliche gesteigerten Imponiergehabe der alten Institutionen – des Kapitalismus, der Armeen, des Vatikans, der Wissenschaft – verbergen sich Schwäche und Depression. Denn alles, was das Leben lebenswert macht, ist ersichtlich aus den Bastionen des Patriarchats ausgewandert: Wissenschaftler haben keine Phantasie mehr. Geistliche fürchten um ihren Besitz und vergessen darüber das Evangelium. Das Wirtschaftsleben ist bar jeder Großzügigkeit und Lebensfreude. Politiker haben das Zuhören verlernt. Generäle gebärden sich wie dumme Jungen, wenn sie mit ihren hochgefährlichen Kriegsmaschinen drohen. Es steckt zwar noch eine Menge Zerstörungspotential in der alten Maschine, aber keine Macht mehr im Sinne von Vollmacht und Wahrheit.

Vollmacht und Wahrheit sind aber nicht einfach verschwunden, wie ein paar postmoderne Philosophen behaupten. Jedes Dagegensein hat einen Ort, an dem sich die Überzeugung gebildet hat, es könne auch ganz anders sein, ja es sei in Wirklichkeit ganz anders. Diese Quelle, die Muttermilch, die Wahrheit der Tanten und Großmütter, der Küchen, der Schulwege und der großen Vorfahrinnen, die weibliche Genealogie existiert, und sie hat Macht. Warum darüber schweigen? Etwa weil die Frauenbewegung nur aus immerwährender Unterdrückung ihr Daseinsrecht bezieht?

Bevor man mir beigebracht hat, daß Gott ein Herr, aber dennoch der „ganz Andere" ist, bevor ich gelernt habe, daß Kant und der Professor das Maß aller Menschen und Dinge sind, habe ich Johanna Spyri, Astrid Lindgren und die Briefe meiner Mutter gelesen, habe ich die Bekehrung des Alpöhi und das Scheitern des Fräulein Rottenmeier erlebt. Da ist etwas vor, unter und über dem Patriarchat, das die Anstrengungen der Herren, die ganze Welt zu kontrollieren, nicht so ernst nehmen mag. Dieses Andere war immer da, und jetzt tritt es wieder deutlich in Erscheinung, unaufhaltsam, genährt von unserer Gewißheit, daß nicht ewig herrschen kann, was zerstört. Gefeiert vom öffentlichen Sprechen der Frauen. Meine Tochter liest nicht nur, wie ich vor dreißig Jahren, Heidi und Pippi Langstrumpf. Sie nährt sich zusätzlich von den Erfahrungen einer Madita, einer Ronja, eines Franz und einer wilden Sophie. Das nenne ich „Fortschritt".

Die Mailänderinnen sprechen in ihrem Text nicht vom Jahr 2000. Ich finde aber, das Monumentalkonstrukt Jahrtausendwende paßt zum Ende der uralten Ordnung, dergegenüber sich die kürzlich schon nach einigen Jahrzehnten Lebensdauer zusammengebrochene Ordnung des Staatssozialismus harmlos ausnimmt. Zwar wird in Berlin keine zweite Mauer abgebaut. Aber viele Mauern in vielen Köpfen.

Die Jahrtausendwende ist ein patriarchales Konstrukt, einerseits. Da ich aber nicht zu denen gehöre, die die christliche Tradition umstandslos dem Patriarchat zurechnen, sehe ich da noch etwas anderes. Der christliche Eingriff in den Fluß der Zeit beruht auf der Entscheidung, der Geburt Jesu Christi eine epochemachende Bedeutung zuzuschreiben. Der Geburt, nicht dem Tod. Meine theologischen Lehrer haben mir zwar beigebracht, Weihnachten sei nicht viel mehr als ein harmloses Kinderfest, wahre Theologie ereigne sich erst an Karfreitag und Ostern. Dieser Theologie zufolge müßten wir die Jahrtausendwende um 33 Jahre verschieben. Warum wir unsere Zeitrechnung dennoch an Christi Geburt orientieren, darauf haben mir meine theologischen Lehrer bis heute keine Antwort gegeben.

Die Antwort heißt, daß Weihnachten zwar ein Kinderfest, aber deshalb nicht belanglos ist. Neun Monate vor dem Jahr Null hat Gott entschieden, sich weiblicher Freiheit anzuvertrauen. Durch einen weiblichen Geist und einen weiblichen Körper ist er zur Welt gekommen, wie alle anderen Frauen und Männer vor und nach ihm, bis heute. Das Sein im Leib und Geist einer Frau ist der Anfang jeder neuen Hoffnung auf ein gottfreundliches Menschsein. Das ist ein Grund zu feiern: Weihnachten zu feiern, unsere Geburtstage, das Jahr 2000 und vor allem das Ende des Patriarchats. Dies ist ein Schritt auf dem Weg zu der neuen Weihnachtstheologie, die wir zu schreiben begonnen haben und die wir weiter schreiben werden.

Was kommt nach dem Ende des Patriarchats? Julia Kristeva sagt: „Die Frauen haben nichts zu lachen, wenn die symbolische Ordnung zusammenbricht."[3] Viele Sicherheiten, in denen wir uns eingerichtet haben, gehen verloren. Die unsichtbaren Grenzen, die es uns erlaubt haben, säuberlich zwischen Oben und Unten, Geist und Körper, Wichtig und Unwichtig zu unterscheiden, lösen sich auf. Die Sprache funktioniert nicht mehr. Kollektive Schwindelgefühle kommen auf. Die alte Maschine hört noch lange nicht zu rattern auf, und vielleicht ist das sogar gut so. Wir wären überfordert, wollten wir von heute auf morgen die ganze Welt neu organisieren. Der Anfang des Neuen ist keine Revolution, sondern eine Landnahme. Sie beginnt damit, daß wir von dem Berg aus, den wir nach langer Wanderung erstiegen haben, das alte neue Land sehen und uns seinen Namen sagen lassen.

Die Kämpfe sind nicht zu Ende, es ist nicht ausgelitten. Aber die Depression weicht dem Lachen, neue Maßstäbe gewinnen an Boden, weibliche Verantwortung kommt wieder zur Welt.

Heilige Mutter Gottes, sei mit uns.

Anmerkungen

1 Libreria delle donne di Milano. Il patriarcato è finito. E'accaduto non per caso/Das Patriarchat ist zu Ende. Es passiert – nicht aus Zufall, Rüsselsheim 1996.

2 Ebd., S. 15.

3 Ebd., S. 19.

Friedhelm Hengsbach

Die Zukunft der Arbeit ist nicht ihr Ende

Mit dem Jahr 2000 hausieren nicht nur die Werbeagenturen. Bundeskanzler Kohl wollte das Volk, der römische Papst will seine Herde über die Schwelle des Jahrtausends führen. Andere versprechen, bis zum Jahr 2000 die Arbeitslosigkeit zu halbieren. Computerexperten befürchten dagegen ein Buchungschaos. Wird die säkulare Zäsur einen Ruck durch die Gesellschaft erzeugen?

Wenn wir meinen, die Zeit sei etwas Objektives, das unabhängig von unseren Bewegungen und unserem Denken existiert, täuschen wir uns. Die zweimalige Umstellung der Uhren zum Winter- und Sommerbeginn zeigt an, wie souverän wir mit der Zeitmessung umgehen. „Zeit“ besteht darin, daß wir verschiedene Bewegungen aufeinander abstimmen. Woran orientieren wir unsere Arbeit – an den zyklischen Bewegungen der Sterne, der Sonne, der Erde und des Mondes? Folgen wir sklavisch einem mechanischen, von uns selbst eingerichteten Maschinentakt? Oder bleiben wir autonome Subjekte der Kommunikation und damit das Maß der Zeit?

Die Kirchen haben sich in ihrem gemeinsamen Wort zur wirtschaftlichen und sozialen Lage in Deutschland dagegen gewehrt, die hohe und anhaltende Arbeitslosigkeit als ein Naturereignis, als ein unabwendbares Schicksal zu betrachten. Sie sei durch politisches Versagen mitverursacht. Denn das blinde Vertrauen auf die Selbstheilungskräfte des Marktes, das Bekenntnis zum schlanken Staat als dem besten aller möglichen Staaten sowie die Übergabe der Wirtschaftspolitik in die Hände der Notenbank, als würden mit einer Politik des knappen Geldes Wachstum und Vollbeschäftigung automatisch wiederhergestellt, hätten von der eigenen Verantwortung abgelenkt. Daß mit der Jahrtausendwende automatisch die Wende auf dem Arbeitsmarkt käme, ist reiner Aberglaube.

Gibt es eine zuverlässige Methode, die Zukunft der Arbeit vorherzusehen? In den jüdisch-christlichen Überlieferungen ist die Zukunft „das, was hinter uns liegt“. Demgemäß sind die Menschen, die uns folgen, unsere „Nachkommen“. Die Sprache entwirft ein Bild, als würden wir im

Ruderboot sitzen und uns an einem markanten Punkt der Landschaft, die wir überblicken, orientieren, um die Richtung zu halten. Wenn die Zukunft hinter uns, Gegenwart und Vergangenheit jedoch vor uns liegen, können wir aus dem Hier und Heute ablesen, was morgen kommen kann.

Einige Propheten verkünden das Ende der Arbeit. Hannah Arendt hat bereits in den fünfziger Jahren in Aussicht gestellt, daß der Arbeitsgesellschaft die Arbeit ausgeht; was könnte verhängnisvoller sein? Die besorgte Frage von damals wird heute als plausible These vorgetragen. Jeremy Rifkin bezweifelt, daß wir im nächsten Jahrhundert noch arbeitende Menschen brauchen. Ulrich Beck sieht die Welt auf einen Kapitalismus ohne Arbeit zulaufen. Ralf Dahrendorf hält die Vollbeschäftigung gar für überflüssig. Und André Gorz sieht die Zeit kommen, da die abhängige Lohnarbeit durch selbstbestimmte Tätigkeiten aufgehoben wird.

Steht die These vom Ende der Arbeitsgesellschaft auf einem festen Boden? Es gebe Sättigungsgrenzen beim Konsum, heißt es – vielleicht bei den höheren Einkommensschichten in Westdeutschland, kaum jedoch bei der Grundschicht der Bevölkerung in Europa und in den Ländern der „Dritten Welt". Das herkömmliche Wirtschaftswachstum stoße an Umweltgrenzen und sei als Maßstab höherer Lebensqualität ungeeignet, sagt man. Aber Wachstum und erst recht qualitatives Wachstum hat sich seit einiger Zeit vom Ressourcenverbrauch abgelöst. Das Überangebot an Arbeitskräften, insbesondere die gestiegene Erwerbsneigung der Frauen, verursache das Ungleichgewicht auf dem Arbeitsmarkt, wird behauptet. Aber je mehr Personen sich am Erwerbsleben beteiligen, um so stärker kann die Nachfrage auf den Gütermärkten sein.

Der rasante Produktivitätsfortschritt wird als Hauptgrund der Massenarbeitslosigkeit genannt. Die „dritte" industrielle Revolution bewirke, daß der Einsatz der neuen Informations- und Kommunikationstechniken das Produktionstempo beschleunigt, die Arbeitsorganisation verschlankt und das Wirtschaftswachstum von der Beschäftigung abkoppelt. Eine kleine Elite qualifizierter, hochentlohnter Wissensarbeiter reiche aus, um die Bevölkerung mit den nachgefragten Gütern zu versorgen. Die Mehrheit der jetzt noch Beschäftigten dagegen sei für solche Arbeiten untauglich und allenfalls geeignet, einfache und niedrig entlohnte Dienste zu verrichten. Nicht jede Arbeit verschwinde in den reifen Industrieländern, wohl aber diejenige, die durch den Einsatz von Wissen und Kapital überflüssig wird oder die den hohen Ansprüchen einer Bevölkerung nicht gerecht wird, die einfache, niedrig entlohnte Dienste als anmaßend beziehungsweise entwürdigend empfindet.

Trifft die These vom beschäftigungslosen Wachstum zu? Die Schere zwischen Produktivitätsrate und Wachstumsrate hat sich nämlich nicht dramatisch geöffnet. Die Wachstumsrate, die dazu führt, daß Arbeitskräfte eingestellt werden, ist derzeit niedriger als in den sechziger Jahren. Stetiges und kräftiges Wachstum bewirkt weiterhin, daß die Arbeitslosigkeit abgebaut wird. Aber spiegelt die niedrige Beschäftigungsschwelle des Wachstums nicht den Zusammenbruch des Normalarbeitsverhältnisses, das für ein Drittel der abhängig Beschäftigten außer Kraft gesetzt ist? Und haben die neuen Techniken nicht eher die Produktionsverfahren revolutioniert als neue Produkte auf den Markt gebracht? Immerhin hat sich das westdeutsche Bruttosozialprodukt in 30 Jahren fast verdreifacht, während das Arbeitsvolumen je Beschäftigten um ein Fünftel zurückgegangen ist.

Aber folgt daraus, daß Vollbeschäftigung eine sozialromantische Utopie sei? Es gibt doch genug Arbeit zu tun und eine Menge dringender Aufgaben zu erledigen. Es gibt auch genug qualifizierte Personen, die arbeitsfähig und arbeitswillig sind. Was fehlt, ist die Fähigkeit, das brachliegende Humanvermögen zu aktivieren, damit gesellschaftliche Werte entstehen. Häufig wird gesagt, Arbeit sei zwar vorhanden, aber nicht bezahlbar. Daß Arbeitsleistungen etwas kosten, ist indessen kein hinreichender Grund dafür, daß sie nicht nachgefragt werden. Denn nicht jede Arbeit, die teuer ist, unterbleibt, und nicht jede Arbeit, die billig ist, wird nachgefragt. Neben dem Preis der Arbeit beeinflussen noch andere Faktoren die Nachfrage nach Arbeitskräften.

Der Tanz der Arbeitsgesellschaft um die Erwerbsarbeit erscheint vielen als eine Sackgasse. Wir seien nicht das, was wir produzieren, und lebten nicht, um zu arbeiten. Das Recht auf Leben habe Vorrang vor dem Recht auf Arbeit. Wenn der Gesellschaft die Arbeit für alle ausgehe, so doch nicht die Gütermenge, die für alle ausreicht, auch wenn nur wenige gebraucht werden, diesen Reichtum zu erarbeiten. Die Entwertung der Arbeit und die Verarmung der Arbeitslosen signalisiere eigentlich nur die Schieflage der Einkommensverteilung. Wenn ich jedoch Arbeitslose frage, ob es ihnen gelinge, mit dem Arbeitslosengeld oder der Sozialhilfe den Ausschluß aus der Erwerbsgesellschaft schöpferisch zu gestalten, antworten sie in der Regel, daß sie weder ein Almosen noch ein Grundeinkommen, sondern an der gesellschaftlich organisierten Arbeit beteiligt sein wollen. Darin sehen sie ihre persönliche Identität, ihren Lebensunterhalt und ihre gesellschaftliche Anerkennung gesichert.

Deshalb ist die Wiederentdeckung der ehrenamtlichen, nicht bezahlten Arbeit keine passende Antwort auf die Anfragen der Arbeitslosen. Auch nicht der Vorschlag, neben der hochtechnisierten Industrie und dem Bereich einfacher Dienste einen dritten gemeinnützigen Sektor einzurichten. Und erst recht nicht Ulrich Becks Werbung für die Bürgerarbeit. Diese Bürgerarbeit soll freiwillig, projektbezogen und selbstorganisiert sein, in der Regel nicht bezahlt werden, sondern durch immaterielle Anerkennung oder geldwerte Begünstigungen belohnt; nur wer bedürftig ist, soll ein Bürgergeld in Höhe der Regelsätze der Sozialhilfe erhalten. Ich entdecke in der Bürgerarbeit die charakteristischen Merkmale der Frauenarbeit – gesellschaftlich nützliche Arbeit ohne Entgelt und ohne soziale Absicherung oder gering geschätzte, niedrig entlohnte Erwerbsarbeit in Nischen, die Männer für ihre Frauen ausgespart haben. Natürlich wird die Lebensqualität einer Gesellschaft nicht bloß am Volumen der Erwerbsarbeit und am registrierten Volkseinkommen gemessen; neben der bezahlten Arbeit stiften die private Erziehungs- und Pflegearbeit und selbst die nicht marktfähige Eigenarbeit einen hohen gesellschaftlichen Nutzen. Aber die Zustimmung zu einem solchen neuen Arbeitsverständnis hängt häufig davon ab, ob der Lebensunterhalt hinreichend gesichert ist. Warum wird bloß die geniale Innovation und der für alle Beteiligten erreichbare Vorteil der Arbeitsteilung, des Tausches und der Erwerbsarbeit, der Marktwirtschaft und der Geldwirtschaft schlechtgeredet und gegen das hohe Lied der Eigenarbeit und des Ehrenamtes, der Subsistenzwirtschaft und der Tauschringe ausgespielt?

Die Thesen vom Ende der Arbeitsgesellschaft kranken an zwei blinden Flecken. Sie blenden erstens die gesellschaftlichen Machtverhältnisse, auf denen eine kapitalistische Marktwirtschaft gründet, aus. Der Kapitalismus schafft zwar volle Regale, aber nicht automatisch Vollbeschäftigung. Ob Arbeitsplätze geschaffen werden, entscheiden Kapitaleigner und Manager. Und wenn sie geschaffen sind, wird menschengebundenes Wissen den Wissensarbeitern entzogen, in Sachkapital verkörpert und zur Quelle von Kapitaleinkommen gemacht. Zweitens wird das Versagen politischer Entscheidungsträger, nämlich der Verzicht auf eine gesamtwirtschaftliche Koordination der Geld-, Finanz- und Tarifpolitik, ausgeblendet. Güterpreise, Löhne, Zinsen und Wechselkurse lassen sich nur im Rahmen einer gesellschaftlichen Kooperation, an der sich Gebietskörperschaften, Tarifpartner und die Notenbank beteiligen, aufeinander abstimmen. Würde dabei die Hierarchie der Märkte, nämlich der Vorrang der Finanzmärkte vor den Gütermärkten und der Gütermärkte vor den Arbeitsmärkten, beachtet, wäre Vollbeschäftigung kein fahrlässiges Versprechen mehr.

Vollbeschäftigung als gesellschaftspolitisches Ziel steht indessen unter dem Vorbehalt eines aufgeklärten Geschlechter- und Naturverhältnisses. Aus einem solchen Vorbehalt folgt dreierlei: Erstens wird die wirtschaftliche Leistung, nämlich die Erwerbsarbeit, und die gesellschaftlich nützliche, jedoch unbezahlte Arbeit auf Männer und Frauen neu verteilt.

Zweitens wird die gesellschaftlich nützliche Arbeit als erstrangige Bemessungsgrundlage einer sozialen Sicherung gewählt. Aber nicht nur die Beteiligung an einer solchen Arbeit, sondern ebenso das Recht auf ein menschenwürdiges Leben lösen einen sozialen Sicherungsanspruch aus. Und drittens knüpft die Finanzierung der sozialen Sicherung nicht an der Lohnsumme an, sondern an der unternehmerischen Nettowertschöpfung.

Lassen sich nun unter diesen Voraussetzungen Gütermärkte erschließen, die positive Rückwirkungen auf den Arbeitsmarkt haben? Die reifen Industrieländer stehen an einer Wendemarke, wie sie die Agrargesellschaften vor 150 Jahren erlebt haben. Damals hat die Landwirtschaft 80 Prozent der Beschäftigten aufgenommen, heute sind es gerade mal zwei bis vier Prozent. Vergleichsweise verändern sich die industriellen Konsumgesellschaften in kulturelle Dienstleistungs- und Erlebnisgesellschaften. In der Erziehung, im Gesundheitswesen, in der caritativen, therapeutischen und kommunikativen Beratung und in Projekten des ökologischen Umbaus der Marktwirtschaft wird ein dringender gesellschaftlicher Bedarf festgestellt. Demgegenüber setzen die politischen Entscheidungsträger immer noch zu sehr auf die Großkonzerne, die Exportwirtschaft und die Industrie, von denen ein hoher Beschäftigungsgrad nicht zu erwarten ist. Es käme viel mehr darauf an, durch politische Signale kleine und mittlere Unternehmen, die Inlandsnachfrage und das Angebot personennaher qualifizierter Dienstleistungen zu mobilisieren. In der Schule dürften nicht mehr die Qualifikationen der Industriewirtschaft, nämlich das Zählen, Wiegen und Messen, die erste Rolle spielen, sondern die der Dienstleistungswirtschaft, beispielsweise Kommunikationsbereitschaft, Sprachfähigkeit und musisches Interesse. Die Wertschöpfung solcher Dienstleistungen darf jedoch nicht nach den Maßstäben gemessen werden, die sich in der Industrie bewährt haben, etwa der Produktivität. Die Leistung eines Arztes oder eines Rechtsanwaltes wird ja auch nicht danach beurteilt, wie viele Kranke er wie schnell vor dem Tod bewahrt oder wie vielen Angeklagten er mit welchem Tempo das Gefängnis erspart hat, sondern wie hoch die Kaufkraft derer ist, die an qualifizierter Arbeit interessiert sind. Das Ende der Industriearbeit ist nicht das Ende der Arbeitsgesellschaft. Die Zukunft der Arbeit liegt in den personennahen Dienstleistungen, die sich kombiniert marktförmig, gesellschaftlich und durch individuelle Vorlieben lenken lassen.

Welche Orientierungshilfe kann die christliche Gesellschaftsethik den Industrieländern bei ihrer Suche nach der Arbeit der Zukunft leisten? Sie kann erstens aus der Perspektive der weltweit Benachteiligten eine ökonomische Alphabetisierung anstoßen, indem sie beispielsweise die

Globalisierungsdebatte als eine Phantomdebatte entlarvt; die hohe Arbeitslosigkeit in den Industrieländern ist ja weder durch den Weltmarkt noch durch die Niedriglohnländer verursacht, sondern hausgemacht. Und sie kann zweitens den Prozeß einer gesellschaftlichen Demokratisierung bekräftigen. Der besteht darin, daß die positiven Erfahrungen, die mit der Demokratie als staatlicher Herrschaftsform gemacht wurden, auf alle gesellschaftlichen Bereiche übertragen werden. Demgemäß würde das Unternehmen nicht mehr als ein Vermögensgegenstand in den Händen der Kapitaleigner betrachtet, sondern als ein Vertragsnetz, das den Managern gebietet, nicht ausschließlich den Interessen der Finanzmärkte zu folgen, sondern zwischen Kunden, Belegschaften, Anteilseignern, Zulieferern, Banken, sich selbst und der gesellschaftlichen Öffentlichkeit einen fairen Interessenausgleich herzustellen.

Am Ende dieses Jahrhunderts haben zahlreiche Menschen in Osteuropa und Ostdeutschland eine friedliche Revolution ausgelöst, um materiellen Wohlstand und persönliche Freiheit zu erringen. Die Zukunft der Arbeit im nächsten Jahrhundert wird davon abhängen, daß Kapitalismus und Demokratie miteinander versöhnt werden, daß die Marktwirtschaft in eine demokratische Gesellschaft eingebettet wird.

Günter Brakelmann

Einladung zur Nüchternheit

Wenn man die „Neujahrsbetrachtungen“ oder die „Erwartungen an das neue Jahrhundert“ in Zeitungen, Zeitschriften, Broschüren oder Büchern aus den Jahren 1799 oder 1899 gelesen hat – wir haben es in einem Seminar getan –, sieht man eines ganz deutlich: Das jeweils neue Jahrhundert ist ganz anders abgelaufen, als man erhofft hat. Die Kompetenz des Zeitgenossen, Geschichte vorauszusagen, ist sehr begrenzt. Die Phantasie ist grenzenlos, das humanistische Pathos ungebrochen.

Nehmen wir unser Jahrhundert: Es wurde durchweg begrüßt als Vollendung des naturwissenschaftlich-technischen Fortschritts, der Hunger und Elend, Krankheit und frühen Tod überwindet. Es wurde als Durchbruch zum universalen Ethos und zur internationalen Kulturgesellschaft gefeiert. Es sollte ein Jahrhundert ohne Krieg, ohne große Katastrophen werden. Ein Völkerrecht sollte Nationalismus und Imperialismus bändigen und schließlich zugunsten einer Rechtsgemeinschaft aller Völker und Rassen ablösen.

Natürlich gab es auch leisere und skeptischere Töne. Aber sie bestimmten nicht den „Zeitgeist“. Wir wissen: Es kam alles ganz anders. Es wurde ein Jahrhundert der Weltkriege, der Massenvernichtung nach technisch-industriellen Methoden. Es wurde ein Jahrhundert aggressiver Ideologien, die die Ansätze einer universalen Moral und eines internationalen Völkerrechts erdrückten. Bolschewismus und Faschismus, Nationalismus und Imperialismus verwandelten die Welt in große Schlachtfelder und Gefängnisse. Es wurde ein blutiges Jahrhundert. Der bürgerliche Fortschrittsglaube verröchelte in Verdun und Stalingrad, die Technikeuphorie ging in Hiroshima in Trümmer. Zwei große totalitäre Systeme und zwei total geführte Kriege begruben die Träume von großer Freiheit und ewigem Frieden.

Unser Jahrhundert sah anders aus, als es bei seinem Eintritt beschrieben und besungen wurde. Es hat sich wieder einmal gezeigt, daß der Geschichtsverlauf nicht vorhersehbar ist, daß Zukunft nur schwer beschreibbar ist. Man sollte deshalb jedes Prophetentum im Sinne eines sicheren Wissens um die zukünftige Entwicklung sein lassen. Geschichte war, ist und wird bleiben ein Bündel von offenen Möglichkeiten. Sie läuft nicht determiniert ab. Sie ist ein komplizierter Prozeß, dessen Ausgang und auch dessen Zwischenstationen niemand mit Sicherheit kennt. Wer sie analysiert, sollte bescheiden bleiben. Wer es wagt, dennoch Perspektiven anzugeben, sollte seine eigene Irrtumsfähigkeit mit einbeziehen. Wir können eben nicht viel und schon gar nichts Sicheres wissen.

Heißt das nun, daß wir uns fatalistisch bescheiden und alles als übermächtiges Schicksal auf uns zukommen lassen? Es gibt auch Tröstliches zu sagen. Unser Jahrhundert, das mit seinen maximalistischen Ideologien den radikalen Bruch mit der Tradition eines europäisch-christlichen Humanismus vollzogen hatte und auf die Selbstmächtigkeit eigener weltanschaulicher Entwürfe und Ziele setzte, hat gleichzeitig eine außergewöhnliche geschichtliche Leistung vollbracht: Es hat den Geist und die Praxis organisierter Inhumanität zweier politisch-gesellschaftlicher Großexperimente überwunden. Es hat gezeigt, daß der Marsch in die Barbarei kein unausweichliches Schicksal war. Es hat gezeigt, daß Gegenkräfte vorhanden waren und sich entwickelten, die in der Lage und willens waren, das Erbe christlicher und naturrechtlicher Kriterien zu verteidigen und neu durchzusetzen. Die Ambivalenz unseres Jahrhunderts ist damit überdeutlich geworden: Verlust des Humanums und Wiedergewinnung desselben. Es wurde ein dramatisches Jahrhundert, das unter seinen besonderen Bedingungen den alten Kampf zwischen kollektiver Unterdrückung und personaler Freiheit, zwischen nationalistischen Herrschaftsansprüchen und individuellen Menschenrechten, zwischen Kriegsleidenschaft und Friedensbereitschaft austragen mußte. Viel Blut und Tränen hat es gekostet, eine humanere, bewohnbare Welt politisch-moralisch zu gewinnen.

Und das neue Jahrhundert? Es beerbt die Probleme, die Konflikte, die Widersprüche und Gegensätze des auslaufenden. Es gibt nicht die Spur einer Sicherheit, daß dieses neue Jahrhundert nicht auch eine Phase von ethischen Konflikten, von ökonomischen Gegensätzen, von religiöser Intoleranz und von politmessianischen Strömungen wird. Das weltweite Konfliktpotential nimmt nicht ab. Kleinere und größere Kriege werden geführt werden. Unfreiheit und Ausbeutung werden die Trabanten der Geschichte bleiben. Ökonomische Machtinteressen werden sich durchsetzen wollen, wie politische Herrschaftsansprüche sich anmelden werden. Die Welt im ganzen wird nicht ganz anders sein als die jetzige. Auch Katastrophen sind möglich, sei es durch Kriege, Vertreibungen, Hungersnöte oder Umweltschäden. Es gibt kein historisches Ende der Möglichkeit zur Vernichtung der Humanität! Das bisherige historische Wissen und die intellektuelle Redlichkeit gebieten es, von der Zukunft nicht das Unmögliche zu erwarten.

Ist dieses Denken Resignation? Nein, es ist nur Einladung zur Nüchternheit. Es sind immer zwei Wirklichkeiten auf der historischen Ebene zugleich zu sehen: die ewige Anwesenheit der destruktiven Kräfte und die ebenso ewige Möglichkeit, sie einzuschränken, sie zu begrenzen, sie anzubinden, sie gefangenzuhalten. Sie lassen sich minimalisieren, aber nicht liquidieren. Sie lassen sich unter Kontrolle bringen, aber nicht aus der Welt schaffen. Politik hat den Sinn und die Aufgabe, die rechtlichen und institutionellen Voraussetzungen dieser Domestizierung und Minimalisierung der destruktiven Kräfte zu schaffen. So kann sie mehr und besseren Frieden schaffen, aber nicht eine konfliktfreie Welt. So kann sie mehr soziale Gerechtigkeit schaffen, indem sie das Maß der Ungerechtigkeit reduziert. Aber sie schafft keine heile Welt.

Diese Grenze aller Politik zu benennen hat nicht den Sinn, ihr schließliche Wirkungslosigkeit zu unterstellen, sondern sie zu provozieren, mit Leidenschaft und Vernunft das zu tun, was sie tun kann. Sie hat gezeigt, daß besserer Frieden und größere Gerechtigkeit möglich sind, aber eine Welt nur in Frieden und Gerechtigkeit ist keine reale Möglichkeit. Es wäre für die Politik gut, wenn sie sich darauf konzentrierte, das Schlimmere zu verhüten, indem sie das mögliche Bessere verwirklicht. Unser Jahrhundert hat eben auch gezeigt, daß eine Politik, die wach und zäh an den komparativischen Verwirklichungen von jeweils mehr Humanität, Frieden und Gerechtigkeit arbeitet, gute Chancen hat, dem immer drohenden Chaos zu wehren. Von ihr mehr zu erwarten führt meistens ins Chaos. Unser Jahrhundert könnte für die Verantwortlichen im nächsten Jahrhundert ein großes Lernfeld sein, die destruktiven Gefahren und die konstruktiven Möglichkeiten von Politik zu studieren und ins eigene Bewußtsein zu integrieren. Warnung und Ermunterung zugleich ließen sich lernen. Mögliches und Leistbares ließen sich unterscheiden von ideologischen und utopischen Reißbrettentwürfen.

Ich wünsche mir für das neue Jahrhundert Frauen und Männer in der politischen Verantwortung, die die Ambivalenzen des auslaufenden Jahrhunderts verstanden haben, die gleichzeitig Angst vor der Destruktivität des Menschen wie Zutrauen zu seiner humanen Leistungsfähigkeit haben. Oder anders: Politiker, die geschichtlich-anthropologische Kenntnisse haben und sie in ihre eigenen Entscheidungen einfließen lassen. Politiker also, die kritisch-aufgeklärt sind. Vielleicht schaffen wir dann auch noch das nächste Jahrhundert. Es wird schwer genug. Aber die Dramatik des historischen Prozesses kann auch Kräfte der Heilung entbinden. So wird auch das neue Jahrhundert, was bisher alle gewesen sind: Provokationen, die zum Tode führen können oder das Weiterleben ermöglichen.

Erhard Eppler

Markt statt Politik?

I.

Geschichte vollzieht sich in Pendelschlägen. Wenn etwas offenkundig schiefgelaufen ist, pflegen Menschen auch Fehler einzusehen. Sie nehmen sich dann vor, diesen Fehler künftig zu vermeiden. Meist glauben sie, das Gegenteil des Falschen müsse doch richtig sein.

Die schlimmsten Katastrophen des zwanzigsten Jahrhunderts hatten ihren Ursprung in der Politik. Totalitarismus nennen wir ein System, in dem der politische Wille einer Partei oder gar eines Diktators das ganze öffentliche Leben und einen guten Teil des privaten beherrscht und bestimmt. Hitler hat es ja offen ausgesprochen: Von klein auf sollten wir Deutschen von einer NS-Organisation zur anderen weitergereicht werden, damit wir „nie wieder frei" werden. Sein Wille sollte auch im Alltag der Deutschen gelten.

Dabei führte das Politische sich ad absurdum. Politisch ist das wertende Streiten und streitende Werten zwischen Menschen, die wissen, wie sie leben wollen. Wo man ihnen sagt, wie sie zu leben haben, wo nur noch Befehl und Gehorsam gelten, sind wir im Bann des Militärischen, in einer großen Kaserne, nicht mehr in der Politik. Und wo einer allein entscheidet, wer leben darf und wer nicht, sind wir im Bereich des Kriminellen.

Die Kommunisten haben auch den Markt durch ihren politischen Willen ersetzt. Daran sind sie schließlich gescheitert. Kein Wunder, daß gegen Ende des zwanzigsten Jahrhunderts die Politik diskreditiert ist wie nie zuvor. Wenn der Versuch, alles politisch zu regeln, ins Unglück führt, dann liegt es nahe, der Politik möglichst vieles zu entziehen. Wenn es sich als verhängnisvoll erweist, den Markt durch Politik zu ersetzen, warum ersetzen wir nicht die Politik durch den Markt?

Manche haben den Marktradikalismus der Neoliberalen damit erklärt, daß nach der Implosion des Kommunismus den Kapitalismus der Hafer steche. Daran ist sicher etwas richtig. Es mag schon sein, daß mancher Ökonomieprofessor und mancher Vorstandssprecher heute sagen, was sie immer schon dachten. Aber daß sie damit Erfolg haben, hat doch mit dem geschwundenen Vertrauen in die Politik zu tun. In vielem ist ja in der Tat der Markt klüger als die Politik. Sollte dies nicht allgemein, in der Tendenz für alles gelten?

II.

David Friedman, Professor an der Universität von Santa Clara in Kalifornien und Sohn des Nobelpreisträgers Milton Friedman, hat das, was Regierungen zu tun pflegen, in zwei Kategorien eingeteilt: „In Aufgaben, die man ihnen heute schon wegnehmen kann, und in Aufgaben, von denen wir hoffen, sie ihnen morgen wegnehmen zu können."

Natürlich hat Friedman überspitzt, vielleicht nicht ohne einen Schuß Ironie, aber die Richtung ist ernst gemeint, und nicht nur von einem Einzelgänger. Der Neoliberalismus hat es keineswegs nur auf den Sozialstaat abgesehen, sondern auf alles Öffentliche, Staatliche, alles, was noch nicht privatisiert und damit den Gesetzen des Marktes unterworfen ist.

Das geht dann von staatlicher Sozialfürsorge bis zur Schulpflicht, von der Gurtpflicht im Auto bis zum Waffenbesitz. Wozu eine staatliche Polizei, wenn doch private Sicherheitsdienste – zumindest für die Reichen – effektiver sind? Und wenn das staatliche Gewaltmonopol schon überflüssig wird, warum sollte sich nicht jeder bewaffnen, wie es ihm gefällt? Kann nicht jeder, der über genug Geld und Prestige verfügt, sich seine Privatarmee zusammentrommeln?

In Afrika ist dies längst nicht mehr extremistische Theorie, sondern alltägliche Realität. Ein pensionierter südafrikanischer Major hat sich seine Privatarmee aufgebaut, die auf verschiedenen Staatsgebieten operiert und die er für gutes Geld auch ausleiht. Er finanziert sie mit Beteiligungen an Rohstofflagern und Bergwerken. So entsteht ein militärisch-industrieller Konzern. Zwischen Geld und militärischer Gewalt bedarf es nicht mehr des staatlichen Zwischengliedes. Auch die militärische Gewalt ist unmittelbarer Ausdruck finanzieller Macht geworden, auch die Gewalt gehorcht den Gesetzen des Marktes.

So weit ist es in Europa noch nicht. Aber daß hier etwas im Gange ist, was zumindest der europäischen Zivilisation widerspricht, wird heute vor allem in Frankreich empfunden. Ignacio Ramonet argumentiert in „Le Monde Diplomatique" so grundsätzlich wie David Friedman: „Der Markt hat inzwischen die Tendenz, alle menschlichen Aktivitäten zu überfluten und zu beherrschen. Einst blieben bestimmte Bereiche – Kultur, Sport, Religion – außerhalb seiner Reichweite. Von jetzt an werden sie in seine Sphäre hineingesogen."

Geschäftsreklame an Kirchtürmen, Opernhäuser als Wirtschaftsförderung, Fußballvereine, deren Aktien an der Börse fallen, wenn ein Stürmer nur die Latte getroffen hat, vor allem aber: die Degradierung der inneren Sicherheit zu einer Ware, die sich der eine leisten kann, andere nicht – das alles geschieht da, wo dem Markt immer mehr, der Politik immer weniger zugetraut und zugeschoben wird.

Der Markt zwingt zur individuellen Leistung, und das soll er tun. Daher sind Marktwirtschaften allen Planwirtschaften überlegen. Aber wo der Markt die Politik ersetzt, läßt sich die Frage, wie Menschen leben wollen, nur noch im Singular, also unpolitisch stellen: Wie will ich leben? Welche Arbeit sagt mir zu? Wo finde ich sie? Wieviel Geld kann ich dabei verdienen? Was will ich damit anfangen? Wo und wie will ich wohnen? Was will ich in der Freizeit tun?

Das alles sind wichtige Fragen, und keine Familientradition, keine überkommene Gewohnheit und keine Autorität können einem jungen Menschen die eigene, ganz individuelle Antwort auf solche Fragen abnehmen. Individualisierung öffnet Räume der Freiheit, und das ist gut so, auch wenn viele mit der Füllung dieser Räume überfordert sind. Aber sogar da, wo nur noch in der Ich-Form gefragt wird, wo der Mitbürger zuerst als Konkurrent erlebt wird, schleichen sich unversehens Fragen ein, für die es, wenn man nicht ein riesiges Vermögen geerbt hat, keine individuelle Antwort gibt. Wenn ich Handball spielen will, wo kann ich dies tun? Wo ist ein Verein? Welche Halle darf er benutzen? Wenn ich Kinder habe, wo finde ich gute Schulen? Wie sorge ich dafür, daß den Kindern auf dem Schulweg nichts passiert? Ist das Geld, das ich beiseite lege, vor Inflation sicher? Ist eine private Altersversorgung so krisenfest wie die Rentenversicherung, die zwei Weltkriege und zwei Inflationen überstanden hat?

Hier stößt auch die Kraft eines Individuums, das seines Glückes Schmied sein will, an Grenzen. Hier verweigert der Markt die Antwort. Hier beginnt notwendig das „Wir“. Hier beginnt die Sorge um das gemeine Wohl, also die Politik. Deshalb läßt sich die Politik durch den Markt zurückdrängen, aber nicht ersetzen.

III.

Wo der Markt die Stelle der Politik einnimmt, verdorrt die Demokratie. Demokratie ist eine politische Veranstaltung. Bürgerinnen und Bürger treffen ihre demokratische Wahl, weil sie so und nicht anders leben wollen und weil die eine Partei ihren Wünschen und Hoffnungen eher entspricht als die andere. Wenn nicht mehr in der Politik, sondern allein am Markt entschieden wird, wie sie leben sollen, lohnt sich die Wahl nicht. Was David Friedman will, müßte die Demokratie zur Farce, zum Laientheater degradieren. Wahrscheinlich würden dann irgendwann Rechtsradikale in das politische Vakuum eindringen, Leute, die uns dann sagen, wie wir zu leben haben, vielleicht sogar, wer leben darf und wer nicht.

Der Markt kann vieles. Zwei Dinge kann er nicht: Er kann eine Gesellschaft nicht zusammenhalten, und er kann nicht für das sorgen, was seit dem Bericht der Brundtland-Kommission „sustainable development" heißt, also eine Entwicklung, die sich durchhalten läßt, die nicht in ihrem eigenen Dreck steckenbleibt. Zusammengehalten wird eine Gesellschaft durch den öffentlichen Diskurs darüber, wie sie leben will, durch Konsens und Konflikt, durch Kompromisse und Mehrheitsentscheidungen darüber, was die Starken den Schwachen und was die Schwachen den Starken schuldig sind und was zu tun ist, damit auch die nächsten Generationen menschenwürdig leben können.

Der Markt kann sich auch nicht selbst einen Rahmen zimmern, weder national noch international. Manche Neo-Liberalen haben gemeint, das sei auch nicht nötig.

Seit einige asiatische Währungen zusammengebrochen sind, ist bei den Mächtigen der Weltwirtschaft die Stimmung umgeschlagen. Als sich zu Beginn des Jahres 1998 die Weltelite der Manager und Banker wieder einmal in Davos traf, suchten die Großen der Wirtschaft selbst nach neuen Regeln, die mehr Stabilität versprechen. Politik wurde plötzlich nicht nur als Hindernis für die Märkte wahrgenommen, manche entdeckten die Unentbehrlichkeit der Politik. Es war sogar davon die Rede, die Weltwirtschaft könne in die „Marktfalle" tappen, auch international brauche der Markt einen Rahmen.

IV.

Zur Wiederherstellung der Politik gehört auch die Rahmensetzung für die globalen Märkte. Eines Tages wird sie gelingen. Es mag sein, daß die Schockwellen, die von Korea, Thailand, Indonesien oder Japan aus New York und Frankfurt erzittern ließen, die Regierungen noch nicht zum Handeln veranlassen können. Wenn sich bei der nächsten Teilkatastrophe zeigen sollte, daß auch Weltbank und Währungsfonds überfordert sind, kommt die nächste Runde der Diskussion. Dann ist die Politik am Zuge. Und wenn sie es dann noch nicht schafft, dann nach der übernächsten.

Wo der Nationalstaat nicht mehr handlungsfähig ist und globale

Regelungen nicht ausreichen, wird die Politik in regionalen Zusammenschlüssen wie der Europäischen Union wieder ihr Recht fordern. Und lokal, also in der Kommunalpolitik, wird der Streit darüber, wie wir leben wollen, eher noch intensiver werden.

Das Pendel schlägt zurück. Zu Beginn des neuen Jahrhunderts könnten zumindest die Europäer so weit sein, daß sie einen fruchtbaren Diskurs darüber führen können, was Sache des Marktes und was Aufgabe der Politik ist. Daraus könnte dann das werden, was Jacques Delors das „europäische Modell" genannt hat.

Daniel Cohn-Bendit

Auch in Zukunft ausbrechen aus einer bestimmten Denkform

Norbert Sommer: Herr Cohn-Bendit, im Blick auf das nächste Jahrhundert, das nächste Jahrtausend befürchten viele eine neue Völkerwanderung, die Europa überschwemmen könnte – hauptsächlich aus Richtung Afrika. Spanien hat damit begonnen, sich mit einer Art „Berliner Mauer“ auf seinen beiden verbliebenen Enklaven auf nordafrikanischem Boden davor zu „schützen“, überall in Europa ist Abschottung zu beobachten. Wie schätzen Sie die Situation ein?

Daniel Cohn-Bendit: Man sollte nichts übertreiben. Alle apokalyptischen Theorien und Wahnvorstellungen – kommen sie nun von den Grünen oder den Konservativen oder den Sozialdemokraten, einmal weil die Arbeitslosigkeit unendlich steigt, dann weil die Flüchtlinge unendlich kommen werden oder weil die ökologische Katastrophe unendlich groß sein wird – werden sich so nicht bewahrheiten. Wahr ist aber, daß wir, wenn sich die Armutskluft zwischen Afrika und Europa weiter vergrößert, hier eine verstärkte Migration haben. Das ist das Entscheidende, was wir sehen müssen.

Was müßte denn geschehen, um zu verhindern, daß diese Armutskluft noch größer wird und damit auch der Strom der Migranten?

Die einsetzende Globalisierung muß man anders verstehen. Die Globalisierung muß bedeuten, daß es den Menschen in Afrika zum Beispiel möglich ist, einen höheren Lebensstandard zu entwickeln, das heißt in einem ökonomisch-sozialen Austausch mit Europa zu stehen, wodurch ihr Lebensstandard gehoben werden kann. Wenn sie eine Lebensperspektive in Afrika haben, werden sie nicht auswandern wollen, denn Auswanderung ist ja eine sehr schmerzliche und sehr schwierige Erfahrung. Das heißt, wir müssen darauf drängen, daß diese Globalisierung nicht eine Ausbeutung der anderen Welt durch uns wird, sondern daß die Globalisierung aus dieser Welt „Eine Welt“ macht, in der sich ein langsames, aber stetiges Ansteigen der Lebensmöglichkeiten in Afrika zum Beispiel entwickeln kann.

Sehen Sie denn irgendeine Chance, daß diese Vorstellung politisch umgesetzt werden kann?

Dies ist eine Jahrhundert- oder eine Jahrtausend-Herausforderung. Es gibt Dinge, die man machen muß! Das ist genauso, wie wenn Sie mich fragen: „Sehen Sie eine Chance, daß man AIDS bekämpfen kann?" Vor ein paar Jahren hat man gesagt, es gibt eine Katastrophe. Jetzt sieht man, daß man in der AIDS-Bekämpfung doch vorankommt. So muß es und so wird es auch mit der Armut in der Vierten Welt gehen. Das heißt, wir werden politische Strukturen entwickeln müssen, und Europa wird sich so entwickeln müssen, daß eben diese Strategie langsam greifen wird. Ich halte unseren Selbsterhaltungstrieb für so stark, daß wir diese Solidar-Politik auch entwickeln werden.

Nun leben in deutschen Großstädten wie Hamburg zum Beispiel inzwischen Menschen aus 190 Nationen zusammen. Welches sind da die Hauptprobleme des Zusammenlebens?

Sie nennen das Beispiel Hamburg. In Frankfurt sind bereits 30 Prozent der Bevölkerung Migranten. Die Hauptprobleme dabei: Erstens muß man die Bedingung des Zusammenlebens klar definieren, und diese Bedingung ist eine absolute Gleichheit. Das heißt, die Einbürgerung, die politische Gleichsetzung ist im Grunde genommen die Voraussetzung für Mechanismen, die es zulassen, daß ein Zusammenleben von allen akzeptiert wird. Das Zusammenleben kann weder darin bestehen, daß man sagt, die Migranten sind gut und die Deutschen sind schlecht, noch, die Deutschen sind gut und die Migranten sind schlecht. Beides ist nicht wahr. Wir müssen lernen, gemeinsame Regeln zu entwickeln, wir müssen lernen, ein politisches System zu haben, in dem Gleichheit und gleichberechtigtes Handeln möglich sind. Und dann wird dieses Zusammenleben sich mit den Konflikten entwickeln, die es immer in der Gesellschaft gibt.

In diesem Zusammenhang ist immer wieder von Integration zu reden. Andererseits wird Integration oft von Wortführern beider Seiten abgelehnt. Ist Integration das eigentliche Ziel?

Jede Gesellschaft muß integrieren. Ein Ziel ist, daß die Frauen in der Gesellschaft integriert werden, daß sie gleichberechtigt handeln und leben können. Das bedeutet aber nicht, daß die Frauen zu Männern werden. Das gleiche gilt jetzt für die Migranten. Die Migranten müssen integriert werden, das heißt, sie müssen ein Regelsystem akzeptieren, das unsere Demokratie definiert, und gleichzeitig müssen sie und sollen sie nicht zu Deutschen gemacht werden. Integration bedeutet nicht Assimilation. Integration bedeutet, sich in dem gesellschaftlichen Selbstverständnis der Auseinandersetzung zu integrieren.

Das heißt, die Muslime bei uns behalten ihre muslimischen Traditionen bei. Doch es kann dann natürlich zu Konflikten im Rechtsbereich kommen ...

Wissen Sie, die katholische Kirche und die evangelische Kirche haben lange gebraucht, um hier sehr klar ihr Säkularwesen zu finden. Zu akzeptieren, daß weltliches Recht über kirchliches Recht geht, das war nicht so einfach in unserer Geschichte. Das hat Tausende, wenn nicht Millionen von Toten gekostet, bis die katholische Kirche diesen Säkularisierungsprozeß hinter sich gebracht hat. Der Islam als Religion muß alle Möglichkeiten und Freiheiten haben, die auch andere Religionen in unserer Gesellschaft haben. Wenn es Religionsunterricht in unseren Schulen gibt, dann muß es auch islamischen Religionsunterricht geben. Allerdings muß es ein Curriculum ebenso geben wie eine europäische Ausbildung von Lehrern des Islam. Wir können sie nicht importieren aus Saudi-Arabien, der Türkei oder Algerien. Das ist der entscheidende Punkt. Genauso wie es eine Ausbildung für Religionslehrer, Protestanten wie Katholiken, an den Universitäten gibt, müßte auch diese Ausbildung gewährleistet sein. Die islamische Religion wird dann auch einen Säkularisierungsprozeß durchgehen müssen, der sagt: Das weltliche Recht steht über dem religiösen Recht. Die Kirche, die Religion, kann die Moral formulieren, die sie will. Die Menschen halten sich dann daran oder auch nicht. Das ist nicht mein Problem. Aber in entscheidenden gesellschaftlichen Fragen entscheidet das weltliche Recht. Und dies muß der Islam genauso akzeptieren wie die Protestanten oder Katholiken oder Juden. Es gibt einen islamischen Fundamentalismus, es gibt einen jüdischen und einen protestantischen Fundamentalismus. Den jüdischen sieht man in Israel, den islamischen in vielen arabischen Staaten, den protestantischen in Irland. Und dann gibt es noch einen katholischen Fundamentalismus. Daß der Fundamentalismus also ein Problem für alle ist, das kann man nicht leugnen.

Könnten Sie einmal eine Vision entwickeln, wie Sie sich Europa im nächsten Jahrhundert wünschen?

Ich glaube, daß Europa eine Utopie ist, ein Gesellschaftsprojekt. Und wenn ich jetzt auf ein Jahrhundert hin meine Visionen entwickele, dann sage ich: Schaut mal, das Europa, das wir haben plus der Erweiterung, das ist der Traum von Europa von vor fünfzig Jahren. In fünfzig Jahren wird dieses Europa sich so verändern müssen – auch in seinen Institutionen, auch wenn es schwierig sein wird –, daß Europa Rußland und die Türkei integrieren wird. Denn dann haben wir eine europäische Friedens- und Sozialordnung, die den Frieden für Europa garantieren wird.

Herr Cohn-Bendit, Sie sind in der 68er-Bewegung sehr aktiv gewesen. Glauben Sie, daß es in absehbarer Zeit wieder einmal einen ähnlichen Aufbruch in unserer Gesellschaft geben wird mit neuen Impulsen für Veränderungen?

Ich weiß es nicht. Ich weiß es schlicht und einfach nicht.

Würden Sie es sich denn wünschen?

Ich wünsche mir immer gesellschaftliche Prozesse, die die Gesellschaft vorantreiben. Nur glaube ich, daß es im Moment die jungen Menschen schwieriger haben als wir damals. Wenn man zum Beispiel die Arbeitslosigkeit nimmt, wenn man AIDS nimmt – also die damit verbundene Angst vor Sexualität –, wenn man die Kriegsangst und die Angst vor ökologischen Katastrophen nimmt, dann sieht man, daß die jungen Menschen heute von einem Gefühl der Angst geprägt sind. Wir waren prometheisch, alles war uns möglich, im Grunde schossen wir übers Ziel, wir hatten keine Angst. Revolten sind heute schwieriger und härter als unsere damals.

Andererseits sieht man zum Beispiel an der grünen Bewegung, die ja anfangs überhaupt nicht ernst genommen wurde, was aus kleinen Anfängen entstehen kann, wenn die Menschen, die hinter der Idee stehen, konsequent ihr Ziel verfolgen und es schaffen, die Öffentlichkeit von der Notwendigkeit zum Beispiel des Umweltschutzes zu überzeugen. Sehen Sie Ansätze, daß im Bereich Bewahrung der Schöpfung ein Umdenken im größeren Rahmen begonnen hat?

Die ökologische Reflexion ist meiner Meinung nach zu einer gesellschaftlichen Normalität geworden. Man kann sich heute gesellschaftliche, ökonomische und soziale Entwicklungen ohne ökologische Reflexion nicht mehr denken. In der Tat glaube ich, daß solche Avantgarde-Bewegungen wie die Studentenbewegung in den sechziger Jahren – Avantgarde bedeutet nicht, daß alles gut war, sondern Avantgarde meint den Versuch, auszubrechen aus einer bestimmten Denkform – oder die ökologische Bewegung immer ihren Sinn und auch einen großen gesellchaftlichen Einfluß haben – auch in Zukunft.

Wolfgang Fietkau

Medien verändern unser Leben

Die Digitalisierung von Schrift, Bild und Ton bringt einen dramatischen Wandel in der Medienlandschaft. Mit dem PC kann man jetzt auch telefonieren und fernsehen. Eine CD-ROM, von der wir vor zehn Jahren staunend hörten, sie könne den Inhalt der Bibel aufnehmen, trägt heute auch kleine „Filme". Ihre Weiterentwicklung ersetzt die Videotechnik. Inzwischen vereint die CD-ROM Funktionen von Buch, Schallplatte und Hörcassette. Andererseits übernimmt sie auch die Funktion eines Archivs oder der guten alten Büro-„Ablage". Die Tage der CD-ROM sind aber schon gezählt. Bald gibt es Nachfolgemedien mit noch größerer Kapazität und höherer Leistung. Und das Internet erst: In kurzer Zeit hat es sich zu einem Medium der Massenkommunikation entwickelt. Alle dafür bekannten Maßstäbe verblassen. Nicht nur die rapide wachsende Zahl der Teilnehmer, inzwischen 130 Millionen, sondern auch die Möglichkeiten, die es zu Nutz und Frommen bietet, sind kaum abschließend zu überblicken. Jeder ist für jeden überall und jederzeit erreichbar. Jeder kann alles erfahren, was ein menschliches Wesen je zuvor gewußt, gedacht und notiert hat.

Wohin soll das nur führen? fragen viele. Die Entwicklung krempelt unser Leben, privat und beruflich, in Politik, Wirtschaft, Kultur und Religion so um, wie es in 4000 Jahren Mediengeschichte, jedenfalls in einer einzigen Generation, noch nicht vorgekommen ist. Am Ende werden, so ist abzusehen, alle Medien zu einem Netz digitaler Kommunikationstechnik zusammengewachsen sein.

Die Veränderungen gehen über das Publizieren weit hinaus: In Zukunft werden wir kein Geld mehr brauchen, sondern elektronisch bezahlen, unsere Unterschrift wird abgelöst durch einen Code. Lernen, Studieren und Arbeiten, unser Freizeitverhalten und unsere Beziehungen zu anderen Menschen werden sich stark verändern. Wir können über große Datenmengen blitzschnell verfügen, sie strukturieren und nutzen. Sie bringen uns nicht nur Bequemlichkeit und Kenntnisse und Unterhaltung, sondern auch Ängste, Irritation und Streß. Und manchen Menschen verheißen sie auch Macht.

Niemand, so scheint es, kann bisher die Folgen dieser stürmischen

Entwicklung richtig einschätzen. Man muß wohl von einem Kulturschock sprechen. Die Reaktionen der Menschen reichen von Euphorie bis Abwehr und Verdrängung. Und beide, die Euphorischen wie die Wehrhaften, beziehen unwillkürlich den sonderbaren Zeitpunkt an der Schwelle des Jahrhunderts ein: Den einen verheißt der Zeitenwechsel eine neue, lichtere Welt der digitalen Fortschritte, den anderen düstere Ungewißheit neben allem, was sowieso unfaßbar ist an dieser Zukunft. Den einen gibt der Nullenschub auf dem Kalender eine besondere Weihe, dem andern verstärkt er Furcht und Zagen. Obwohl das eine, die digitale Revolution, und das andere, ein Jahr mit drei Nullen, nichts miteinander zu tun haben. Aber für das Empfinden der Teilnehmer läßt sich das eine vom anderen nicht so recht trennen. Man muß es ja nicht sagen, aber glauben darf man's wohl.

Manche erkennen durchaus, daß es nützlich ist, wenn sie die eine oder andere PC-Anwendung für ihre beruflichen Aufgaben oder privaten Zwecke einsetzen. Sie lassen sich auf neue Verfahren und Möglichkeiten ein. Allerdings sind viele noch weit von der Erkenntnis entfernt, daß alle Lebensbereiche von den digitalen Verfahren in relativ kurzer Zeit umwälzend verändert werden: Politik und Kultur und Wirtschaft, Gesellschaft, Religion. Wirklich alle Bereiche.

Ein Mann, der nicht gerade im Verdacht steht, einer allzugroßen Fortschrittsgläubigkeit hinterherzulaufen, ist Roman Herzog. Im Mai 1996 sagte er als Bundespräsident vor Medienvertretern in Berlin: „Wir marschieren auf ein neues Jahrtausend zu. Das darf man auch in einem übertragenen Sinn verstehen. In ihrer Entwicklung noch junge Kommunikationstechnologien überrollen buchstäblich unser gesamtes gesellschaftliches Dasein. Die Entwicklung verläuft, milde formuliert, chaotisch-stürmisch, und die letzten Konsequenzen sind überhaupt noch nicht abschätzbar."

Zu den letzten Konsequenzen dieser Entwicklung gehört, daß sämtliche Medien, die wir bisher säuberlich unterscheiden und auseinanderhalten, immer enger zusammenwachsen. Und wenn ein Medium wie das andere auf demselben Rechner läuft, sind sie bald nur noch Teil einer einzigen im Prinzip multimedialen Technik. Eine Speichertechnik, eine Sendetechnik und eine Empfangstechnik können künftig das Feld beherrschen. Allerdings wird der Empfänger auch Sender sein und umgekehrt der Sender auch Empfänger: nicht nur, wie bisher, über Brief und Telefon.

Zur Zeit richten sich viele Menschen eine Homepage im Internet ein. Firmen, aber auch private Personen, die auf diese Weise richtige kleine Sende- und Empfangsstationen betreiben, sind weltweit vernetzt. Sie können also jeden Ort erreichen und sind von jedem Ort erreichbar. Wer einen nicht allzuhäufigen Namen hat, so die ersten Erfahrungen, bekommt zum Beispiel Botschaften aus anderen Erdteilen mit Anfragen nach möglicherweise gemeinsamen Vorfahren. Du kannst antworten, jetzt oder in einem Jahr. Du kannst es auch sein lassen. So wird der Zeitgenosse auch privat zu globalen Beziehungen eingeladen.

Neue Medien und Übermittlungstechniken üben, besonders auf jüngere Zeitgenossen, eine große Faszination aus. Dabei übersehen wir häufig, daß Medien und Übermittlungstechniken immer Äußerlichkeiten bleiben, Zubereitungsverfahren, Verpackungs- und Transportmittel. Diese Mittel, die Medien also, werden von manchen Zeitgenossen zum Eigentlichen erhoben, mit dem Zweck verwechselt und mit einer allzuhohen Wertschätzung versehen. Ein verhängnisvolles Mißverständnis, denn dabei bleiben die Inhalte, die mit den neuen Möglichkeiten bewegt, verbreitet werden, vielfach unbeachtet.

Manche Begriffe müßten wohl neu definiert werden: „Elektronisches Publizieren" – so nennen viele die neueren, die digitalen Methoden des Publizierens. Doch anfangs nannten wir Rundfunk und Fernsehen „elektronische Medien". Daneben kannte man die Printmedien: Zeitung, Zeitschrift, Buch. Wer vom „elektronischen Publizieren" spricht, meint heute nicht die elektronischen Medien Rundfunk und Fernsehen, sondern das Publizieren in Digitaltechnik, also die digitale Zerlegung und (nach Beförderung) Zusammensetzung von Schrift, Bild und Ton, wobei unter „Bild" sowohl „Stand"bilder jeder Art, also Fotos und Graphiken, gemeint sind, als auch „bewegte" Bilder wie Filme und Videos.

Manche sind dagegen

Faszination ist das eine. Wer seine Zeitgenossen beobachtet, sieht allerdings auch, daß manche sich richtig anstrengen, dem Neuen und seinen Herausforderungen auszuweichen: „Man weiß ja noch nichts Genaues", sagen sie. „Da werden auch nicht alle Blütenträume reifen." – „Das Buch wird noch lange leben." – „Wenn der Strom ausfällt, ist alles im Eimer. Und wer wird schon die Buddenbrooks auf dem Bildschirm lesen wollen?"

Zu den Abwehrargumenten gehört häufig die Feststellung, daß im Bett, in der U-Bahn und auf dem Klo noch immer gern und viel gelesen wird. Karikaturen zeigen, was heute schon Wirklichkeit ist, als handele es sich um Horrorvisionen, über die man sich lustig macht. Zum Beispiel eine Buchhandlung, die am Ende einer Autorenlesung die Exemplare zum Signieren in der benötigten Anzahl erst druckt und jeden Käufer vorher fragt, welchen Namen der Held des Romans denn tragen soll. Für einige Zeit hielt sich die Parole: Elektronisches Publizieren kommt nur für Nachschlagewerke, Wissenschaft und Spiele in Frage. Das ist längst vorbei. Man sehe und höre nur einmal, was Reclam-CDs aus den Schulstoffen der Klassiker gemacht haben.

Manche mokieren sich über die Predigt in der Mailbox, als hätten wir nicht seit einem halben Jahrhundert die Rundfunkandacht: eine Predigt für unsichtbare Hörer. Noch heißt es bei einigen Kirchenleuten: Eine virtuelle Gemeinde wird es, kann es nicht geben. Andere sagen: Die haben wir längst. Auffallend ist, daß als Beispiele für die Beständigkeit unserer althergebrachten kulturellen Werte immer wieder belletristische Werke genannt werden. Darin freilich zeigt sich ein doppeltes Mißverständnis. Einerseits ist es falsch, Lesen mit dem Lesen von Belletristik gleichzusetzen. Andererseits ist aber auch eine Lyrik-Anthologie nichts anderes als eine Datei. Wer sich mit experimenteller Literatur beschäftigt hat, dem ist diese Realität nicht ganz neu.

Viele sehen auch eine Verbindung zwischen dem hierzulande zunehmenden Analphabetismus und der rasanten Entwicklung der digitalisierten Botschaften. Man sollte jedoch das Buch und die digitalen Medien nicht gegeneinander ausspielen. Lesen und Schreiben, die häufig als „Kulturtechniken" bezeichnet werden, brauchen wir zum Bücherlesen genauso wie beim Umgang mit dem PC oder bei Inanspruchnahme eines Online-Dienstes. Inzwischen gilt jedoch der Umgang mit dem PC als eigenständige Kulturtechnik wie Lesen, Sprechen, Schreiben. Auch das Faxen hat das Briefeschreiben nicht abgeschafft. Im Gegenteil, man bekommt heute wohl mehr Handgeschriebenes zu sehen als in der Vor-Fax-Zeit.

Sicher wäre es falsch, denen, die sich „da raushalten" wollen, vorherzusagen, daß sie sich aus allem, was wichtig sein wird, ausschließen und bald den Anschluß an Beruf und Freizeit verloren haben werden. Schließlich gibt es auch Menschen, die aus Prinzip oder aus nicht näher definierten Ängsten sich in kein Auto setzen, in kein Flugzeug oder die keinen Fahrstuhl benutzen. Sie leben, als hätten sie eine ganz bestimmte Behinderung, was ja auch stimmt, denn sie sehen sich subjektiv gehindert, Alltägliches so mitzutun wie andere Menschen. Aber sie leben mit dieser Behinderung wie andere mit der ihren: Sie haben Anschluß, sind berufstätig, können selbständig einen Haushalt führen und gehen bis auf weiteres auch allein einkaufen. Sie haben eben ein Handicap und dürfen von anderen Rücksicht erwarten.

Nichts Neues

Wir haben heute schon ein großes Wissen über die Entwicklung, und viele tun so, als hätten wir es nicht. Andererseits wird nichts so heiß gegessen, wie es gekocht wird. Die tiefen Veränderungen in allen Teilen des gesellschaftlichen Lebens kommen nicht allein aus dem, was technisch neu ist, sondern mehr aus der Summe des Neuen und den Folgen dieser Entwicklung.

Ein Beispiel: Nachrichten kann der Zeitgenosse künftig so schnell und in so großer Zahl haben wie die Nachrichtenagenturen, oder wenigstens so schnell wie die Redaktionen bei Rundfunk, Fernsehen oder Zeitung. Allerdings: Er muß die Zeit dafür haben, jederzeit Nachrichten zu empfangen. Und er wird so viele Nachrichten bekommen, daß sie ihn erschlagen. Denn: ob eine Nachricht wichtiger ist als die andere, muß jemand entscheiden. Und welche Nachrichten von Tausenden jemand überhaupt erfahren will oder soll, ebenfalls. Auch die Reihenfolge der ausgewählten Nachrichten und ihre Verknüpfung mit anderen Nachrichten oder mit Hintergrundinformationen oder die Länge der einzelnen Nachricht – das alles will festgelegt sein. So ist der Zeitgenosse froh, wenn in der Regel weiterhin professionelle Redakteure die Nachrichten auswählen, redigieren und zu festen Zeiten an bestimmten Plätzen vorlegen. Solche Dienstleistungen, die wir seit langem kennen und nutzen, werden also weiterhin nötig sein.

Der Leser wird zum Nutzer oder, wie es im gängigen „Deutsch" heißt, zum „User". Auch das ist eigentlich nichts Neues. Wer Lexika oder Atlanten, Kochbücher, Reiseführer oder Handbücher hat, war schon immer mehr Nutzer als Leser. Wer eine größere Bibliothek sein eigen nennt, kennt die Frage von Besuchern: Hast du das alles gelesen? Die Antwort hieß schon immer: Bücher sind nicht nur zum Lesen da, wichtig ist, daß sie im richtigen Moment da sind oder daß ihr Dasein Gelegenheiten schafft, in denen ein Besitzer zum Nutzer oder Leser wird.

Phantasie entfesseln

Unserem Denken oder Phantasieren kommt die digitale Technik durchaus entgegen. Wer denkt schon so, wie wir auf hergebrachte Weise lesen und schreiben: von einem Anfang zu einem Ende, immer geradeaus, linear? Nein: Wir denken assoziativ, springen irgendwo rein, verknüpfen dieses mit jenem, gehen zurück und vor – und genauso kann nun ein PC-Benutzer schreiben und Texte konzipieren. Auch Literatur verläuft meistens linear, nur experimentelle Literatur macht da manchmal eine Ausnahme, sie verläuft mitunter auch assoziativ oder willkürlich montiert oder nach spielerischen Regeln.

Möglich ist nun der Zettelkasten im Kopf: Schon seit PC-Zeiten kann jeder, der schreibt, nach dem Einleitungssatz einen oder zwei Brocken aus dem Mittelteil aufschreiben, dazwischen den Entwurf eines Schlußsatzes, wenn's beliebt. Was früher nur mit Zetteln möglich war, gelingt heute mit dem Verfahren Drag und Drop, Ziehen und Fallenlassen: Man pickt Wörter und Sätze auf, schiebt sie hin und her, weist ihnen jetzt diesen und nachher jenen Platz an. Goldene Zeiten für Schreiber.

Solche Möglichkeiten könnten unser Denken und Phantasieren verändern, ja entfesseln. Jener Schöpfungsprozeß, den wir zum Anfertigen eines Schulaufsatzes gelernt haben, bremst nämlich unsere Kreativität. Damit könnte es künftig vorbei sein. So schreiben können, wie man denkt und hinterher alles noch ordnen dürfen: Ist das nicht eine willkommene Einladung? Etwas, wovon Millionen Menschen, die früher mit einer mechanischen oder elektrischen Schreibmaschine schrieben und ihren Text nach Korrekturen immer noch einmal abschreiben mußten, allenfalls in ihren kühnsten Träumen eine Vorstellung hatten. Die Kehrseite: Wenn es so leicht ist, Mitteilungen zu produzieren, wird mehr und mehr produziert. Die Informationsflut steigt, und der Mensch braucht Auswahlverfahren. Viele sprechen von einer Informationsflut, die sie belästigt. Wie können wir diese Flut durch elektronische Verfahren ein wenig verlangsamen, die öffentlichen Sprühdüsen regulieren? so fragen sich viele. Wenn es gelänge, unsere Qualitätsansprüche zu trainieren, wären wir auf dem richtigen Weg dahin.

Man unterscheidet Inhalte äußerlich danach, ob sie unabhängig von einem Zeitbedarf „vorhanden" sind, wie eine Graphik, ein Bild, ein Schriftsatz, oder ob sie, eingebunden in einen bestimmten Zeitbedarf, „ablaufen" wie Sprache oder Film. Unsere Phantasie behält bei der „stehenden" Information eine größere Freiheit zum ergänzenden Mittun; bei der bewegten, ablaufenden Information (also im Fernsehen und im Radio) wird sie stärker geführt und kann allenfalls nach Schluß der Darbietung noch etwas hinzutun.

Die Grenzen zwischen Publizieren und Archivieren verwischen – eine kleine Revolution für sich. Ist das eine nicht das Gegenteil vom anderen? Ob ich eine Information archiviere oder ob ich sie veröffentliche? Also: Publikationen, wie sie in Buchhandlungen und Bibliotheken stehen, und noch nicht publizierte Materialien und Werke werden sich ähnlich, ja: sie sind gleichwertig, sobald sie in Datenbanken verfügbar sind.

Der Mensch kann Informationen aufnehmen und verarbeiten. Ist das sein Erkennungszeichen? Ein charakteristisches Merkmal für menschliche Wesen? Das wohl nicht, denn Informationen können natürlich auch Tiere aufnehmen, sogar Maschinen können das. Lesen allerdings ist mehr als Informationen aufnehmen. Beim Lesen treffen Informationen auf das Gemüt eines Individuums und lösen dort etwas aus. Das können Stimmungen sein, Gefühle oder die Wahrnehmung einer Befindlichkeit. Eine bestimmte Information kann bei verschiedenen Menschen durchaus unterschiedliche Reaktionen hervorrufen. Dafür ist einerseits die momentane Empfänglichkeit des „Lesers", Empfängers ausschlaggebend. Andererseits ist es aber auch die Beschaffenheit des Mediums, also etwa Design und Typographie beim Printmedium, zum Beispiel einer Zeitschrift, genauso wie die Anmut oder Kleidung einer Darstellerin oder das Timbre eines Sprechers.

Bedrohliche Szenarien

Die sogenannte Informationsgesellschaft will ja gar nicht pausenlos informiert, sie möchte zum Beispiel auch unterhalten sein. Wie wir inzwischen erleben, kann Unterhaltung merkwürdige Blüten treiben. Wenn es auf Deibel komm raus um Einschaltquoten geht, dann – so argwöhnen manche – braucht jener große Teil der Menschheit, der sich Informationsgesellschaft nennt, am Rande womöglich auch fortwährend kleine Kriege, damit die Nachrichten ihren unterhaltsamen Gruselwert behalten.

Ein anderes Szenario: Die Kirche war neben dem Theater die Medienanstalt des Mittelalters. Was die Kirche früher leisten konnte, leisten inzwischen andere Medien. Die Menschen wenden sich in Scharen diesen Medien zu, laufen und fahren mit Stöpseln im Ohr herum und hängen zu Hause an den Programmen für Ohr und Auge. Die Grundfragen ihres Lebens werden jetzt schon – so empfinden sie – von diesen Medien beantwortet. Wem das nicht reicht, der findet Sekten und Kulte in großer Zahl. Konzerne ringen um das Publikum. Dabei geht es ihnen um Einschaltquoten und Vernetzung, um Macht und Märkte.

Es wird denkbar, daß ein Medienkonzern eines nicht allzufernen Tages, sagen wir, der Evangelischen Kirche in Deutschland, ein Angebot macht: Wir kaufen euch den Laden ab. Ihr überlaßt uns das Recht, bei allen, die dem Zirkel noch angehören, Mitgliedsgebühren zu kassieren, wir werden die Werbung verbessern, wir übernehmen eure Altlasten, die Pensionen für viele tausend Pfarrer und Pfarrerinnen. Wir bekommen eure alten und neueren Versammlungsstätten, die für manches Entertainment noch brauchbar sind. Um die Weltherrschaft könnten, so gesehen, schließlich einige Medien-Konzerne kämpfen. Sie sind auch von Sekten, kultischen Bünden und esoterischen Großzirkeln durchsetzt. Sie bestimmen, wo die Kriege stattfinden, damit die Einschaltquoten stimmen.

Wir mögen zu Gott hoffen, daß es dahin nicht kommt. Aber denkbar ist dieses düstere Bild, wenn man nur einige Beobachtungen in der heutigen Szenerie der Medien mit einer negativen Konsequenz zu Ende denkt. Dabei hätten die Kirchen eigentlich ganz gute Karten und besondere Chancen, die Medien für ihren Auftrag zu nutzen. Aber wie sehen sie diese Möglichkeit? Sie achten, so scheint es, mehr darauf, wie sie sich selbst durch neue Medien darstellen können, weniger auf die umwälzenden Veränderungen in den Lebensverhältnissen der Menschen, denen sie eine Botschaft schulden. Zu den Urbedürfnissen der Menschen gehört dreierlei:

Die Menschen möchten ein Selbstwertgefühl haben.

Die Menschen möchten kommunizieren.

Die Menschen möchten wissen, wo es langgeht.

Medienleute können darauf bauen. Sie könnten auch der Christenheit helfen, ihre Botschaft unter den Menschen auszurichten. Sie sind Spezialisten für die nicht personengebundene, die mittelbare Kommunikation, also die Kommunikation mit Hilfe von Medien.

Neue Heilsbotschaft

Was kommt auf uns zu? Wird es eine Welt der totalen Kommunikation sein? Das hieße auch: Man braucht das Haus nicht mehr zu verlassen. Jeder ist mit jedem vernetzt. Und die Programm-Macher sind die neuen Priester. Sie haben ohnehin in weiten Bereichen diese Rolle schon übernommen. In der christlichen Religion steht es Gott zu, den Menschen reich zu machen und als einzelnen herauszuheben. Er beschenkt den Menschen und gibt ihm seine Würde als Individuum. Die Kirchen vermitteln das offenbar nicht ausreichend. So haben Medien die Rolle Gottes übernommen. Hier hört der „Teilnehmer" die tägliche Predigt: „Nutze deine Riesenchance. Das Leben ist eine Lotterie. Bei uns gewinnst du. Bleib dran, du wirst reich, halte Ausschau nach unserem Joker und sage ein Stichwort, dann übergibt er dir die Geldscheine." Als seien Medien erschlossen worden, um Gewinne zu verteilen.

Auch Journalisten und Publizisten haben inzwischen, so scheint es, etliche Medien den neuen Priestern überantwortet. Diese walten ihres vermeintlichen Amtes und verkünden die neue Heilsbotschaft: „Wir bringen dich nach oben. Wir machen dich bekannt. Du wirst zur Prominenz gehören. Du kannst im Rundfunk sprechen. Ruf an, grüß deine Freunde. Du wirst eingeladen, du kannst Studiogast sein, du applaudierst, wenn der Moderator auftritt, und alles ist in Ordnung. Vielleicht streift dich dann einmal eine Kamera." Und tatsächlich erzählen manche auch noch nach Jahren: „Ich war schon einmal im Fernsehen." „Du kannst", sagen die Priester, „in einer Sendung für fünf Minuten richtig vorkommen, wenn du dein Innerstes entblößt, wenn du deine Exfrau runtermachst und zuläßt, daß diese dann mit ihrem Freund aus den Kulissen kommt. Wenn du dein Verbrechen noch einmal vor laufender Kamera schilderst, kommst du ins Programm. Wir bringen dich, sagen die Priester, auch wenn du nichts Besonderes zu bieten hast, auf ein Plakat. Notier dir die Nummer zum Ruhm."

„Oben" sein, gerühmt werden – ist das nicht eine Position, die uns bekannt vorkommt? Früher war Gott „oben".

Wer ist nun eigentlich sachverständig für diese Welt der Medien? Welcher Fachdisziplin muß einer angehören, der die Entwicklung überschauen, deuten, erklären soll? Oder gar eingreifen? Muß er Informatiker sein? Kommunikationswissenschaftler? Sollte er aus der Publizistik kommen, Theologe sein? Oder eher Pädagoge oder doch Philosoph und Mathematiker? Oder sind hier der Autor und Künstler gefragt? Sind diese Wissenschaften und Künste irgendwo systematisch verwoben oder wenigstens benachbart? Wo sind ihre Grenzen? Die bisher bekannten Maßstäbe, die Rollen, Berufe und Wissensgebiete geraten gründlich durcheinander. Die alten Abgrenzungen taugen nichts mehr. Wir bekommen ganz neue Kompetenzfelder. So ist es kein Wunder, wenn von elf neuen Ausbildungsberufen, die zum 1. August 1998 in Deutschland eingeführt wurden, vier allein in den Medienbereich fallen: Sie heißen „Fachangestellte für Medien- und Informationsdienste", „Fotomedienlaborant", „Kaufmann für audiovisuelle Medien" und „Mediengestalter".

Ein interdisziplinäres Vorgehen herkömmlicher Art wird der Entwicklung nicht gerecht. Was wir brauchen, können wir vorerst weder in einem wissenschaftlichen Studium erwerben noch aus diesem oder jenem Lehrgang oder Buch. Lernen mit allen Sinnen ist angesagt, rund um die Uhr. Dafür brauchen wir eine Voraussetzung: unser Interesse, also eine Aufmerksamkeit aus Wißbegierde.

Auf den Inhalt kommt es an

Fassen wir zusammen: Jahrhundertelang lief öffentliche Kommunikation über Printmedien. So wird es auch bleiben. Vor Jahrzehnten kamen Medien wie Rundfunk und Fernsehen hinzu. Seit kurzem nun wieder neue Medien, die aus digitalen Verfahren erwachsen sind.

Alle diese Medien wachsen zur Zeit zu einer einzigen eng verbundenen multimedialen Welt zusammen. Text, O-Ton, Musik, Bild, Druck, Archiv, Funk und Film können künftig von ein und demselben „Pult" angeboten und empfangen werden. Die Zeitung kann der Leser beispielsweise in wenigen Jahren zu Hause „ausdrucken", aber nicht nur das: Er kann sie auch nach seinem Belieben zusammenstellen.

Eine getrennte Betrachtung einzelner Medien ist also kaum noch sachgemäß. Nirgendwo ist so viel Neues zu lernen wie in den Kommunikations- und den publizistischen Berufen. Aber immer geht es darum, bestimmte Inhalte zu sammeln, zu sichten, zu prüfen, zu ordnen, zu redigieren, zu vervielfältigen, zu verbreiten, zu archivieren. Niemand, der sich Medien dienstbar macht, sollte sich von den faszinierenden Verfahren so ablenken lassen, daß er dies aus dem Auge verliert: Auf den Inhalt kommt es an. Nicht das Medium ist die Botschaft, sondern – natürlich – der Inhalt.

Daß diese Inhalte auch zubereitet werden müssen, wird oft vergessen. Daran hängen ganze Berufe. Wohl den Medienhäusern, die gute Autoren, Lektoren, Redakteure und Herausgeber, Männer und Frauen, haben, Medienarbeiter, die sich unablässig fortbilden.

Auch sie fallen nicht vom Himmel. Und wenn sie qualifiziert sind, bleiben sie es nicht automatisch. Sie müssen, wie in anderen Berufen auch, sich ständig um ihre fachliche Weiterbildung bemühen und trainieren: den aufrechten Gang im Mediengestrüpp, ihr Verhältnis zur Wahrhaftigkeit, aber auch schlicht ihr Verhältnis zur Muttersprache, die sich ständig wandelt und fortwährend neue Fallgruben auftut. Unsere Sprache wird wohl das hochrangigste Medium bleiben, ohne das die anderen Medien gar nicht erschließbar sind. Zudem werden Medienarbeiter auch um eine variantenreiche Sprache bemüht sein, nämlich um eine Sprache, die sich für das jeweilige Medium eignet.

Humanisierung ist möglich

Manche fürchten eine inhumane Entwicklung, weil persönliche Begegnungen und Gespräche durch das Gewicht der Medien abnehmen. Aber

Dialog und mündliche Erörterung sind keine Werte an sich. Sie können auch trickreich mißbraucht werden. Unserer Kommunikation haftet stellenweise noch etwas Mittelalterliches an: Vor Gericht hat zum Beispiel die mündliche Aussage einen unangemessen hohen Rang, obwohl sie ja in der Regel weniger bedacht, emotional gesteuert und unpräziser formuliert ist, als das bei einer schriftlichen Äußerung möglich wäre. Du mußt eine mündliche Aussage machen, also ein Zufallsprodukt darbieten, obwohl du viel genauer formulieren und etwas von dir geben könntest, was man dir hinterher nicht umdreht. Die hohe Wertschätzung der mündlichen Kommunikation stammt aus einer Zeit, in der die weitaus meisten Menschen gar nicht lesen und schreiben konnten. Die Neuzeit hat also in wichtigen Lebensbereichen noch gar nicht so richtig angefangen. „Falsch Zeugnis" ist schneller und leichter gesagt als geschrieben. Jeder kennt wohl Menschen, die allein mit ihrer Art zu atmen andere verleumden, ganz zu schweigen von der gehässigen bis zynischen Modulation einer, wörtlich genommen, unangreifbaren Aussage.

Wenn gesellschaftliche Kommunikation von mittelalterlichen Rückständen, also einer Verdammung zum Mündlichen fürs „einfache Volk", befreit wird, ist das nicht nachteilig. So gesehen, können demokratisierte Medien sogar zur Humanisierung des gesellschaftlichen Lebens beitragen.

Etliche Kritiker der Entwicklung weisen noch auf eine andere Gefahr hin: Es könnte eine neue Klassengesellschaft entstehen, in der Menschen mit Medienkompetenz den Menschen ohne Medienkompetenz unterlegen sind. Wenn man jedoch sieht, wie begeistert heute schon Schüler die neue Kulturtechnik, den Umgang mit Netzen, Speichern, Datenbanken erlernen und nutzen, kann man wohl darauf vertrauen, daß keine „Klasse" derer entsteht, die weniger Zugang zu Informationen und medialen Möglichkeiten haben. Zu achten wäre darauf, daß der Umgang mit Computern nicht eine neue geschlechterspezifische gesellschaftliche Trennung bringt. Oder eine Trennung nach Generationen. Viele ältere Menschen haben sich vorgenommen, daß sie sich in diesem Leben auf digitale Medien nicht mehr einlassen.

Welchen Rat kann man einem jungen Menschen geben, der sich auf das Berufsleben vorbereiten möchten? Heute wie vor 50 Jahren gilt: Gehe hin und lerne, was man früher unter Schreibmaschineschreiben verstand, also mit 10 Fingern „blind" eine Tastatur benutzen. Das Alphabet ist übrigens noch genauso über die Tasten, auch des Computers, verteilt wie damals, als deine Großmutter Sekretärin wurde. Was uns dargeboten wird, geschieht weiterhin auf „Seiten". Eine der kompetenten Fachzeitschriften heißt „Page". Wir sprechen auch von Bildschirmseiten oder – im

Internet – von WEB-Seiten. So erleben wir auch hier: Beides ist richtig – vieles verändert sich, und zugleich bleibt vieles so, wie es war. Auch der Mensch mit seinen zwei Gesichtern.

Die neuen Verhältnisse werden den Menschen nicht grundsätzlich ändern. Er wird weiterhin weder durch und durch gut noch durch und durch böse sein. Wie eh und je wird er zugleich mehr oder weniger gut und mehr oder weniger böse sein: so wie ihn die Bibel charakterisiert, erlösungsbedürftig eben und sterblich. Obwohl auch daran schon gedreht wird.

Die Menschen werden zu Beginn des 21. Jahrhunderts neue Vorstellungen über Raum und Zeit entwickeln – sie sind schon dabei. Sie werden über ihren eigenen Wert anders denken als bisher – sie sind schon dabei. Sie werden über Allmacht und Allgegenwart, also Prädikate, die Menschen vergangener Jahrhunderte allein Gott zugeschrieben haben, neue Erkenntnisse gewinnen – sie sind schon dabei.

Die Medien von morgen sind die Medien von heute. Sie stehen uns schon zur Verfügung.

Nikola Biller

Klonieren – Wege zwischen Utopie und Horror

Im zweiten Teil von Goethes Faust erläutert der am Laborherd stehende Famulus dem überraschten Mephistopheles: „... wie sonst das Zeugen Mode war, erklären wir für eitel Possen ...“, und fährt fort, mit Blick auf die Phiole, in der gerade der Homunculus entsteht: „So muß der Mensch mit seinen großen Gaben doch künftig höhern, höhern Ursprung haben ... Was man an der Natur Geheimnisvolles pries, das wagen wir verständig zu probieren, und was sie sonst organisieren ließ, das lassen wir kristallisieren ... Ein großer Vorsatz scheint im Anfang toll; doch wollen wir des Zufalls künftig lachen, und so ein Hirn, das trefflich denken soll, wird künftig auch ein Denker machen.“ Nebenbei bemerkt, es ist nicht etwa Faust, der den Homunculus erzeugt, sondern der Famulus Wagner; der „trockne Schleicher“, wie ihn der in seinen Visionen gestörte Meister im ersten Teil der Tragödie ungehalten bezeichnet.

Zwar ist auch die moderne Reproduktionsmedizin nicht in der Lage, Menschen zu „kristallisieren“ oder zu synthetisieren, doch ist mit den Möglichkeiten der In-vitro-Fertilisation, der Aufbewahrung, Mikromanipulation und Selektion von Keimzellen die Kontrolle des Menschen über die eigene Fortpflanzung ein erhebliches Stück vorangeschritten.

In diesem Zusammenhang wird auch das Klonieren immer wieder erwähnt, eine Technik, die es erlaubt, DNA-Moleküle oder Zellen zu vervielfachen. Das Züchten genetisch identischer Zellen ist seit vielen Jahren eine gängige Technik in der biomedizinischen Forschung. In der öffentlichen Diskussion ist jedoch zumeist die Klonierung von Keimzellen gemeint, die die Entstehung genetisch identischer Organismen zur Folge hat. Dies kann zum einen durch die Trennung von Zellen im Embryonalstadium, das sogenannte Embryo-Splitting, geschehen; entsprechende Experimente an nicht-entwicklungsfähigen menschlichen Embryonen an der George-Washington-University in den USA hatten 1993 in der Presse Aufsehen erregt. Die andere Methode, die seit der Klonierung des Schafes Dolly in aller Munde ist, besteht in der Fusion von einer Körperzelle mit einer vorher entkernten Eizelle. Dabei entsteht ein Organismus, der mit dem Spender der Körperzelle weitestgehend genetisch identisch ist.

Bereits 1962 war es dem Oxforder Biologen John Gurdon gelungen, Frösche aus Kaulquappenzellen auf diese Weise zu klonieren. Diese und weitere Versuche zeigten, daß der Differenzierungsprozeß, den die Erbsubstanz bei dem Heranwachsen des Organismus erfährt, nicht grundsätzlich irreversibel ist. Die Nachricht vom geklonten Frosch hatte damals für einigen Pressewirbel gesorgt. Dazu kam einige Jahre später die fingierte Nachricht eines Wissenschaftsjournalisten, ein Millionär habe sich klonen lassen, die sich nach einer Anhörung von Experten im amerikanischen Kongreß als Ente herausstellte. Diese erste große öffentliche Debatte um das Klonieren konzentrierte sich vornehmlich auf die Gefahren eines Mißbrauchs durch totalitäre Systeme, die – so die Horrorvorstellung – Massen identischer, willfähriger Untertanen produzieren könnten.

Die Klonierungsexperimente, die in den achtziger Jahren durchgeführt wurden, erfuhren dagegen weniger öffentliche Aufmerksamkeit. Es standen nicht mehr embryologische Grundlagenfragen im Vordergrund, sondern anwendungsorientierte Probleme in der Tierzucht. Schafe, Rinder, Kaninchen und Schweine wurden aus frühen Embryozellen kloniert, jedoch ohne den erhofften wirtschaftlichen Erfolg. Erst 1997 gelang die Klonierung von Körperzellen eines erwachsenen Tiers. Der schottische Forscher Ian Wilmut hatte, mit Unterstützung der Pharmafirma PPL Therapeutics, nach einer effizienten Methode zur Produktion transgener Tiere gesucht und war mit der Ankündigung von Dollys Geburt sofort ins Rampenlicht geraten. Erneut waren wochenlang geklonte Diktatoren oder Photomodels auf den Titelblättern zu sehen. Inzwischen ist das Experiment mit Mäusen wiederholt worden, weitere Spezies werden höchstwahrscheinlich folgen.

Auch die Klonierung von Menschen wurde mehrfach für die nähere Zukunft prophezeit. Je nach Quelle lesen sich die diskutierten Anwendungen recht unterschiedlich: Geht es um eine Methode zur Vervielfältigung reicher Egomanen oder um ein mögliches Element in der Behandlung unfruchtbarer Paare? Sollen hier Menschen allein zum Zwecke der Organspende in die Welt gesetzt werden, oder werden, ausgehend von embryonalen Stammzellen, Zellinien und Gewebe gezüchtet, die abstoßungsfreie Transplantationen erlauben würden?

Diese kleine Gegenüberstellung zeigt bereits, wie nahe scheinbar höchst bedenkliche und möglicherweise akzeptable Verfahren beieinanderliegen. Angesichts dieser hochgradigen Ambivalenzen kann es sicher nicht Aufgabe der Wissenschaftler sein, hier im Alleingang Entscheidungen zu treffen. Vielmehr bieten ethische Probleme dieser Art Anlaß, das Verhältnis von Wissenschaft, Technik und Gesellschaft immer wieder neu zu reflektieren.

Seit dem Beginn der Klonierungsdebatte in den Sechzigern hat sich das Verhältnis von Technik und Gesellschaft in mehrfacher Hinsicht gewandelt:

1. Zum einen ist das Vertrauen in den Fortschritt durch Wissenschaft und Technik einer in weiten Teilen skeptischen Haltung gewichen. Helmut Schelsky hat dies bereits im Zusammenhang mit der sogenannten Technokratiediskussion, also der Frage, ob wir von der Technik beherrscht werden, so formuliert: „Der Mensch löst sich vom Naturzwang ab, um sich seinem eigenen Produktionszwang zu unterwerfen.“[1] Und Hannah Arendt wies darauf hin, daß kontemplative Wahrheitserkenntnis als Form menschlicher Vernunft durch technische Betriebsamkeit ersetzt werde.[2]

2. Technik kann also nicht neutral sein. Der Technikphilosoph Friedrich Rapp hat mehrere Gründe zusammengetragen:[3]

– Hochspezialisierte technische Systeme haben ganz spezifische Funktionen und werden in der Regel auch für eine bestimmte Anwendung entwickelt. Das immer wieder vorgebrachte Argument, ein Messer könne schließlich zum Brotschneiden wie zum Morden verwendet werden, ist für ein Maschinengewehr wenig stichhaltig.

– Technik benötigt außerdem Infrastruktur und Logistik, wie Straßen und Produktionsstätten, Zulieferbetriebe und so weiter, Entwicklungen, die nicht ohne wirtschaftliche und ökologische Folgen sind.

– Auch in sozialer Hinsicht ist Technik nicht neutral. Alte Abhängigkeiten werden beseitigt, neue werden geschaffen. So hat die Erfindung der Glühbirne die Menschen zwar unabhängiger von der Tageszeit, dafür aber abhängiger von einer kontinuierlichen Stromversorgung gemacht. Automatisierungsprozesse in Fabriken verändern Zahl und Charakter von Arbeitsplätzen. Technische Gegebenheiten beeinflussen somit auch Kultur und Lebensstil, und das zunehmend in globalem Maßstab.

3. Neben dem zunehmenden Bewußtsein, daß Wissenschaft und Technik in vielerlei Hinsicht nicht neutral sein können, wird nun auch die Natur mehr und mehr als endliche Ressource verstanden, die nicht unbegrenzt und bedenkenlos ausgebeutet werden kann. Organisationen wie der Club of Rome verweisen in ihren Berichten auf die Notwendigkeit zu einem rücksichtsvolleren Umgang mit den Ressourcen. Zahlreiche regionale und überregionale Initiativen versuchen diese Erkenntnisse umzusetzen. Aber nicht nur aus ökonomischen und ökologischen Motiven heraus wird das Verhältnis des Menschen zur Natur neu bestimmt.

Das Programm Naturwissenschaften, wie es in der Renaissance von Francis Bacon als „Erweiterung der menschlichen Herrschaft bis an die Grenzen des überhaupt Möglichen“ bestimmt wurde, ist nicht unangefochten geblieben. Zum einen wird gefragt, ob wir nicht auch gegenüber der nichtmenschlichen Natur Verpflichtungen haben. Sollten wir uns nicht, so fragt der Biologe und Theologe Günter Altner, der Ehrfurcht vor dem Leben, und zwar in allen seinen Formen, erinnern? Aber auch allein die Verantwortung für zukünftige Generationen, deren Integration in die Ethik Philosophen wie Dieter Birnbacher fordern, verpflichtet zu einem schonenden Umgang mit der Natur. Hans Jonas hat dies in der bekannten Formel zusammengefaßt: „Schließe in deine gegenwärtige Wahl die zukünftige Integrität des Menschen als Mit-Gegenstand deines Wollens ein.“[4]

Auch wenn bezüglich des Verhältnisses von Wissenschaft/Technik und Gesellschaft verschiedene Modelle existieren, so besteht doch ein Konsens, daß wissenschaftlich-technische Entwicklungen nachhaltige wirtschaftliche, ökologische und soziokulturelle Folgen haben, die keineswegs immer positiv zu bewerten sind. Das soll nicht heißen, daß Wissenschaft und Technik notwendig schlecht oder verwerflich seien; es bedeutet aber wohl, daß es keine absolute Freiheit der Wissenschaft, im Sinne von ethischer Neutralität, geben kann. Wissenschaftler müssen ihr Tun ebenso ethisch verantworten wie die Gesellschaft, die technische Entwicklungen anwendet. Die Humanexperimente in den Konzentrationslagern des „Dritten Reiches“ sind eine eindeutige Warnung vor einer mißverstandenen Forschungsfreiheit. Wissenschaft und Technik sind soziale Prozesse und müssen daher moralisch verantwortet werden, von den Forschenden wie auch der Öffentlichkeit, die Forschung durch Finanzierung und Nutzung ihrer Produkte mitgestaltet.

Was bedeutet das nun für den Umgang mit neuen Techniken wie dem Klonieren? Der Eingriff in die menschliche Fortpflanzung war schon lange vor den technischen Möglichkeiten der Reproduktionsmedizin Gegenstand von Utopien. Tommaso Campanella, ein Zeitgenosse Bacons, beschrieb in seiner 1623 herausgegebenen Utopie vom „Sonnenstaat“ die vermeintlichen Vorzüge einer strikten staatlichen Kontrolle der Fortpflanzung, die zu einem wohlgeordneten Staat schöner, zufriedener Menschen führen soll. Dieser Vorstellung hat Aldous Huxley auf scharfsinnige Weise seine „Brave New World“ entgegengesetzt. Auch eine Menge von Science-Fiction-Romanen und Filmen haben sich des Themas angenommen.

Weder Utopien noch Horrorszenarien, weder unkritische Akzeptanz noch pauschale Ablehnung oder Fatalismus helfen jedoch, die moralischen Probleme, die durch neue Technologien wie das Klonieren aufgeworfen werden, zu bewältigen. Auch Vertrauen auf bestehende Gesetzgebungen ist nicht ausreichend. Statt dessen ist ein gesellschaftlicher Diskurs vonnöten, der sich mit den Potentialen und Gefahren von Techniken auseinandersetzt und Forschungsschwerpunkte sowie Grenzen mitgestalten kann. Die Frage, welche Formen von Fortpflanzung und Familie akzeptabel sind, ist letztlich eine gesellschaftliche Entscheidung.

Eine solche Beteiligung setzt allerdings eine informierte und motivierte Öffentlichkeit voraus. Schulen, Volkshochschulen und Universitäten sollten daher verstärkt als wichtige Informationsquellen und Diskussionsforen genutzt werden. Ebenso stehen Forscher und Firmen in der Verantwortung, ihre Tätigkeit und Ergebnisse transparent zu machen, wobei die Medien eine wichtige Vermittlerrolle spielen können. Denn Fachleute im Bereich der Ethik können zwar den gesellschaftlichen Diskurs moderieren, indem sie Voraussetzungen und Folgen ethischer Argumentationen deutlich machen, Diskussionsergebnisse zusammenfassen und für die Einhaltung der Diskussionsregeln sorgen. Sie können jedoch nicht die Diskussion ersetzen oder moralische „Patentrezepte" präsentieren.

Wir leben, wie der Soziologe Ulrich Beck schreibt, in einer Risikogesellschaft, in der nicht mehr die „Nutzbarmachung der Natur", die „Herauslösung des Menschen aus traditionalen Zwängen", sondern die „technisch-ökonomische Entwicklung selbst" zum Problem wird.[5] Um diesen Herausforderungen gerecht zu werden, brauchen wir Wissenschaftler, die sich als Teil der Gesellschaft verstehen, und eine Öffentlichkeit, die sich für ethische Konflikte in der Wissenschaft auch dann interessiert, wenn ihre eigene Sicherheit nicht unmittelbar betroffen ist. Wir werden schwierigen Kosten-Nutzen-Abwägungen und Risikobewertungen im Umgang mit neuen Technologien auch im neuen Jahrtausend nicht entgehen können. Weder euphorischer Optimismus und blindes Vertrauen in die Kompetenz anderer noch resignierter Fatalismus oder diffuse Zukunftsängste sind in dieser Situation hilfreich; wohl aber die informierte Kritik tatsächlicher und potentieller wissenschaftlich-technischer Entwicklungen und Reflexion von Zielen und Grenzen im gesellschaftlichen Diskurs.

Anmerkungen

1 Der Mensch in der wissenschaftlichen Zivilisation, Köln 1961.
2 Vita activa oder vom tätigen Leben, Stuttgart 1960.
3 Philosophie der Technik, Kurs der Fernuniversität Hagen 1993.
4 Das Prinzip Verantwortung, Frankfurt a. M. 1984, S. 36.
5 Risikogesellschaft - Auf dem Weg in eine andere Moderne, Frankfurt 1986.

Eve-Marie Engels

Der Mensch ist mehr als ein Produkt seiner Gene

Gentechnik zwischen Horror und Utopie

Wir stehen fast am Ende eines Jahrhunderts, in welchem sich die Biologie als *Leitwissenschaft* herauskristallisiert hat. Darunter verstehe ich eine Wissenschaft, die zu einer bestimmten Zeit innerhalb einer Gesellschaft oder über deren Grenzen hinaus aufgrund ihres theoretischen und technologischen Innovationspotentials den Ton angibt. Dies schließt auch die gesellschaftliche Relevanz einer Wissenschaft im Sinne ihres *Risiko-* und *Besorgnispotentials* ein. Auch im 21. Jahrhundert wird die Biologie zu den Leitwissenschaften gehören. Zahlreiche gigantische Forschungsprojekte wie die Entschlüsselung des menschlichen Genoms und die Suche nach Alternativen zur herkömmlichen Transplantationsmedizin sind in vollem Gange und werden so bald auch nicht zum Abschluß kommen.

Die Entstehung und Institutionalisierung einer differenzierten *Ethik der Biowissenschaften* mit ihren einzelnen Bereichsethiken sowie die Gründung von Einrichtungen zur Technikfolgenabschätzung zeigen augenfällig die große ethische und soziale Bedeutung, die der Biologie beigemessen wird.

Kaum ein Gebiet gegenwärtiger Forschung ist mit derart widersprüchlichen Erwartungen verknüpft wie die *Gentechnik*. Während die einen euphorische Hoffnungen auf die Lösung des Welthungerproblems und die Befreiung des Menschen von schweren Krankheiten und Erbleiden durch Gentechnik setzen, sind andere von der Furcht beherrscht, daß die Gentechnik mit unkontrollierbaren Risiken verbunden ist und irreversible unerwünschte Nebenwirkungen mit sich führen wird. Daher appellieren sowohl Befürworter als auch Gegner der Gentechnik insbesondere unter Berufung auf das Wohl zukünftiger Generationen an das *Verantwortungsbewußtsein* von Wissenschaftlern und Entscheidungsträgern. Angesichts der möglichen langfristigen Konsequenzen der Gentechnik bietet es sich an, die Jahrhundertschwelle zum Anlaß zu nehmen, ihre Pros und Contras auf sachliche Weise gegeneinander abzuwägen und dabei sowohl irrationale Ängste als auch ins Utopische gesteigerte Hoffnungen und Erwartungen auf ein realistisches Maß zurechtzustutzen. Doch was bedeutet Gentechnik eigentlich?

Die Gentechnik umfaßt alle Methoden der Isolierung, Charakterisierung, gezielten Veränderung und Neukombination des Erbguts (Genoms) von Organismen mit fremden Genen („rekombinante DNA") auch über die Artgrenzen hinweg. In der Natur kommt Gentransfer nur bei Bakterien und anderen Mikroorganismen vor, mittels klassischer Züchtungsmethoden ist der Transfer einzelner Gene nicht möglich.[1] Gentechnik bedeutet also den direkten Eingriff in das Erbgut von Lebewesen mit dem Ziel, bestimmte vom Menschen erwünschte Wirkungen hervorzurufen. Der Begriff „transgen" bezeichnet daher Organismen, in deren Erbgut artfremde Gene stabil eingebaut wurden und die diese an ihre Nachkommen weitervererben.

Eine zentrale Voraussetzung für die Gentechnik war die *Entschlüsselung* des *genetischen Codes,* der Erbinformation von Organismen. 1953 gelang es Watson und Crick, die Struktur der DNA, welche die materielle Basis der Erbinformation bildet, aufzuklären. Im Kettenmolekül DNA ist die „Bauanleitung" für Aufbau und Funktion eines Organismus angelegt. Eine wesentliche Einsicht der Molekulargenetik besteht in der *Universalität* des genetischen Codes. Das heißt, daß die Grundbausteine oder, metaphorisch ausgedrückt, die „Buchstaben" des genetischen Alphabetes bei allen Lebewesen, bei Mikroorganismen, Pflanzen und Tieren einschließlich des Menschen, gleich sind. Erst durch die unterschiedlichen Kombinationen dieser Bausteine entsteht die Vielfalt des Lebendigen in seinen Erscheinungsformen. Mit der Aufdeckung der Universalität des genetischen Codes wurde zugleich die Grundannahme der Darwinschen Evolutionstheorie, die abstammungsmäßige Verwandtschaft aller Organismen vom Einzeller bis zum Menschen, untermauert.

Diese Einsicht macht sich die Gentechnik zunutze, indem sie mit der gezielten Neukombination von Genen auch über die Artgrenzen hinweg neue Leistungskombinationen schafft. Die unendlichen Zeiträume der Evolution werden damit im Reagenzglas übersprungen, was zugleich bedeutet, daß die so konstruierten Organismen nicht über die langen Bewährungsproben eines evolutionären Erfahrungsprozesses verfügen.

In einigen Bereichen ist die Gentechnik zur Selbstverständlichkeit geworden, so daß wir hier häufig nicht einmal mehr wissen, daß wir es mit gentechnisch hergestellten Produkten zu tun haben. Ein Beispiel ist der pharmazeutische Bereich, das sogenannte *„gene pharming",* bei dem zahlreiche Wirkstoffe inzwischen von transgenen Tieren produziert werden. In anderen Anwendungsgebieten ist die Gentechnik jedoch weitaus umstrittener, und in einigen stößt sie auf vollständige Ablehnung bis hin zu gesetzlichen Verboten.

Zu den umstrittenen Anwendungsgebieten gehört der Einsatz der Gentechnik in der *Landwirtschaft.* Die transgene Veränderung und Züchtung von Nutzpflanzen soll einer wirksameren und gezielteren Unkraut-, Schädlings- und Krankheitsbekämpfung im Dienst der Ertragssteigerung und der Reduzierung umweltbelastender Chemikalien dienen. Euphorischen Hoffnungen auf die Lösung des Welthungerproblems und eine schonendere Landwirtschaft steht die Furcht vor einer unkontrollierten Verbreitung transgener Nutzpflanzen und ihrer Kreuzung mit anderen Pflanzen gegenüber. Verlust der Biodiversität und Transfer von Resistenzgenen in Pflanzen, für welche diese gerade nicht bestimmt sind, könnten die Folgen sein. Darüber hinaus wird befürchtet, daß Gene für Antibiotikaresistenz, die aus technischen Gründen häufig bei der transgenen Veränderung von Pflanzen mitübertragen werden, auch in Krankheitserreger eindringen können, womit deren Bekämpfung durch die herkömmlichen Antibiotika nicht mehr möglich wäre. Statt der versprochenen Lösung des Welthungerproblems lauten die Prognosen für die armen Länder, daß sie durch Gentechnik nur noch stärker der Ausbeutung durch die Industrieländer ausgeliefert sein werden. Biopiraterie seitens der reichen Nationen – das Stichwort ist hier „Patentierung" von Pflanzen und Tieren –, Exportverluste und Zusammenbruch der ökonomischen Basis sowie der Verlust an Arbeitsplätzen können dort die Folge sein.[2]

Umstritten ist auch die transgene Manipulation von Tieren zum Zwecke der artüberschreitenden Organtransplantation, der *Xenotransplantation,* welche sich im Stadium der Grundlagenforschung befindet. Hier zeigt sich, daß eine besondere Herausforderung für Biologie, Medizin und Ethik in der potentiellen oder bereits realisierten *Vernetzung von Technologien* besteht, die ursprünglich getrennt voneinander entwickelt wurden. Die Ausstattung von Tieren mit menschlichen Genen soll bewirken, daß der menschliche Organismus das Tierorgan bei der Transplantation nicht mehr als artfremd erkennt und somit hyperakute Abstoßungsreaktionen vermeidet. Forscher erhoffen sich von einer massenweisen Züchtung transgener Schweine für die Xenotransplantation die weltweite Behebung des Organmangels. Die Kehrseite der Medaille ist jedoch das Risiko von Infektionen durch endogene Retroviren, die sich im menschlichen Organismus um so leichter behaupten können, nachdem die Artbarrieren kaschiert worden und die Abwehrkräfte der Patienten durch die Einnahme starker Immunsuppressiva ohnehin geschwächt sind. Virologen warnen vor derartigen Risiken und verweisen auf die

Gefahr einer aidsähnlichen Epidemie oder gar Pandemie. In zahlreichen Ländern wurden bereits Moratorien gefordert. Auch in anderer Hinsicht ist die Xenotransplantation problematisch.[3]

Besonders umstritten ist die Gentechnik im Bereich der Humanbiologie und Humanmedizin. Hier stellen uns jedoch nicht erst gentechnische *Eingriffe* in das menschliche Erbgut vor ethische Fragen, sondern bereits die Angebote *genetischer Diagnosen.* Die Entschlüsselung des menschlichen Erbguts und die Entwicklung von Gentests ermöglichen die *prädiktive genetische Diagnose* einer Reihe von Krankheiten beziehungsweise Krankheitsdispositionen, so daß der einzelne die Chance hat, die individuelle Lebensgestaltung darauf abzustimmen und gezielt Familienplanung zu betreiben, was den bewußten Verzicht auf Fortpflanzung bedeuten kann. Doch ist hier zu bedenken, daß derartige Tests nach den bisherigen Erfahrungen über den zu erwartenden Ausbruch einer Krankheit nicht immer zuverlässige Prognosen erlauben. Wie sich Gene auswirken, hängt in entscheidendem Maße von Umweltfaktoren ab. Sogar ein und dieselbe Mutation kann sich bei verschiedenen Individuen sehr unterschiedlich ausprägen. Hinzu kommt, daß das Ergebnis solcher Gentests Betroffene und deren Angehörige schwerwiegenden Belastungen aussetzen kann, wenn Therapiemöglichkeiten fehlen. Die somatische Gentherapie, das heißt die Heilung beziehungsweise Behandlung einer Krankheit mittels Eingriff in das Erbgut von Körperzellen, steckt noch in den Kinderschuhen. Die Nutzung dieser Tests in der Arbeitswelt und im Versicherungswesen kann zu Diskriminierung und Benachteiligung führen. Ähnliche Fragen stellen sich bei der seit langem praktizierten *Pränataldiagnose.* Die molekulargenetischen Methoden der Pränataldiagnose dienen dazu, bereits beim ungeborenen menschlichen Leben Aufschluß über seine genetische Konstitution zu gewinnen. Hier ist jedoch dem Mißverständnis vorzubeugen, daß diese Methode primär dem Zweck des Schwangerschaftsabbruchs im Falle genetischer Abweichungen dient. Der Ausbruch mancher Krankheiten ist durch eine gezielte Therapie und Diät vermeidbar, so daß eine Pränataldiagnose auch der Rettung und Heilung des ungeborenen Lebens dienen kann.

Die Möglichkeit der Befruchtung im Reagenzglas (In-vitro-Fertilisation) mit dem Ziel der Behandlung von Unfruchtbarkeit hat auch Wege für die Erprobung anderer Anwendungsmöglichkeiten eröffnet, zu denen die *Präimplantationsdiagnose* und die *Keimbahntherapie* gehören. Die Präimplantationsdiagnose dient bei zu erwartenden Risikoschwangerschaften der frühestmöglichen Entdeckung von Krankheiten des Embryos, um die Belastung eines späteren Schwangerschaftsabbruchs nach Pränataldiagnose zu vermeiden. Eines der zahlreichen ethisch brisamten Probleme ist hier das Problem des möglichen Mißbrauchs der Präimplantationsdiagnose für eine Embryonenselektion aus anderen Gründen als dem einer schwerwiegenden Krankheit. Bei der Keimbahntherapie würde eine gezielte, an die Nachkommen vererbbare genetische Veränderung eines Embryos im frühestmöglichen Stadium durchgeführt, um die durch bestimmte Gene verursachten schweren Erbleiden auf Dauer zu verhindern. Da hierbei erwartungsgemäß die Fehlerquote jedoch zumindest am Anfang noch hoch wäre, stellt sich die Frage nach der prinzipiellen Verantwortbarkeit und dem therapeutischen Charakter dieses Verfahrens.

Manche dieser Befürchtungen und Bedenken sind realistisch, wenn wir den Mißbrauch dieser Verfahren in einigen anderen Ländern beobachten, wo es zum Beispiel eine geschlechtsspezifische Embryonenselektion ohne medizinische Indikation gibt. Dennoch wäre es einseitig und unredlich, hierfür ausschließlich die Wissenschaften verantwortlich zu machen. Vielmehr sind soziale und ökonomische Bedingungen zu schaffen, die einen verantwortlichen Umgang mit neuen Technologien eröffnen und dem einzelnen auch die Möglichkeit des Verzichts auf ihre Inanspruchnahme ohne Sanktionen einräumen. Es darf keinen „Zwang zur freiwilligen Inanspruchnahme"[4] geben, um eine Formulierung von Therese Neuer-Miebach zu wählen. Das Argument, daß sich die Nachfrage nach dem Angebot richtet, ist daher nicht unbedingt Ausdruck mangelnden Vertrauens in die Mündigkeit des Menschen, sondern kann auch die Beschreibung eines gesellschaftlichen Systems sein, das für Behinderte und Kranke keine ökonomischen und sozialen Spielräume offenhält. Die Gesellschaft der Zukunft muß daher so gestaltet sein, daß einzelne an ihrer Entscheidung für ein behindertes Kind in Konfrontation mit äußerem Druck nicht zerbrechen. Doch sollte es auch möglich sein, sich mit Blick auf die eigene Gesundheit und im Sinne der Vermeidung von zu erwartendem schweren Leiden für das Kind gegen die Fortsetzung einer Schwangerschaft zu entscheiden.

Sowohl Befürworter als auch Kritiker der Gentechnik unterliegen manchmal der Gefahr eines irrationalen Glaubens an die Allmacht der Gene und der Geningenieure. Horrorszenarien der Menschenzüchtung und überschwengliche Utopien von der menschlichen Vervollkommnung haben hier gleicherweise ihren Ursprung. Beide Visionen teilen die problematische Voraussetzung eines *genetischen Determinismus,* der den Menschen einschließlich seiner komplexen kognitiven und sozialen Eigenschaften und Handlungen auf ein Produkt seiner Gene reduziert. Derartige Vorstellungen sind ein Rückfall hinter die heutigen molekularbiologischen Kenntnisse von der Komplexität des Genoms und seiner

Wechselwirkungen mit der Umwelt. Wir sollten uns davor hüten, ein längst überholtes statisches Natur- und Menschenbild aus früheren Jahrhunderten im 21. Jahrhundert wiederzubeleben.

Es dürfte schwierig sein, die Gentechnik generell mit der Begründung abzulehnen, daß man Gott oder der Natur nicht ins Handwerk pfuschen solle. Sinnvoll und geboten ist es aber, im Einzelfall sehr genau die möglichen Konsequenzen gentechnischer Eingriffe abzuwägen und dort, wo bei langfristigen Konsequenzen die Risiken nicht oder nur schwer abschätzbar sind, so weit wie möglich nach Alternativen Ausschau zu halten und diesen eine reale Chance zu geben. Ich möchte dies an einem Beispiel aus einem anderen Bereich verdeutlichen. Der Einsatz von Antibiotika in der Tierzucht mit dem Ziel, die Belastbarkeit der auf engstem Raum eingepferchten Nutztiere zu erhöhen und ihr Wachstum zu fördern, hat zu einer Antibiotikaresistenz bestimmter Bakterien im Schweinefleisch geführt. Wenn sich diese Resistenz weiter ausbreitet, droht im kommenden Jahrhundert die Wiederkehr lebensbedrohlicher Massenkrankheiten wie Typhus, Tuberkulose und Lungenentzündung. Durch eine artgerechte Tierhaltung würde sich der Einsatz von Antibiotika erübrigen. Dies wiederum setzt jedoch eine Reduktion des Fleischkonsums und damit beim Verbraucher einen Bewußtseinswandel, eine Bereitschaft zur *Selbstbeschränkung* voraus, welche als generelle Grundhaltung in den Katalog von Forderungen für das 21. Jahrhundert aufgenommen werden sollte.

Im Umgang mit risikoreichen neuen Technologien reichen länderspezifische Regelwerke und Gesetze nicht mehr aus. Für das nächste Jahrhundert bedarf es darüber hinaus einer Reihe von staatenübergreifenden Abkommen, die neben der Forderung nach Sicherheit ethische Aspekte der globalen Gerechtigkeit und Sozialverträglichkeit neuer Technologien, des Umwelt-, Natur- und Tierschutzes und anderes beinhalten müssen. Von einer Realisierung dieses Kataloges sind wir leider noch weit entfernt.

Anmerkungen

1 Siehe die Beiträge in Brandt (Hg.) 1997.
2 Siehe die Beiträge von V. Shiva, B. Weber und B. Tappeser, in: die Hessische Landesregierung (Hg.) 1998.
3 Hüsing / Engels / Frick et. al. 1998.
4 Neuer-Miebach, in: Die Hessische Landesregierung /(Hg.) 1998, S. 157.

Literatur

Peter Brandt (Hg.), Zukunft der Gentechnik, Basel/ Boston/Berlin 1997

Marcus Düwell/Dietmar Mieth (Hg.), Ethik in der Humangenetik. Die neueren Entwicklungen der genetischen Frühdiagnostik aus ethischer Perspektive, Tübingen 1998

Die Hessische Landesregierung (Hg.), Zukunft der Gentechnik: Welcher Nutzen? Welche Risiken? Frankfurt 1998

Bärbel Hüsing/Eve-Marie Engels/Thomas Frick/Klaus Menrad/Thomas Reiß, Technologiefolgenabschätzung Xenotransplantation. Schweizerischer Wissenschaftsrat, TA 30/1998, Bern 1998

Kunst- und Ausstellungshalle der Bundesrepublik Deutschland GmbH (Hg.), Gen-Welten, Bonn 1998

Albrecht Müller, Ethische Aspekte der Erzeugung und Haltung transgener Nutztiere, Stuttgart 1995

Thomas von Schell/Hans Mohr (Hg.), Biotechnologie/Gentechnik – eine Chance für neue Industrien, Heidelberg 1995

Christoph Rehmann-Sutter/Hansjakob Müller (Hg.), Ethik und Gentherapie, Tübingen 1995

Barbara Skorupinki, Gentechnik für die Schädlingsbekämpfung, Stuttgart 1996

Hans-Peter Dürr

Es geht darum, das Spirituelle zu retten

Norbert Sommer: Apokalyptische Ängste werden jetzt im Vorfeld der Jahrtausendwende häufig beschworen. Nachdem die Angst vor einem Nuklear-Waffeneinsatz nach 1989 zurückgegangen war, wird jetzt wieder offen mit diesen Waffen gedroht. Und die Katastrophe von Tschernobyl hat gezeigt, daß die von sektiererischen Gruppen gepflegten Apokalypseängste durchaus reale Hintergründe haben können. Sehen Sie das auch so, oder halten Sie die Reaktionen vieler Menschen auf die Vorfälle oder Drohungen für übertrieben?

Hans-Peter Dürr: Nein, ich halte sie für möglich. Wenn wir über die Zukunft sprechen, dann sprechen wir nicht von etwas, das bereits festgelegt ist und wobei wir raten, was nun wirklich eintreffen wird. Es geht doch letzten Endes darum, daß wir die Zukunft selbst gestalten müssen und gestalten sollen. Das heißt: Es wird darum gehen, ob die Menschheit genügend Kraft hat, eine Zukunft zu wollen, die auch langfristig überlebensfähig ist. All diese Möglichkeiten, die in den Ängsten der Menschen aufkommen, bestehen selbstverständlich. Aber es ist um so wichtiger, daß wir uns Strategien überlegen, wie wir diese Gefahren, diese möglichen und realen Gefahren so klein halten können wie nur möglich.

Bleibt aber die Atomenergie mit ihren Risiken auch im nächsten Jahrhundert und nächsten Jahrtausend eine ständige Herausforderung für die Menschheit?

Die Gefahr eines atomaren Krieges ist dann gegeben, wenn die Welt, wenn die Menschen oder gewisse Gesellschaften das Gefühl haben, daß sie mit dem Rücken zur Wand stehen und daß sie sich aus diesen Fesseln befreien wollen. In diesen Augenblicken sind die Menschen zu allem fähig. Daß wir den Kalten Krieg bisher beenden konnten, hat sehr viel mit ausgezeichneten Persönlichkeiten zu tun – vor allen Dingen Michail Gorbatschow. Aber wir können nicht darauf vertrauen, daß in Zukunft ähnlich weise Menschen die Geschicke der Menschen lenken werden, insbesondere, wenn die wirtschaftlichen Schwierigkeiten, die Verknappung der Ressourcen, die Engigkeit dieser Erde immer sichtbarer werden und ein Großteil der Menschen in unerträgliche Not geraten wird.

Das betraf jetzt den möglichen Einsatz von Atomwaffen. Wie steht es mit der Atomenergie? Da gibt es natürlich auch viele Ängste eben seit Tschernobyl ...

Ich verstehe diesen ganzen Streit um die Atomenergie nicht. Meines Erachtens sollten wir sie überhaupt nicht betreiben! Und dies nicht nur, weil diese Gefahren bestehen, sondern weil die Technik letzten Endes für den Menschen da ist – und nicht umgekehrt der Mensch dazu da ist, sich an eine Technik anzupassen, der wir uns als unentweichbar ausgesetzt fühlen. Wir sollten keine Technik betreiben, die in irgendeinem Störfalle Schaden anrichtet, der über das, was wir in unserem Leben immer als Risiken auf uns nehmen müssen, hinausgeht. Wir können nicht einfach sagen: Das macht doch nichts aus, wenn irgendwie und irgendwo einmal ein Atomreaktor durchbrennt. Da werden dann selbstverständlich eine Reihe von Menschen in Schwierigkeiten kommen ... Nein, es geht einfach nicht, daß Menschen heute über das Schicksal anderer entscheiden, wenn es andere Auswege gibt. Wir haben keinen Energieengpaß für das, was wir auf dieser Erde zukünftig machen dürfen und machen können. Wir müssen uns nur um diese anderen Möglichkeiten bemühen. Und sie liegen um uns herum, wir müssen sie eigentlich nur aufgreifen.

Aber sind Sie da nicht ein einsamer Mahner, wenn man denkt, wie es in der Politik, wie es von seiten der Wirtschaft ganz anders betrieben wird? Dann fragt man sich doch, wie das hehre Ziel, das Sie haben, umgesetzt werden kann.

Das ist die große Schwierigkeit. Wir sind in einer Phase, die ich praktisch vom physikalischen Standpunkt aus als eine Destabilisierung bezeichnen würde. Es ist eine Situation, die dem Ablaufen einer Lawine gleicht, das heißt, mit jeder fortschreitenden Zeit wird diese Lawine größer und schneller. Und wir feiern das noch, ohne zu sehen, daß das selbstverständlich die Anzeichen für eine nahende Katastrophe sind. Wir müssen uns einen Lebensstil angewöhnen, der allen Menschen zugänglich ist und trotzdem die natürlichen Lebensgrundlagen des Menschen nicht beschädigt. Das ist die Aufgabe für das nächste Jahrhundert. Und wenn wir das nicht schaffen, dann ist es nicht schade um die Natur. Die Natur wird immer überleben, aber nicht der Mensch, der auf diese Natur angewiesen ist und das ganz spezielle Ökosystem auf dieser Erde, in der er seine Wurzeln hat. Der Mensch wird untergehen. Er wird einfach aus dieser Evolution ausgeschieden als eine Fehlentwicklung. Und ich finde das nicht angemessen. Ich finde das nicht richtig. Wenn ich unsere jungen Leute ansehe, unsere Kinder ansehe, dann verdienen sie nicht, daß wir sie in diese Lage bringen. Dabei ist ein Potential da, das eine Zukunft schaffen kann, das jedem, der heute auf der Erde lebt, ein gutes Leben schaffen kann. Aber wir sollten das nicht den Kräften überlassen, die immer in dieser Steigerung der Selbstüberschätzung der Kräfte diese Lawine noch weiter antreiben anstatt sie zum Stehen zu bringen, bevor sie in die große Katastrophe mündet. Das klingt schrecklich, was ich hier sage, aber ich bin im Grunde ein optimistischer Mensch. Wir müssen nur die Gefahren sehen und nicht glauben, daß sie sich von alleine auf eine Art und Weise lösen, die für die Menschheit erträglich sein wird.

Können Sie Ihren Optimismus noch etwas begründen? Wo sehen Sie Ansätze, daß da bereits etwas in dieser Richtung gemacht wird?

Ich bin immer optimistisch, wenn ich mit jungen Menschen und Leuten rede, die selbst voll und ganz im Leben stehen und nicht einfach darüber schweben und große Theorien entwickeln, was der Mensch ist und was er alles kann und wie er die Natur beherrschen kann; mit Leuten also, die einfach wissen, daß der Mensch unendlich viel machen kann, aber daß er das im Einvernehmen mit der Natur machen muß, in der er seine Wurzeln hat. Wenn ich also mit diesen eher einfachen Leuten spreche, dann bin ich viel optimistischer. Aber ich weiß nicht, wie wir diese Kräfte bündeln können, wie wir dieses Potential einsetzen können, damit wir zu gesellschaftlichen Formen kommen, die dieses Potential in eine Richtung lenken, bei der wir wirklich Lebensstile haben werden, die zukunftsfähig sind.

Die andere Seite sagt natürlich immer wieder: Das ist die Freiheit der Wissenschaft, und die dürfen wir nicht einschränken. Und wenn die Wissenschaft Neues und Wegweisendes entdeckt, dann können wir das nicht bremsen. Wer setzt da Grenzen, und wo sind die Grenzen?

Also das mit der Freiheit der Wissenschaft ist wunderbar. Ich wollte, wir hätten sie. Aber man muß doch genau hinsehen. Das Wissen, das wir im Augenblick sammeln, ist doch gar nicht das Wissen, das den Menschen zukommt. Es ist ein Wissen, das Beherrschungswissen ist, das Anwendurchgswissen ist, das eigentlich nur auf eine Stärkung der Mächte hinausläuft. Und das ist ja die große Schwierigkeit, daß wir im Augenblick in einer Situation sind, die eigentlich ganz ähnlich der vor Beendigung des Kalten Krieges ist: daß wir sagen, wir müssen in diesem Schwachsinn, in diesem Wettrennen weiterlaufen, sonst scheiden wir einfach aus dieser Gesellschaft aus. Wir müssen etwas tun, was uns aber gar nicht angemessen ist. Wir brauchen eigentlich einen neuen Gorbatschow, der sagt: Dieses Wettrennen, dieser Wettbewerb ist doch ein Schwachsinn. Wettbewerb ist doch immer nur das Mittel zu einem Ziel. Und was ist denn das Ziel? Das Ziel ist doch das Wohlergehen der Menschheit – und nicht nur einer kleinen Elite, sondern der gesamten Menschheit. Und das Ziel könnten wir auch erreichen. Wir müssen sehen, daß wir die Kräfte bündeln. Wir müssen uns – ähnlich wie vor Beendigung des Kalten Krieges – fragen: Wie können wir das Unmögliche möglich oder das Unwahrscheinliche wahrscheinlicher machen? Wie können wir hier gut über die Runden kommen, daß wir diesen Wettlauf abbremsen und daß wir ihn in eine Richtung lenken, die vernünftig ist und auch den Menschen in ihrer großen Mehrheit dient?

Nun sagen viele Wissenschaftler: Wir haben zum Beispiel in der Medizin so viele Fortschritte gemacht. Wir haben es geschafft, das Leben der Menschen insgesamt zu verlängern und viele Krankheiten auszurotten. Wir sind dabei, noch weiter dafür zu sorgen, daß sowohl am Anfang als auch am Ende des Lebens durch medizinisch-technische Eingriffe etwas verändert werden kann. Wie beurteilen Sie diesen „Fortschritt im Dienste des Menschen"?

Es sieht so aus, als ob ein verlängertes Leben wirklich mehr Leben bedeutet. Ich möchte mich ganz für das Leben einsetzen. Jede Minute, jeder Tag soll voller Leben sein und uns nicht in ein Korsett zwingen, mit dem wir eigentlich Leben wirklich jeden Tag verschenken, das wir dann am Ende unseres Lebens noch anhängen wollen, wenn unsere Kräfte versagen. Ich möchte ein lebendiges Leben haben von Anfang an. Ich möchte Möglichkeiten haben für die Menschen, daß sie ihre eigenen Fähigkeiten entfalten können und wirklich etwas mit diesem Leben anfangen, anstatt es in dieses Korsett reinzuzwängen. Als ob Leben nur bedeutet, Voraussetzung für mehr Konsum zu schaffen, um vielleicht in diesem Konsum Lebensglück zu finden, anstatt an die Quellen des Lebens heranzugehen und zu sagen: Ja, wie wunderbar ist dieses Leben! Ich möchte mehr Menschen dieses sagen hören – jeden Tag –, anstatt zu sagen: Ja, wenn ich mich anstrenge, komme ich vielleicht mal in einen Zustand, in dem ich dieses Leben auch genießen kann. Die Verlängerung des Lebens ist nicht das wichtigste, sondern daß Leben wirklich gelebt wird, daß es lebenswert wird.

Wo müßte denn die Wissenschaft ansetzen, um wirklich Sinnvolles für die Menschheit allgemein zu tun?

Ich fürchte, die Schwierigkeit, in der wir heute sind, ist, daß die Wissenschaft sich zu eng versteht. Wir haben eine Wissenschaft, die im wesentlichen in den letzten beiden Jahrhunderten geprägt wurde – noch sehr mechanistisch, von der Physik angeführt. Aber wir haben vergessen, daß die Physik ja in diesem Jahrhundert aufgewiesen hat, daß die Wirklichkeit eine ganz andere Struktur hat als die, die wir heute propagieren und die wir verstehen. Sie ist nicht zu mechanistisch, sondern sie ist viel reicher an Möglichkeiten – nicht nur eine Wirklichkeit, die manipuliert werden kann, sondern eine Wirklichkeit, in der der Mensch auch Zugang hat zu Dingen, die er nicht begreifen kann. Ich meine „begreifen" sogar im wörtlichen Sinne mit der Hand. Wir forcieren nur das Bild einer Wirklichkeit, die ich begreifen kann, damit ich sie manipulieren kann. Wofür denn? Für ein besseres Leben, das sich ja gar nicht nur in dieser Realität abspielt, sondern in der Wechselwirkung zwischen Menschen. Da passieren wunderbare Dinge in der Wechselwirkung des Menschen mit seiner Mitwelt – da passiert Wunderbares. Und all das wird sozusagen hinweggefegt, als ob es nicht wichtig wäre.

Die Kirchen haben vor einigen Jahren einen ganz wichtigen Prozeß begonnen: „Gerechtigkeit, Frieden und Bewahrung der Schöpfung". Sehen Sie da Ansätze für das, was Sie selbst als Ziel auch anstreben?

Ich sehe nicht nur Ansätze. Ich würde noch weiter gehen: Ich kann nicht verstehen, daß die spirituellen Kräfte in dieser Welt immer noch so gegeneinanderstehen. Es geht im Augenblick darum, das Spirituelle überhaupt zu retten. Warum findet man nicht heraus, was all diesen Menschen gemeinsam ist? Wir haben einen Homo sapiens seit 30 000 Jahren, seit der letzten Eiszeit. Er hat ein wunderbares Potential an Wissen und Einsichten angesammelt. Warum streiten wir immer noch darüber, ob es in dieser oder jener Weise ausgelegt werden muß, wo sich doch ganz deutlich zeigt, daß hier etwas im Hintergrund ist, auf das gebaut werden kann. Statt dessen rennen wir in eine Wissenschaft hinein, die schon längst aufgezeigt hat, daß auch sie offener ist: die Biologie, heute voran die Molekularbiologie – ja wunderbar, ist ja schön, wenn sie das alles auf die

Moleküle zurückführen, aber die Moleküle sind ja gar nicht mehr die Moleküle des letzten Jahrhunderts. Das sind doch viel allgemeinere Gebilde – Beziehungs-Strukturen, die nicht mehr diese materielle Einseitigkeit haben. Warum gehen wir in diese Richtung? Warum glauben wir, daß wir, wenn wir die Gene genau beobachten, herausbekommen können, wie der Mensch sich entwickeln wird? Das ist doch so, als wenn ich einen Computer habe mit einem Betriebssystem, das ich einfüttere, und hinterher sage, was dieser Computer für mich leisten kann. Ich muß den Computer programmieren. Es ist die Kultur, die aus diesem Computer dann etwas macht, aus dem haufenweise Informationen herauskommen können, die wir uns selbst erarbeiten müssen in unserem Leben.

Sie haben das Stichwort „Computer" und damit „Informationsgesellschaft" gegeben. Manche meinen, daß im nächsten Jahrhundert diese neue Vernetzung, diese Kommunikation, die unpersönliche Kommunikation über das Medium Computer im Vordergrund stehen werde. Sehen Sie auch die Gefahr, daß dadurch die menschlichen Beziehungen eher kaputtgehen?

Wir haben im Augenblick nur eine Datengesellschaft. Vielleicht ist es sogar eine Informationsgesellschaft. Mit der Information fangen wir nichts an, wenn wir nicht diese Information in unseren Köpfen in Wissen verwandeln. Wissen bedeutet aber einen Prozeß, der langsam vor sich geht, der kreative Gaben braucht. Und das ist sozusagen die Engigkeit. Ich kann die Leute nicht einfach mit Informationen überschwemmen und sagen: Jetzt leb' dein Leben mit dieser Information. Sondern ich muß wissen, wie ich aus dieser Information das heraushole, was für mich, für die Menschen lebensdienlich ist. Ich bin ja sonst einfach wie jemand, der auf einem Müllberg steht: unter mir alle Informationen, die diese Zivilisation hervorgebracht hat, aber in einer Form, die für mich gar nicht zugänglich ist, um daraus einen Vorteil zu ziehen. Wir brauchen eine Wissensgesellschaft. Aber ein Wissen, das ein allgemeineres Wissen ist als das, was wir heute als wichtig propagieren in unserer Standortdiskussion, denn das ist Bemächtigungswissen, was eigentlich nur heißt: Ich möchte den anderen dominieren, damit ich selbst nicht untergehe. Es muß ein Wissen sein, das einsieht, daß ich als Mensch praktisch nur überleben kann, wenn ich dieses grandiose Spiel der Natur mitspiele, das ein Plus-Summen-Spiel ist, ein Gewinnspiel, wo mein Vorteil auch der Vorteil des anderen werden muß, weil er im nächsten Schritt für mich der Partner sein muß für die Lösung von Problemen, die ich heute noch nicht sehen kann und die ich auch nicht voraussagen kann. Das müssen wir den

Kindern beibringen, und für das müssen wir sie stark machen. In diese Richtung muß die Entwicklung gehen. All diese Möglichkeiten bestehen. Und ich hoffe, daß wir in dieser großen Not, die uns in Zukunft entgegentreten wird, auch noch Zeit haben, das zu verwirklichen, was absolut notwendig und wesentlich wäre.

Könnten Sie zum Schluß kurz entwickeln, wie Ihre Vision der zukünftigen Welt, der zukünftigen Menschheit aussieht? Wo sind Ihre Befürchtungen, und wo sind die Hoffnungen?

Wir haben heute durch unsere Technik die Möglichkeit, mit ganz wenig Anstrengung die Güter herzustellen, die wir für die sechs Milliarden Menschen eigentlich brauchen würden, um ihre Grundbedürfnisse und auch weitergehende Bedürfnisse zu befriedigen. Das ist also nicht das Problem. Das Problem ist: Wie können wir diese sechs Milliarden Menschen auch in einer angemessenen Weise in diese menschliche Gesellschaft einbetten, damit sie mitwirken, damit sie nicht nur zu 80 Prozent Almosenempfänger werden und 20 Prozent das Übrige verschleudern, sondern daß sie alle sinnvoll ihr Leben einbringen. Ich wünsche mir eine Gesellschaft, die ganz aufregend ist, in der die vielen Kulturen, die wir heute auf der Erde haben, nebeneinander stehen – so wie die verschiedenen Sprachen. Und dies nicht als eine Notlösung, sondern in dem Sinne, daß jede dieser Kulturen ihre eigene Einsicht hat in die Wahrheit und daß die Summe dieser Kulturen mehr ist, als wenn wir sie in einem Schmelztiegel in eines verschmelzen. Das wünsche ich mir. Eine Gesellschaft, die wirklich vielseitig, vielgestaltig ist und die Lebensformen hat, die auch erlauben, daß diese Vielfalt in Harmonie miteinander leben kann. Das heißt auch, daß sie eine Streitkultur hat, mit der Konflikte konstruktiv ausdiskutiert werden können, ohne daß wir uns dabei die Köpfe einschlagen müssen.

Carl Amery

Die große Deregulierung

Eine Vision

Wie jedermann weiß, mündete das zweite Jahrtausend nach Christi Geburt in die goldene Ära der Deregulierung ein.

Das neue, das dritte, begann mit dem erfolgreichen Abschluß der Verhandlungen über das „Mutuelle Abkommen zum Investmentschutz" (kurz MAI) und mit seiner Unterzeichnung in dem zierlichen Schlößchen Parvenu-sur-Mer an der Côte d'Azur. Wie bekannt, schaffte das Abkommen, gleichberechtigt von den Regierungen der OECD-Staaten und den Geschäftsführern der zwanzig größten transnationalen Konzerne unterzeichnet, jedwede mögliche Diskriminierung freier Investitionen (etwa durch schleichende Enteignungen wie Naturschutz- oder Sozialgesetze) ein für allemal ab; Verstöße konnten gegen aufmüpfige Regierungen bei einem ad hoc geschaffenen Hohen Ökonomischen Weltgericht angezeigt werden. Weltweit galten damit die nützlichen Bewegungen des Fusionierens oder des Niederkonkurrierens von transnationalen Riesen als das eigentliche und, letzten Endes, einzige Gesetz, als Ziel der Weltgeschichte. „Heute", sprach bewegt Direktor Bondessous von der Weltbank, als er sein Glas Roederer Kristall zum Toast erhob, „heute haben wir das geschaffen, was einzig und allein die Zukunft zu retten vermag: eine globale Wirtschaftsverfassung."

Was Bondessous, eine spirituelle Natur, höflich verschwieg: Neben der offenen Machtübernahme der transnationalen Wirtschaftsriesen und der Reduktion der politischen Einheiten zu mehr oder weniger tatterigen Wach- und Schließgesellschaften war damit auch ein leiser, aber endgültiger religiöser Schritt getan. Das, was die Völker seit den Zeiten der Neandertaler in dumpfen Anrufungen, Opfern und Deutungen zu enträtseln versucht hatten: den Sinn von allem, den man törichterweise in irgendeiner Form von Transzendenz vermutete – diesen Sinn gewährt nun nach mancherlei Irrwegen das reibungsfreie Zusammenspiel der Produktiv- und Profitkräfte. Sicher, so manche Säule der globalen Elite ahnt auch in unserem 21. Jahrhundert noch, daß es Transzendenz im weitesten Sinne gibt und geben muß – aber das verbirgt man, wie etwa auch Bondessous, in einem gänzlich verschwiegenen und deshalb doppelt kostbaren Schrein der eigenen Brust, in jenen Labyrinthen, in denen (nach Goethe) das nie Gewußte und nie Gedachte wandert in der Nacht. Dort, im Zentrum des Labyrinths, soll es nun für den Rest der menschlichen Geschichte verbleiben, unentreißbar und köstlich wie heimliche Liebe – und ebenso unwirksam.

Draußen, in der noch immer nicht ganz virtuellen Welt, hat man sich allerdings noch mit jenem Problem herumzuschlagen, das wir im weitesten, aber leider auch schlampigsten Sinne die Natur nennen. In den sechziger und siebziger Jahren des entschwundenen zwanzigsten Säkulums waren Stimmen lautgeworden, die, noch dazu im Einklang mit der Wissenschaft, eine handfeste Bedrohung dieser Natur durch die Sitten und Unsitten unserer ökonomistischen Zivilisation zu gewahren glaubten. Das beunruhigendste an diesen Stimmen war die Tatsache, daß sie aus weit verstreuten und bis dahin verfeindeten Himmelsrichtungen der Politik und Gesellschaft ans Ohr der öffentlichen Meinung drangen; und sogar in christlicher Terminologie tauchte diese neue Unruhe auf, als Forderung nach „Bewahrung der Schöpfung".

Der unnennbaren Transzendenz sei Dank: Es gelang den Aposteln der Deregulierung, solchem Gerede immer mehr von seiner Schärfe und damit seiner möglichen politischen Wirksamkeit zu nehmen. Durch sogenannte „Umweltministerien", durch allen möglichen Ablaßhandel, ja sogar durch täuschend glaubhafte Manöver wie die „Welt-Klima-Gipfel" haben wir einen semantischen Zaun um unsere ökonomische Religion gezogen, der viel wirksamer ist als etwa die plumpen Scheiterhaufen irgendeiner Inquisition. Wir produzieren, konsumieren wie seit zweihundert Jahren in einer steigenden Spirale von Bedürfnis und Bedürfnis-Erfüllung, die nach allen Regeln der Wirtschaftslehre die Grundvoraussetzung menschlichen Wohlbefindens ist. Der „Bewahrung der Schöpfung" werden nebenbei von einer biederen Minderheit etwas exotischer Stäbchenrauch, Mülltrennung und ähnliche Ritualgesten gewidmet, wie sie unsere Großväter im ausgehenden zwanzigsten Säkulum zur eigenen Gewissensberuhigung entdeckten.

Leider wurde schnell klar, daß das eigentliche Problem nicht die Bewahrung der Schöpfung, sondern unsere Rettung vor ihren Gesetzen ist. Diese Gesetze (etwa das von der Erhaltung der Energie oder das Entropiegesetz, das hartnäckige Bestehen auf allen möglichen Synergien und Wirkungs-Kreisläufen) sind nämlich reichlich totalitär und mischen sich in die wichtigsten Prämissen des freien Wirtschaftens ein, ja sie kommen den schlimmsten Bedingungen der Planwirtschaft nahe; ihre Deregulierung ist die unumgängliche Voraussetzung für die nachhaltige Blüte der Weltwirtschaft. Der Standort Deutschland, wie bekannt restlos auf

Export und damit hohe Energiefreisetzung angewiesen, ist davon besonders betroffen. Aber auch der vom modernen Menschen eingeforderten individuellen Selbstentfaltung steht dieser Rigorismus der Natur störend im Wege.

Hier kam nun die spirituelle Natur von Direktor Bondessous zu rascher, aber schöner Entfaltung. Vor wenigen Wochen faßte er den Entschluß, der Natur, der unser Umweltschutz so großmütig entgegengekommen ist und immer noch entgegenkommt, Verhandlungen von unbegrenzter Dauer anzubieten und sie vor allem zu vertrauensbildenden Maßnahmen aufzufordern, mit denen sie grundsätzliche Dialogbereitschaft signalisieren würde. Es wurde eine Dreierkommission gebildet, welche solche Maßnahmen formulieren sollte. Sie arbeitete unerwartet zügig und schlug einen ersten Katalog vor, der folgende Punkte enthält:

1. Verzicht auf die Anreicherung von Giftstoffen in der Nahrungskette,
2. drastische Verkürzung der Halbwertszeiten radioaktiver Stoffe,
3. Anpassung bestimmter Biozönosen an den Sauren Regen,
4. Verlagerung von Bodenschätzen, insbesonders fossilen Energiereserven, in politisch und sozial stabilere und damit kontrollierbarere Gegenden.

Ein Kommissionsmitglied wollte diesen vier Punkten noch die Rückführung der durch die Industrialisierung freigesetzten Kohlenstoffmengen in die ursprünglichen Lagerstätten hinzufügen, doch schließlich überließ man dieses recht weitgehende Projekt einer nächsten Phase des Dialogs.

Obwohl zunächst die Natur unsere kraftvollen Bemühungen um den Umweltschutz honorieren müßte, bietet man ihr eine härtere Bestrafung von Umweltsündern an, die leere Bierdosen aus dem Autofenster schmeißen, sowie eine Selbstverpflichtung der Wirtschaft, den Flottenverbrauch an Benzin auf der Höhe von 2002 zu stabilisieren. Damit ist wohl der Beweis des guten Willens der Menschheit erbracht.

Als Verhandlungsort schlug Direktor Bondessous den Gipfel des Montblanc vor – genauer gesagt seinen Nebengipfel, den Mont Chétif, auf dem bereits Papst Johannes Paul II. einen Gottesdienst gefeiert hat.

Seit zwei Wochen steht nun Direktor Bondessous auf dieser heiligen Stätte und wartet auf den Verhandlungspartner. Manchmal fährt eine Eisböe durch sein schütteres weißes Haar, und neben ihm steht markant und stämmig der deutsche Bundeskanzler, dem als Automann alles am Erfolg des großen Projekts der Deregulierung gelegen ist. Sie melden sich alle zwei Stunden per Handy. Die Wetten, daß es überhaupt zu Verhandlungen kommen wird, stehen momentan eins zu fünfundzwanzig.

Ernst Ulrich von Weizsäcker

Wir brauchen eine neue Melodie für den technischen Fortschritt

Norbert Sommer: Herr Professor von Weizsäcker, im Blick auf das Jahr 2000 haben viele sektiererische Gruppen Horrorvisionen entwickelt vom nahen Ende der Menschheit. Parallel dazu hört man aus bestimmten Bereichen der Wissenschaft, daß die Menschheit sich selbst kaputtmacht, die Natur zerstört und damit die Lebensgrundlagen vernichtet. Sehen Sie eine Beziehung zwischen diesen beiden apokalyptischen Visionen?

Ernst Ulrich von Weizsäcker: Zunächst einmal kann man ja sagen, das Jahr 2000 basiert erstens auf unserem mathematischen Dezimalsystem und zweitens auf unserer christlichen Religion. Die christliche Religion umfaßt vielleicht ein Viertel der Menschheit, und das Dezimalsystem ist irgendwann gewählt worden. Das ist also ein ziemlich zufälliges Datum in der Geschichte dieses Planeten. Da braucht man keine besonderen Hoffnungen oder Befürchtungen zu haben. Das ist mehr eine Symbolfrage. Und in der Tat kann man sagen, so ungefähr alle hundert Jahre in der europäischen Geschichte hat sich eine dramatische Veränderung vollzogen. Das 19. Jahrhundert war zum Beispiel das Jahrhundert der Nationalstaaten. Und dieses ist das Jahrhundert der Ökonomie, in dem die Ökonomen als Religionsersatz oder Priesterersatz dienen. Ich behaupte, daß das nächste Jahrhundert das Jahrhundert der Umwelt wird, und zwar aus einem sehr traurigen Grund: Wir haben so furchtbar viel von der Umwelt zerstört, daß die Sicherung dessen, was von der Umwelt übriggeblieben ist, unvermeidlich in der öffentlichen Priorität an allererste Stelle rücken wird. Und insofern gehören die beiden Fragen, die Sie gestellt haben, in der Tat zusammen.

Kommen wir noch einmal darauf zurück, daß die Wissenschaft dringend vor der Selbstzerstörung der Menschheit warnt. Auf der anderen Seite haben Sie eben den Optimismus geäußert, daß das nächste Jahrhundert ein Jahrhundert der Umwelt sein wird. Welches sind denn die Hauptgefahren, und was kann und was muß man dagegen tun?

Das Problem ist: Wir haben heute etwa eine Milliarde im Wohlstand lebende Menschen und etwa fünf Milliarden, die eher ärmlich leben. Es sieht so aus, als schafften es viele asiatische Länder – nicht zuletzt China – und mehrere südamerikanische Länder und vielleicht das eine oder andere afrikanische Land und einige in Osteuropa, in die Prosperitätsliga aufzusteigen. Und das heißt dann – einfach weil da so viel mehr Menschen leben –, daß man in den nächsten 30, 40 Jahren mit etwa vier Milliarden Menschen rechnen muß, die im Wohlstand leben. Das ist eine ökologisch viel größere Bedrohung als die zusätzlichen zwei Milliarden Menschen, die wir bekommen werden und die eher ärmlich leben werden. Es gibt einen Ausdruck, den der Schweizer Matthis Wackernagel und der Kanadier William Rees entwickelt haben: die ökologischen Fußabdrücke. Das ist die Fläche, die man verbraucht für den eigenen Wohlstand, für Nahrungsmittel, für die Wohnung, für die Baumwolle, für die Kleidung, für die Erze, für all die Maschinen, die wir bauen, für den Verkehr, für die Energie, die wir verbrauchen, und so weiter. Und da rechnet man aus, daß ein Durchschnitts-Deutscher heute ökologische Fußabdrücke von etwa vier Hektar hat. Nun haben wir etwa 80 Millionen Deutsche. Das, mal genommen mit vier Hektar, gibt 3,2 Millionen Quadratkilometer. Deutschland hat aber nur 380 000 Quadratkilometer, das heißt, gemessen an den ökologischen Fußabdrücken, sind wir die Übervölkerten, während die Chinesen mit so viel kleineren Fußabdrücken eigentlich in China noch Platz haben. Wir exportieren das Problem. Und das Problem wird natürlich wesentlich schärfer, wenn nicht eine Milliarde Menschen, zu denen die Deutschen gehören, sondern vier Milliarden Menschen so große Fußabdrücke haben. Dann brauchen wir auf einmal vier Erdbälle. Wir haben aber nur einen. Das heißt also: Die Erde wird zu klein für so viel Wohlstand.

Und jetzt ist die Frage, was machen wir damit? Natürlich kann man erst einmal alles aussitzen und denken, der Markt wird's schon richten. Das ist aber erstens naiv und zweitens fast verbrecherisch gegenüber den zukünftigen Generationen, wenn man erst einmal alles ausräubert und dann merkt, daß die Erde zu klein geworden ist. Dann können ja unsere Enkel gar nichts mehr tun. Wir müssen also heute etwas dafür tun, daß die durchaus knapp werdenden Ressourcen, und zwar Fläche, Wasser, Energie und was es noch alles gibt, nicht weiter ausgeräubert werden. Am Wuppertal-Institut arbeiten wir an Lösungskonzeptionen dafür. Das vielleicht wichtigste Stichwort, welches ich jedenfalls ständig propagiere, heißt „Faktor 4“. Wir vom Wuppertal-Institut und unsere Freunde am amerikanischen Rocky-Mountain-Institut weisen nach, daß man mindestens viermal so effizient werden kann im Umgang mit Fläche, mit Energie, mit Wasser und so weiter. Wenn man viermal so effizient werden kann, heißt das, daß man gleich viel Wohlstand mit einem ein Viertel so großen Fußabdruck hinkriegen kann. Dann ist auf einmal eine Erde wieder ausreichend für vier Milliarden im Wohlstand Lebende. Und wenn es eines Tages vielleicht acht Milliarden im Wohlstand Lebende sind – das ist jetzt ein Harmonieszenario –, dann muß es eben achtmal so effizient werden oder zehn- oder zwanzigmal, damit auch freilebende Tiere und Pflanzen ihren Raum haben. Das heißt, wir brauchen eine neue Melodie für den technischen Fortschritt.

Sehen Sie denn bereits irgendwo Ansätze, daß man diese neue Melodie aufnimmt und versteht?

Ja, es gibt Ansätze – allerdings viel zu zögerlich. Die Erhöhung der Ressourcen-Produktivität steckt noch in den Kinderschuhen. Während der ersten hundert Jahre Industrialisierung ist sie sogar gesunken, das heißt, man hat immer mehr Ressourcen verbraucht für eine Wohlstandseinheit. Jetzt steigt sie wenigstens, aber viel zu langsam: mit etwa ein Prozent pro Jahr. Das reicht bei weitem nicht. Sie muß etwa drei bis vier Prozent wachsen pro Jahr, damit wir das Wettrennen gewinnen. Aber es gibt immerhin einen wachsenden internationalen Konsens, daß genau das gefordert ist. So haben die europäischen Stellungnahmen etwa zum zweiten Erdgipfel 1997 in New York den „Faktor 4“ oder sogar einen „Faktor 10“ als eine vernünftige technologische Ziellinie definiert. Die Japaner haben inzwischen ein sogenanntes „Faktor-10-Institut“ gegründet, in dem versucht wird, eine Verzehnfachung der Ressourcen-Produktivität zu programmieren. Ähnlich tönt es in Schweden oder in den Niederlanden. Das heißt also, dieses Gedankengut, welches wir am Wuppertal-Institut entwickelt haben, fängt an, die Weltdiskussion um knappe Ressourcen und Umwelt ernstlich zu beeinflussen. Aber es geht mir zu langsam. Und das liegt hauptsächlich daran, daß wir die falschen Anreizsysteme haben.

Können Sie erläutern, was Sie mit den Anreizsystemen meinen?

Es ist heute noch so, daß der Naturverbrauch aus Steuermitteln subventioniert wird. André de Moor vom niederländischen Institut für Fiskalstudien hat ausgerechnet, daß wir gegenwärtig jedes Jahr ungefähr 700 Milliarden Dollar in die Subventionierung des Naturverbrauchs stecken. Das ist der komplette Wahnsinn! Das heißt, daß auf den Märkten Rohstoffe, Erze, Erdöl, Erdgas, Kohle und so weiter, aber auch Agrarprodukte und

Fische viel zu billig angeboten werden, weil durch Steuermittel alle diese Raubbautätigkeiten subventioniert werden. Das ist völliger Wahnsinn, das muß korrigiert werden. Aber wir können noch viel weiter gehen. Das Steuersystem belastet den Faktor Arbeit unermeßlich hoch. Die Brutto-Arbeitskosten, die ich als Arbeitgeber habe – ich bin ja auch Arbeitgeber von etwa 130 Mitarbeitern am Wuppertal-Institut – sind mehr als doppelt so hoch wie das, was netto für den Arbeitenden übrigbleibt. Also der Faktor Arbeit ist ungeheuer mit Abgaben belastet, während der Faktor Naturverbrauch – abgesehen davon, daß er in vielen Ländern noch fürchterlich subventioniert wird –, mindestens kaum besteuert wird. Die einzige nennenswerte Ausnahme ist die Benzinsteuer. Das muß sich ändern. Wir brauchen erstens einen Subventionsabbau in bezug auf Naturverbrauch – da ist Deutschland übrigens nicht so schlimm wie andere, aber auch schlimm genug. Wir müssen insbesondere die Steuervorteile für Robotik oder andere Industrialisierung dringend abbauen. Das schafft im Grunde ja nur Arbeitslosigkeit mit Steuermitteln. Umgekehrt muß die Steuer selber ökologisiert werden, das heißt, der Naturverbrauch muß langsam mehr belastet und der Gebrauch menschlicher Arbeit muß entlastet werden.

Auf dem Energiesektor müßte dann sicherlich auch ein völliger Wandel eintreten, denn die Ressourcen sind ja nicht unendlich. Werden denn die inzwischen entwickelten umweltverträglichen Möglichkeiten genügend gefördert?

Die Öffentlichkeit denkt bei Energie immer gleich an die Solarenergie. Ich bin ein großer Freund der Solarenergie – das ist nicht der Punkt. Aber wenn man versuchen würde, mit Solarenergie die heutige Energieverschwendung zu decken, dann wäre das eine ökologische Katastrophe. Schon die heutigen etwa eineinhalb Prozent, die die Windenergie liefert, stoßen ja bereits auf ökologische Bedenken. Ich bin der Meinung, man kann die Windenergie ohne weiteres noch verdoppeln und verdreifachen. Aber dann haben wir immer noch weniger als fünf Prozent der heutigen Energieversorgung. Mit Windenergie alles zu machen ist Wahnsinn; das geht gar nicht. Das gleiche gilt für Wasserenergie. Und das gleiche wird in dem Moment, wo es anfängt, relevant zu werden, für Photovoltaik gelten. Die Sonnenenergie ist schön und sauber, und die Windenergie auch, also im großen und ganzen durchaus förderungswürdig. Aber der bei weitem wichtigste Teil ist die Energieeffizienz. Wir müssen lernen, aus einer Kilowattstunde mindestens viermal soviel Wohlstand herauszuholen. Also auch hier, der „Faktor 4“. Dies ist technisch möglich. Es wird aber nicht angefaßt. Deswegen noch einmal: Es kommt darauf an, daß die Preise wenigstens einigermaßen die ökologische Wahrheit sagen und nicht etwa durch Binnenmarktmanöver und eine vollkommen törichte Novelle des Energiewirtschaftsgesetzes, die das Bundeswirtschaftsministerium durchgesetzt hat, immer billiger werden. Das ist skandalös, daß in einer Zeit weltweit knapper werdender Energieressourcen die Energie immer billiger wird.

Es gab Klimakonferenzen, nach denen man Hoffnung geschöpft hat, daß es zu durchgreifenden Änderungen kommen werde. Aber im nachhinein muß man feststellen: Viel hat sich nicht geändert. Ist es einfach nur eine Horrorvision, daß die Pole abschmelzen und die Meere ansteigen und es zu weltweiten riesigen Katastrophen kommt, oder ist das real?

Es kann fürchterlich real werden, aber die Ursachenzusammenhänge sind nicht leicht aufzuklären. Wir wissen sehr genau, daß vor etwa 15 000 Jahren der größte Teil der Ostsee festes Land war und daß es zwischen England und dem Kontinent eine Landbrücke gab. Rhein und Themse sind ineinander geflossen. Und der Meeresspiegel hat sich gewaltig verändert am Ende der letzten Eiszeit. Dies war alles ohne jedes Zutun des Menschen. Aber es ist immer noch sehr viel Eis auf der Antarktis und in Grönland. Und es ist sehr wohl denkbar, daß zum Beispiel die antarktische Westplatte mechanisch nicht stabil ist. Es gibt Anzeichen davon, daß im Untergrund der antarktischen Westplatte Verflüssigungen eintreten. Es ist also theoretisch denkbar, daß da was ins Rutschen kommt. Aber es wird sehr schwer nachzuweisen sein, daß dies ein unmittelbarer Einfluß des Menschen war. Es kann also zu Horrorszenarien kommen, aber das ist deswegen nicht notwendigerweise ein Beweis dafür, daß es unsere Kohle-, Öl- und Gasverbrennungen waren. Immerhin gibt es sehr gute naturwissenschaftliche Hinweise darauf, daß es wirklich einen zusätzlichen menschgemachten Treibhauseffekt gibt. Man weiß einfach, daß die Strahlungscharakteristik sich verändert, wenn mehr Kohlendioxyd in der Atmosphäre ist. Das kann aber auch in einzelnen Fällen und lokal zu gegenteiligen Effekten führen. Wissenschaftlich ist das alles noch nicht ganz geklärt. Aber nach dem in Deutschland gesetzlich fest verankerten Vorsorgeprinzip wäre es natürlich völliger Wahnsinn, das nun experimentell auszuprobieren. Es ist im Gegenteil ein gesetzlich festgeschriebenes Gebot der Vorsorge zu versuchen, den mensch-gemachten Treibhauseffekt deutlich zu vermindern.

Andere von Menschen gemachte Eingriffe in die Natur zeigen jetzt ihre

Folgen: zum Beispiel die riesigen Überschwemmungen überall in Asien oder die riesigen Waldbrände in Indonesien.

Ja, das ist wohl außer Zweifel, daß zusätzlich zu den möglicherweise vom Menschen mitverursachten Wetterveränderungen die Art der Landnutzung, der Flußeinfassungen, also der Vermeidung natürlicher Überschwemmungsgebiete, zu Hochwassern führt und daß die Schneisen, die die Holzfäller in Indonesien, in Borneo, Kalimantan gerissen haben, zu einem unglaublich raschen Ausbreiten von Feuer nach einer längeren Trockenheit geführt haben. Menschliche Eingriffe sind also sehr häufig zu Dreivierteln bis hundert Prozent schuld an der Verstärkung natürlicher Katastrophen.

Sehen Sie in den seit vielen Jahren laufenden Bemühungen der Kirchen, den konziliaren Prozeß „Gerechtigkeit, Friede, Bewahrung der Schöpfung" durchzuführen, Verbündete für die Arbeit zum Beispiel Ihres Instituts?

Insgesamt muß man sagen, die Kirchen sind heute der sozusagen gesellschaftlich erfreulichste Teil. Die Kirchen sehen die Armut, sie sehen den Reichtum. Sie wollen, daß darüber politisch diskutiert wird, aber die Bundestagsmehrheit sagt: „Nein, wir wollen nicht darüber diskutieren." Die Kirchen sehen die ökologische Zerstörung und halten das Thema am Leben, während die Mehrzahl der öffentlichen Medien das Thema Umwelt praktisch vergessen hat. Das bischöfliche Hilfswerk „Misereor" hat dem Wuppertal-Institut mit den Auftrag erteilt für eine Studie mit dem Titel „Zukunftsfähiges Deutschland". Darin haben wir versucht, die Leitbilder für eine nachhaltige Zivilisation auf deutschem Boden zu entwickeln. Das bedeutet in einigen Fällen durchaus auch, den Gürtel enger zu schnallen, aber nicht notwendigerweise dabei unglücklicher zu werden. So ähnlich wie Leute freiwillig zur Fastenkur gehen und sich danach viel wohler fühlen, sagen wir in manchen Fällen: Abschied von einer prassenden Verschwendungswirtschaft hat überhaupt nichts mit Abschied vom Wohlergehen zu tun.

Die letzte Frage im Blick auf das nächste Jahrtausend – bei allen Vorbehalten zu diesem Datum: Sehen Sie Chancen, daß die Menschheit Fortschritte macht, daß sie an der sich anbahnenden Katastrophe vorbeikommt?

Ich sehe sehr gute Chancen für die Einsicht, daß das blinde Wirken der

Marktgesetze die Probleme einfach nicht automatisch löst, daß man regulierend eingreifen muß, und zwar weltweit. Einer der besten Gewährsleute für eben diese Meinung von mir ist der erfolgreichste Spekulant aller Zeiten, George Soros, ein ungarisch-stämmiger Amerikaner, der Milliarden an internationalen Finanzspekulationen verdient hat. Er hat beim Weltwirtschaftsforum in Davos gesagt: „Die Weltfinanzmärkte stabilisieren sich nicht von alleine. Es ist erforderlich, daß man international regulierend eingreift." Das ist also absolut kein Tabubruch, den ich hier begehe. Ich sage einfach, die Dominanz der Ökonomie mag besser sein als die Dominanz des Staates, aber sie löst überhaupt nicht das Problem. Es muß vielmehr in einer Verbindung von Demokratie, von Staat, von Marktwirtschaft, aber auch von ethischen und religiösen Erwägungen eine neue Zivilisation entstehen. Und ich sehe in allen Kulturen der Welt, auch der buddhistischen, auch der islamischen, sehr gute Ansätze dafür, daß wir das erreichen.

Aruna Gnanadason

Die Menschen erkennen, daß es so nicht weitergehen kann

Johanna Jäger: Aruna, wie stehen Sie als indische Frau zur Frage der Menschenrechte?

Aruna Gnanadason: Wie Sie wissen, erlangte die Frage der Menschenrechte Bedeutung, als die Vereinten Nationen die Erklärung der Menschenrechte verabschiedeten. Und über eine lange Zeit hinweg haben wir alle diese Erklärung als den Rahmen für das Verständnis der Menschenrechte aller Menschen benutzt. Doch zunehmend haben Frauen, indigene Völker oder auch die afroamerikanische Gemeinschaft begonnen, dieses Konzept der Universalität der Menschenrechte in Frage zu stellen. Das Gefühl herrscht vor, daß die Betonung mehr auf den gemeinschaftlichen Rechten liegen sollte, auf den Rechten von Gemeinschaften. Denn unsere Regierungen und internationale Institutionen tendierten dazu, Menschenrechte als Rechte des Individuums auszulegen: als Rechte eines Individuums, das das Recht auf Redefreiheit hat oder auf freie Religionsausübung oder auf seine eigene Kultur und so weiter. Dagegen wurde das Recht der Gemeinschaften ignoriert, zum Beispiel das Recht auf Entwicklung, auf Gerechtigkeit – als Gemeinschaft –, das Recht auf Land und so weiter. In diesem Sinne gibt es eine ganz neue Interpretation der Menschenrechte, die besagt, daß Geschlecht, Rasse, Kultur oder Wertesysteme von Menschen respektiert werden müssen, wo immer diese leben. Und daß sie selbst in der Lage sein sollten zu bestimmen, was Menschenrechte für sie in ihrer Lebenswelt bedeuten. Es gibt keine universalen Prinzipien zum Beispiel für das, was Frauen wollen. Ich denke, es ist wichtig zu erkennen, daß Frauen in den verschiedenen Gemeinschaften verschiedene Dinge wollen oder daß ihr Konzept von Befreiung unterschiedlich ist. Und deshalb sollten die Menschenrechte auch den Respekt vor dem Recht jeder Gemeinschaft beinhalten, zu bestimmen, was für sie selbst wichtig ist, welche Rechte sie in dieser Gemeinschaft wollen. So ist also eine ganz neue Sprache entwickelt worden, großenteils von Frauen aus der Dritten Welt und von indigenen Völkern.

Der andere Aspekt ist natürlich der, daß, wenn man von Menschenrechten spricht, die Tendenz sehr anthropozentrisch ist. Deshalb vergessen wir manchmal, daß die Erde auch Rechte hat. Doch inzwischen gibt es eine neue Art, die Erde zu betrachten. Wenn zum Beispiel einige Theologen alles Leben auf der Erde, auch das menschliche, als „Erdengemeinschaft" bezeichnen, dann sehen sie eine unauflösliche Verbindung zwischen Menschen und Schöpfung. Ich spreche nicht davon, daß die Schöpfung isoliert vom Menschen Rechte hätte. Man kann und sollte nicht trennen. Vielmehr muß man es in dieser ganzheitlichen Perspektive sehen: Wenn wir die Rechte der Erde nicht respektieren, verursachen wir Völkermord an Menschen. Die Menschen sterben, weil die Erde stirbt. Daher ist es wichtig für uns, von Menschenrechten nicht nur so zu sprechen, als ob Menschen getrennt von der Schöpfung existierten, sondern als Teil dieses Gesamtkonzepts einer Erdengemeinschaft. Wir müssen für die Rechte der Erde Sorge tragen. Und die Stimme, mit der die Erde zu uns spricht, muß ernstgenommen werden.

Ein Wort, das heute in aller Munde ist, scheint sowohl für die Menschenrechte als auch für die Erde eine Bedrohung zu signalisieren: Ich meine die Globalisierung.

Das ist absolut richtig, und zwar aus zwei Gründen: Das erste ist natürlich, was die wirtschaftliche Globalisierung mit den Menschenrechten macht. Denn sie ignoriert die Rechte der Menschen total. Statistiken beweisen ganz klar, daß immer mehr Menschen verarmen, während ein kleiner Teil von Menschen in allen Gesellschaften, sogar im Süden, sehr reich wird. Wir haben also überall auf der Welt diese Tendenz, daß eine kleine Gruppe von Menschen viele Vorteile aus dem ökonomischen Paket zieht, das die Globalisierung bietet, und daß viele Menschen arm werden. Das ist ein Aspekt. Doch der zweite Aspekt ist die Globalisierung des Bewußtseins, indem eine Monokultur zur globalen Kultur herausgebildet wird. Und das widerspricht genau dem Konzept, jeder Gemeinschaft das Recht zu geben, über die eigene Identität, die eigenen kulturellen Werte zu bestimmen und darüber, was für diese Kultur wichtig ist. Und deshalb halte ich dies für einen sehr folgenschweren Sproß der Globalisierung und meine, daß diese geistige Globalisierung ihrerseits wiederum Völkermord verursacht beziehungsweise daß sie die Menschen zerstört: Die Menschen sterben, weil ihre Werte und ihre Kultur sterben.

Als Christin wiegt das für mich tatsächlich noch viel schwerer. Denn diese Entwicklung stellt die Grundethik des Lebens in Frage, wenn gesagt wird, daß die eigenen Werte, die eigene Kultur nicht wichtig sind und daß es so etwas wie eine globale Kultur gibt, in die wir alle eingeordnet werden. Ich denke, das ist die ethische Herausforderung für die Kirchen, wie wir gegen diese Globalisierung des Bewußtseins, die immer weitergeht, angehen können. Wegen dieser geistigen Globalisierung verlieren Religionen ihren Einfluß – selbst das Christentum, der Islam oder der Hinduismus –, alle Religionen verlieren an Einfluß, weil wir eine Art globaler säkularer Kultur haben, die zur Norm geworden ist. Alle religiösen Werte, alles, woran Menschen glauben, und alles, was ihnen seelische und körperliche Nahrung gibt, wird ihnen genommen. Und deshalb halte ich dies sogar für noch schwerwiegender als die wirtschaftliche Globalisierung. Denn diese verursacht zwar Armut, aber die andere verursacht eine Armut des Geistes und des Lebens selbst.

Das ist ein beunruhigender Aspekt der Globalisierung und hängt natürlich mit der Frage der Menschenrechte zusammen.

Liegt für Sie ein Grund zur Hoffnung in den Initiativen von Gruppen oder auch Kirchen, die Gegenstrategien entwerfen?

Ich finde eine Menge Hoffnungsvolles in dem, worüber Dritte-Welt-Frauen, asiatische Frauen sich Gedanken machen. Es gibt ein Netzwerk, das sich „Asian Women's Human Rights Commission" (Menschenrechtskommission asiatischer Frauen) nennt. Diese Frauen arbeiten ganz systematisch daran, die traditionelle Ausformung der Menschenrechte in Frage zu stellen. Es gibt jetzt in den Ländern viele Gruppen. Für eine gewisse Zeit herrschte ein Gefühl der Resignation, als der Sozialismus zusammenbrach und die liberale Marktwirtschaft sich global ausweitete. Da gab es das Gefühl der Resignation und sogar der Hilflosigkeit. Aber ich habe den Eindruck, daß die Menschen das allmählich hinter sich lassen. Anfangs gab es einen regelrechten Boom an Glanz und Glamour, aber das ist jetzt rückläufig. Den Menschen geht es finanziell nicht gut, und das Ideal eines Lebens in Konsumhaltung, das zu einem globalen Trend geworden ist, zerplatzte plötzlich wie eine Seifenblase. Die Menschen erkennen, daß es so nicht weitergehen kann. Und das bringt viele Leute dazu, Fragen zu stellen. Deshalb gibt es jetzt kleine Gruppen, die die Globalisierung nicht mehr fraglos hinnehmen wollen, sondern laut ihre Kritik anmelden. Und das ist meiner Meinung nach eine Stimme der Hoffnung.

Die andere Stimme der Hoffnung kommt – natürlich – von indigenen Völkern, die überall auf der Welt zornig sind, weil ihnen bisher schon alle Früchte der Entwicklung verweigert worden sind. Und mit der Globalisierung wird noch größerer Druck auf sie ausgeübt, wird ihnen das Land und das Wertesystem genommen. Deshalb kommt eine Stimme wirklichen Widerstandes auch von dieser Gruppe. Und ich denke, das ist die Hoffnung für die Zukunft auch im nächsten Jahrhundert, im dritten Jahrtausend der christlichen Zeitrechnung.

Walbert Bühlmann

Im Auftakt der Weltgeschichte

Wie ein Meteor ist vor kurzem das Wort Globalisierung aufgetaucht. Es hat eine vielseitige Bedeutung, aber kennzeichnet im Grunde einen wesentlichen Aspekt des kommenden Jahrtausends.

Politische Globalisierung

Während 99 Hundertsteln der Menschheitsgeschichte lebte man nicht im globalen, sondern im lokalen Horizont. Die Sippe, der Stamm waren die Heimat. In den anderen sah man nicht Nachbarn, Nächste, sondern Fremde, Feinde. Aufs ganze gesehen sehr spät entwickelte sich das Römische Reich, dann das Römische Reich deutscher Nation, beide beschränkt auf den kontinentalen Bereich. Mit Kolumbus und Vasco da Gama öffnete sich der Vorhang zur Neuen Welt. Es bot sich damit die erste Chance an zu einem interkontinentalen Handelsaustausch, zu einer globalen freundschaftlichen Menschheit. Wäre man als Brüder erschienen, hätte es gelingen können. Statt dessen trat man auf als Herren, die dank der stärkeren Waffen jene Völker unterjochten und jahrhundertelang als Kolonien gebrauchten und mißbrauchten. Das war noch nicht Weltgeschichte, sondern Geschichte der Europäer in den andern Kontinenten.

Mit dem Zweiten Weltkrieg wurde die Szenerie völlig verändert. Jene Völker ließen sich zwar noch für die Alliierten mobilisieren. Aber nachher forderten sie den Preis: die Unabhängigkeit. In den ersten zehn Nachkriegsjahren fegte der Sturm der Entkolonialisierung über Asien, in den folgenden zehn Jahren über Afrika. 1945 wurde die Organisation der Vereinten Nationen (UN) gegründet, wo heute die ehemaligen Kolonien über die Mehrheit der Stimmen verfügen. Nun stehen wir also im Anfang und Auftakt der Weltgeschichte. Wir bilden heute die eine Menschheit in vielen Nationen.

Natürlich können wir den Gegentrend, den immer noch schwelenden Tribalismus mit den Bruderkriegen, nicht übersehen. Wir müssen jenen Völkern Zeit zugestehen, bis auch sie die neue Stufe der politischen Reife erreichen, wo man nicht mehr einander die Köpfe einschlägt (wie auch wir es im Westen allzulange getan haben!), sondern miteinander verhandelt. Als ganzes darf man doch sagen, daß aus dem Babel der isolierten Völker eine pfingstliche Gemeinschaft entstanden ist, wo man einander – mehr oder weniger – versteht. Das kommende Jahrtausend wird notgedrungen und aus Einsicht nicht mehr von einer nationalistischen, chauvinistischen, sondern von einer globalen, universalen Politik geprägt sein.

Wirtschaftliche Globalisierung

Leider ist das Wort Globalisierung – wie die Atomkraft, die erstmals als schreckliche Bombe in Erscheinung trat – mit einem üblen Beigeschmack behaftet. Mit dem Zusammenbruch des realen Sozialismus 1989 ist der ernstzunehmende Konkurrent von der Bildfläche verschwunden. Nun hält sich der Kapitalismus – eigentlich zu Recht – für das einzige effiziente Wirtschaftssystem. Aber man bedenkt zu wenig, daß er sehr reformiert werden müßte, um menschenwürdig und umweltfreundlich zu werden. So erleben wir gegenwärtig den Neoliberalismus in einer globalen Phase der hektischen Fusionierung, Maximierung der Rendite, Automatisierung, Eliminierung der Arbeitskräfte. Der Mensch ist nicht mehr die Norm der Wirtschaft, sondern Mittel zum Zweck, gebraucht, solange man ihn braucht. Die wirtschaftliche Globalisierung verheißt Wohlstand für alle, aber verursacht neue Armut für große Teile der Weltbevölkerung, die sich bestenfalls und hoffentlich durch innovative Initiativen auf lokaler Basis einigermaßen über Wasser halten können. Dabei müßten ja heute die Jahrhunderte der europäischen Weltherrschaft (Hegemonie) abgelöst werden von dem, was man Diakonie, Dienstleistung, nennen kann. Der Westen müßte seinen wirtschaftlich-technischen Vorsprung vermehrt in den Dienst der einen Menschheit stellen. Wie damals Ludwig Erhard das System der freien Marktwirtschaft wesentlich verbessert hat mit der Forderung der sozialen Belastung des Kapitals, so müßten heute Männer und Frauen auf die Bühne treten, die sich durch Kompetenz an die Schaltstellen der Wirtschaft bringen und die Weichen in Richtung eines globalen Wirtschaftsvertrages stellen, der allen Menschen ein menschenwürdiges Leben ermöglicht. Aufbauen das „eine Haus Europa“, aufbauen das „eine Haus die Welt“ müßte Hand in Hand vorankommen.

Jedoch die Frage: Wenn sich schon ein Betrieb ernstlich um das bemühen würde, wäre er dann noch konkurrenzfähig? Es müßten alle Großbetriebe des Landes, sogar der ganzen Welt am selben Strang ziehen. Aber ist das nicht eine utopische Vision? Sind nicht die Verantwortlichen solcher Betriebe selbst Gefangene des Systems, das sich auf den Egoismus des Menschen stützt, der im Grunde gesund ist, aber leicht zu kollektiven und brutalen Mißformen ausartet? Das könnte man mit der Bibel die „Sünde der Welt“ nennen (Joh 1,29), die von Anfang an die Geschichte der Menschen kennzeichnete. Da können, Gott sei Dank, innerhalb dieses Systems Jesus-Jünger und -Jüngerinnen in kleineren und größeren Kreisen selbstlos wirken. Aber die eigentliche „Sünde der Welt“ wird vielleicht andauern bis zum Ende der Welt, um dann durch das „Lamm Gottes, das hinwegnimmt die Sünde der Welt“ (ebd.), endlich behoben zu werden, wenn einmal das Reich Gottes kommt, das uns Christus in Aussicht gestellt hat, und die Endmetamorphose erfolgen wird. Eine Hoffnung, die nicht vertrösten soll, wohl aber aufrecht erhält und ermuntert, in solchen Kreisen mitzuwirken.

Kirchliche Globalisierung

Das Wort „Globalisierung“ bedeutet dasselbe wie im kirchlichen Bereich „katholisch“: sich über die ganze Erde ausbreitend. Einen solchen Anspruch erhob die Kirche von ihrem Anfang an. Heute reichen die Kirchen tatsächlich „bis an die Grenzen der Erde“ (Apg 1,8). Wir haben aber in unserer Zeit eine historische Verlagerung des Schwergewichtes erlebt. Seit sich der Apostel Paulus von Troa aus nicht nach Osten zurückwandte, um vielleicht bis nach Afghanistan und Indien zu gelangen, was ihm der Geist verwehrte (Apg 16,6), sondern nach Mazedonien, Korinth, Rom, also nach dem Westen zog, hatte die Kirche ihr Schwergewicht stets in der westlichen Welt. Zu Beginn dieses Jahrhunderts lebten 85 Prozent der Christen, 77 Prozent der Katholiken im Westen. Infolge der Geburtenexplosion und neuer Bekehrungen in Lateinamerika, Afrika und Asien nahm nun die Christenheit dort dermaßen zu, daß im Jahr 2000 58 Prozent der Christen, 66 Prozent der Katholiken in den drei südlichen Kontinenten zu Hause sein werden (der Unterschied erklärt sich wegen Lateinamerika). Wir westlichen Christen bilden also nicht mehr die Kirche, sondern sind ein Seitenschiff im großen Dom der Weltkirche geworden. Das ist nicht nur eine statistische Gegebenheit. Von jenen jungen Kirchen her sind auch neue Impulse für die Gesamtkirche zu erwarten – vielleicht schon mit dem nächsten Papst, der aus Lateinamerika kommen könnte, das heute 42 Prozent der katholischen Kirche zählt gegenüber 29 Prozent in Europa.

Die kirchliche Zweiteilung: hier lehrende, gebende Kirche, dort die lernenden, empfangenden Missionen, ist ebenfalls zu Ende gegangen.

„Unsere Missionen" sind eigenständige Kirchen geworden, und es besteht nun zwischen ihnen und uns ein Geben und Nehmen von theologischen Einsichten, pastoralen Erfahrungen, personeller und finanzieller Hilfe.

Während in den westlichen Ländern die (katholischen) Priester und Ordensberufe Mangelware geworden sind, kann man dort, wo noch kinderreiche Familien, ungebrochener Glaube, soziale Armut vorliegen, leicht junge Menschen für einen solchen Stand gewinnen. Aber wie lange noch? Die Säkularisierung hält auch dort schon überall Einzug.

Es wäre darum fällig, nach dem theologischen Standardwerk vor 25 Jahren, „Mysterium Salutis" (Geheimnis des Heiles), einen Ergänzungsband herauszugeben mit dem Titel „Mysterium Saecularisationis", in welchem das Heilswirken Gottes auch außerhalb der kirchlichen Strukturen bedacht und dargestellt würde, in den Menschen anderer Religionen, die zwei Drittel der Menschheit ausmachen, auch in den kirchendistanzierten Menschen des ehemals christlichen Abendlandes, die wohl auf mehr als zwei Drittel kommen. Alle sind im Grunde Gott suchende Menschen. Vor allem Gott sucht sie und erreicht auch alle unmittelbar mit seiner Huld und Gnade. Es ist trotzdem gut, daß es noch Kirchen gibt, nicht mehr als Arche des Heiles für die wenigen Geretteten, sondern als Zeichen des Heiles für alle. Nach wie vor und erst recht im dritten Jahrtausend obliegt den Kirchen die Aufgabe zu „evangelisieren", das heißt die frohe Botschaft von der zuvorkommenden, allumfassenden, unbedingten Liebe Gottes zu verkünden, nicht mehr als Bollwerke wie im zweiten Jahrtausend, sondern nun als Leuchttürme, welche die Welt in ihren Dunkelheiten und Sehnsüchten erhellen.

Andreas Müller

Den Traum Gottes von seiner Schöpfung zu eigen machen

Globalisierung – Chancen oder Gefahr?

Begriffsklärung

Wir stehen an einer Zeitenwende. Das hat nicht nur und nicht in erster Linie mit der Jahrtausendwende zu tun, wenngleich solche Daten immer schon die Phantasie der Menschen beflügelt haben. Die rasante technische Entwicklung der letzten Jahrzehnte und die heutigen Möglichkeiten der Information und Kommunikation haben es möglich gemacht, daß wir alles vernetzen und die fernsten Winkel der Erde miteinander verbinden können. Man redet deshalb vom „Globalen Dorf" oder unter mehr wirtschaftlichen Aspekten vom „Weltmarkt". Neuerdings steht dafür das Schlagwort „Globalisierung". Damit bezeichnen wir die Tatsache, daß eine ganz bestimmte Form des Wirtschaftens weltweite Geltung erlangt hat.

Nach dem Zusammenbruch des realexistierenden Sozialismus gilt weltweit der Kapitalismus als die Wirtschaftsform, die allein imstande ist, die Bedürfnisse der Menschen zu befriedigen, unter der Voraussetzung freilich, daß sie überall in der Welt nach gleichen Gesetzmäßigkeiten und Sachzwängen verläuft. Und deshalb wird auch gefordert, daß sie durch keinerlei soziale Steuerungsinstrumente verwässert werden darf.

In Lateinamerika nennt man diese Spielart des Kapitalismus „Neoliberalismus". Er ist nicht nur eine Wirtschaftstheorie, sondern eine Glaubenssache. Man spricht sogar von einer „Theologie des Produktionsprozesses", weil eine so verstandene Wirtschaft auf unumstößlichen Grundlagen und Dogmen aufbaue. Der bekannte Wirtschaftswissenschaftler Galbraith bezeichnet diese neoliberale Ideologie deshalb auch als eine „Theologie des Laissez-faire". Für ihn steht fest, daß der Neoliberalismus heute auf der Grundlage von „tieferen theologischen Fundamenten verteidigt wird. So wie man an Gott glauben muß, muß man auch an das neoliberale System glauben; in diesem Sinne sind beide identisch."[1] Globalisierung der Wirtschaft, Zusammenbruch des sozialistischen Systems und die technische Kommunikationsrevolution sind die Glaubenssätze dieser neuen Religion. Der technische Fortschritt ist der Weg zum Paradies, und die größte Sünde ist „die Versuchung, Gutes zu tun", also sich nicht demütig dem Markt zu überlassen.

Dieser „Terror der Ökonomie" (Viviane Forrester) hält die Welt heute fest im Griff. Die wichtigsten Lehrsätze sind:

– Die *Unantastbarkeit des Marktes:* Der Markt reguliert sich selbst; das freie Spiel der Kräfte, die den Markt bestimmen, bringt alles ins Gleichgewicht.

– *Deregulierung:* Die Forderung, die sich daraus ergibt, heißt „Deregulierung". Der Staat muß sich möglichst weit aus dem wirtschaftlichen Verhalten zurückziehen, also keine Vorschriften, keine Gesetze, keine Regeln mehr.

– *Die naturgegebene Ungleichheit der Menschen:* Der tiefgreifende Unterschied in der Gesellschaft geht – so sagt man – auf die Natur der Menschen selbst zurück; also keine Schuld von historischen, politischen und wirtschaftlichen Faktoren.

– *Neodarwinismus:* Das heißt, man sagt, daß die „natürliche Selektion", die man in der Natur beobachtet, auch für die Menschen gilt.

Mit den Augen der Armen gesehen

Wir wissen, daß jede Wirklichkeit ganz unterschiedlich aussieht je nach dem Standort, vom dem aus man sie in den Blick nimmt. Schauen wir mit der Brille der Armen auf das Ende des Jahrtausends, ist dieses Zukunftsbild der Ökonomen von der reinen Lehre schnell zu entlarven. Dazu sei nur an einige Daten und Entwicklungen erinnert.

Am Ende dieses Jahrhunderts und Jahrtausends besitzen 15 Prozent der Weltbevölkerung 79 Prozent der Güter, und 85 Prozent der Bevölkerung müssen mit den restlichen 21 Prozent auskommen. 1,3 Milliarden Menschen leben in absoluter Armut; sie leben mit weniger als einem Dollar pro Tag; die Zahl der Armen auf der Welt hat sich verdreifacht. Der Hunger ist heute mehr als jemals zuvor „die leise Bombe", die äußerst wirksam tötet. In jeder Minute sterben weltweit 25 Kinder an Hunger; das sind mehr als 13 Millionen im Jahr. 18 Prozent der Menschheit verbrauchen 80 Prozent der verfügbaren Energie. Würden sich alle Länder am Niveau der USA orientieren, wären die verfügbaren Ressourcen innerhalb weniger Jahrzehnte verbraucht.

Die Erste Welt investiert in den Entwicklungsländern etwa 50 Milliarden Dollar pro Jahr, aber sie erzielt im gleichen Zeitraum einen Gewinn von über 500 Milliarden Dollar pro Jahr. Das ist übrigens die Hauptursache für die strangulierende Auslandsverschuldung der Drittwelt-Länder, die der ehemalige Präsident Kenneth Kaunda von Sambia eine menschliche Tragödie nennt. „Verschuldung ist eine Art Sklaverei. Es ist die härteste Art von Sklaverei, die schon im Alten Testament untersagt wurde.“ Und weiter: „Einfache Leute ärgern sich, wenn sie erfahren, daß zwischen 1990 und 1993 57 Prozent der bilateralen Darlehen und nichtrückzahlbaren Zuschüsse an Afrika an diesem Kontinent völlig vorbeigingen und geradewegs in die Schatztruhen der reichen Gläubiger zurückflossen. Einfache Leute sind erstaunt, wenn sie hören, daß das so arme Afrika reich genug ist, um dem IWF Geld zu geben. Laut einem Bericht des British Dept Crisis Network zahlten die afrikanischen Länder etwa 350 Millionen Dollar mehr an den IWF, als sie von diesem erhielten. Die gesamte Schuldenlast der afrikanischen Länder südlich der Sahara stieg auf fast 220 Milliarden Dollar. Das sind mehr als drei Viertel des jährlichen Einkommens dieser Region und fast das 2,5fache der Exporterlöse. Das bedeutet, daß Afrika für seine Gläubiger arbeitet, nicht für sich.“[2]

Dem ungebremsten Kapitalismus liegt eine Einstellung zugrunde, die letztlich eine Umkehrung der Aufgabe ist, welche die Wirtschaft zu erfüllen hat. Denn an sich hat die Ökonomie die Aufgabe, die Grundbedürfnisse der Menschen zu stillen und Wohlstand und Wohlfahrt aller zu sichern. Statt dessen geht es im Kapitalismus um die Anhäufung von Geld, um Geldvermehrung. In den letzten Jahrzehnten hat auf der ganzen Welt eine gigantische Umverteilung des Reichtums stattgefunden. Das Geld sammelt sich in den Händen weniger. So übersteigt zum Beispiel der Reichtum von 358 Milliardären (Einzelpersonen) das Gesamteinkommen der armen Länder.

Die wirtschaftlich-politische Macht der Welt konzentriert sich heute in den Händen von 500 Konzernen und Großbanken. Bemerkenswert ist dabei die Konzentration auf wenige Länder. Von den 200 größten multinationalen Gesellschaften haben 176 ihren Sitz in 6 Ländern und tätigen 90 Prozent aller Umsätze. Eine noch größere Rolle spielt eine kleine Schar von Geldhändlern, welche die Geldmengen aus den reichen und armen Ländern und die Geldflüsse so lenken, daß sie zur Erfüllung wichtiger Aufgaben fehlen. 98,4 Prozent der Geldmenge der Welt wird für solche Spekulationszwecke gebraucht.[3] Präsident Chirac von Frankreich nennt diese Geldhändler das „Aids der Weltwirtschaft“.

So kann es nicht weitergehen

Es ist also ein Irrglaube, zu meinen, man könne dem bloßen Spiel der Marktkräfte vertrauen und alles überlassen. Zwar ist unbestritten, daß die Welt immer enger zusammenrückt. Die Globalisierung läßt sich nicht aufhalten. Und das ist ja auch gut so. Es gibt keine regionalen Inseln mehr, in denen wir uns abschotten könnten. Was in Japan oder in Rußland oder auf dem Balkan geschieht, werden auch wir zu spüren bekommen. Also kann es nur darum gehen, die „Eine Welt" so zu gestalten, daß „alle Welten" in ihr Platz haben. Das heißt vor allem auch, daß durch die weltweite Vernetzung der privaten Marktwirtschaften die sozialen Errungenschaften nicht ausgehebelt werden. Und das ist nur zu sichern, wenn der Staat sich aus seiner Verantwortung nicht verabschiedet. Selbst der Generaldirektor des IWF, Michel Camdessus, warnt vor einer solchen Entwicklung, wenn er feststellt: „Wir sind vom Staatsfundamentalismus in den Fundamentalismus des Marktes geraten." Auf einer Veranstaltung am Sitz des päpstlichen Rates für Gerechtigkeit und Frieden in Rom betonte er mit allem Nachdruck die Notwendigkeit, „den Staat neu zu erfinden", diesen Staat, den der Neoliberalismus dabei ist aufzulösen.

Es wird also unverzichtbar bleiben, daß der Staat Regeln erläßt zugunsten der vom Spiel des Marktes ausgegrenzten und benachteiligten Menschen und der ausgebeuteten Natur. Geschieht das nicht, wird die Kluft zwischen Arm und Reich immer größer werden, und statt eines Ausgleichs kommt es zur Diktatur der Rücksichtslosen.

Die Soziallehre der Kirche hat sich schon relativ früh sehr kritisch zu dieser Form des Kapitalismus geäußert, ja man muß sogar sagen, daß die sozialethische Prophetie der Kirche ein selten scharfes Profil hat. Die Tragik ist nur, daß sie von den Christen ganz allgemein kaum gehört wird, auch nicht von denen, die sich im politischen Bereich ausdrücklich auf das christliche Menschenbild berufen.

Der Kapitalismus verkennt, daß das Selektionsprinzip für den menschlichen Bereich nicht anwendbar ist. Dem „Recht" der Starken setzt die Bibel das „Recht" der Schwachen gegenüber. Die biblische Option für die Armen ist eine prophetische Gegenstimme gegen den „Neodarwinismus". Deshalb muß die Option zugunsten der Armen auch innerhalb der Wirtschaft zur Geltung gebracht werden. Denn Gott ist nicht auf der Seite der Macht und des Geldes, sondern zeigt sich in der Bibel immer und überall als Sachwalter und Interessenvertreter der Schwachen und Ausgegrenzten. Die Wirtschaft wird also ihren Absolutheitsanspruch aufgeben müssen. Der Mensch lebt nicht vom Brot allein, also auch nicht allein von den Produkten, die die Wirtschaft bereitstellt. Die Menschen haben tieferliegende Bedürfnisse. Nur wenn die Wirtschaft diese auch anerkennt und sich mit einer nachgeordneten Rolle begnügt, wird sie ihrer Aufgabe gerecht werden.

Visionen

So besorgniserregend die Realität der heutigen Welt auch ist, es gibt auch Hoffnungszeichen, die Mut machen. Die Zeichen des Todes können und dürfen die Zukunft der Menschheit nicht bestimmen. Wir dürfen von einer besseren Welt träumen, weil wir leben. „Wenn man nicht mehr träumt, ist man tot", sagt Freud. Als Christen haben wir einen Traum für die Welt, für die Welt als Erde wie als Geschichte, weil Gott sie zu seiner Erde und zu seiner Geschichte gemacht hat. Hier seien einige Stichworte benannt, die eine zukunftsorientierte Wirtschaft leiten müßten:

– *Nachhaltigkeit:* Nachhaltigkeit muß zum Kerngedanken einer neuen Ökonomie werden. Es darf also nicht nur um kurzfristige Vorteile gehen, entscheidend ist die Wirkung für das mittelfristige und langfristige Überleben der Menschheit. Dazu gehört in erster Linie ein anderer Umgang mit der Natur. Wenn wir den Naturverbrauch nicht drastisch reduzieren, haben die nachwachsenden Generationen keine gesicherte Zukunft mehr.

– *Die Rolle der Vernunft:* Die geltende Ökonomie muß viele Auffassungen revidieren. Es geht nicht einfach so weiter. Innovation muß großgeschrieben werden: Phantasie, Erfindungsgeist, Wagnis, Aufbruch sind gefragt. Auch die Arbeit muß neu begriffen, ja neu erfunden werden. Die Arbeitslosigkeit kann nicht einfach mit den herkömmlichen Rezepten bekämpft werden. Das verbietet schon die „Nachhaltigkeit". Es müssen vielmehr neue Arbeitsfelder entdeckt werden, Arbeit muß auch gerechter verteilt werden. Und sicherlich müssen wir zu einer neuen Kultur des Teilens kommen.

– *Das Wachstumsproblem:* Die „freie Marktwirtschaft" geht von der falschen Voraussetzung aus, daß die Wirtschaft unbegrenzt wachsen könne. Schon rein rechnerisch ist das nicht möglich. Eine Wirtschaft, die nur darauf setzt, würde sich selbst zerstören.

– *Die Region als Wirtschaftsraum:* Die Regionen als gewachsene Lebens-, Kultur- und Wirtschaftsräume müssen neu entdeckt werden. „Dezentralisation" ist viel zukunftsträchtiger und nachhaltiger als die großen Weltkonzerne, welche alles an sich ziehen und auch bestimmen wollen. Phantasie ist gefragt und die Initiative des einzelnen.

– *Utopie:* Es gilt wieder zu träumen und utopische Entwürfe zu wagen. Das heißt, wir müssen uns auf allen Ebenen und in allen Bereichen neue Ziele setzen. Das geht nicht ohne die Kraft der Utopie und zur Utopie.

– *Das Geldproblem:* Und schließlich das Geldproblem. Nach dem bekannten Schweizer Ökonomen Hans Christoph Binswanger wird eine menschenwürdige und zukunftsfähige Weltwirtschaft erst entstehen können, wenn das Thema Geld mit Zins und Zinseszinsen, Inflation und Spekulation grundlegend neu bedacht wird. Er schreibt: „Solange wir die Geldwirtschaft nicht als Problem erkennen, ist eine wirklich ökologische Wende nicht möglich."

Wir haben genügend Anlaß, diesen Traum zu träumen, weil wir dem immer neuen Projekt des Gottesreiches verpflichtet sind und indem wir uns den Traum Gottes von seiner Schöpfung zu eigen machen.

Anmerkungen

1 J.K. Galbraith, A cultura do contentamento, S. Paulo 1992, S. 53.
2 K. Kaunda auf einem Symposium 1996 in Österreich.
3 Quelle: Bank für Internationalen Zahlungsausgleich, zit. bei Ulrich Duchrow, Alternativen zur kapitalistischen Weltwirtschaft, Gütersloh/Mainz 1994.

Literatur

Grundkurs zum franziskanisch-missionarischen Charisma, Lehrbrief 21, Teil 1, Der Kapitalismus, MZF Bonn 1998

MZF (Hg.), Neoliberalismus. Das neue Kreuz des Südens, 1996

Pedro Casaldáliga, Brasilien. Das Schofarhorn zum Jubiläumsjahr 2000, Manuskript

Ulrich Duchrow, Alternativen zur kapitalistischen Weltwirtschaft, Gütersloh/Mainz 1994

Marie Veit

Resignation muß und darf nicht sein

Jahrhundertwende, Jahrtausendwende – was wird sie uns bringen? Was nehmen wir mit in die neue Epoche, und was erwartet uns?

Vor allem, denke ich: ungelöste Aufgaben. Große ungelöste Aufgaben: Schutz unserer Umwelt, Schutz und Lebensmöglichkeiten für die Schwächsten, die Kinder vor allem, die jungen Frauen in der weiten Welt, die Menge der Alten, die Flüchtlinge; Verzicht auf die Kriege, die meistens Profit bringen sollen, aber auch Ersatzbefriedigungen wie nationalistischen Ruhm und kurzlebige Siege, die Hunderttausende das Leben kosten. Es ist jetzt 13 Jahre her, daß der Ökumenische Rat der Kirchen zum konziliaren Prozeß für Gerechtigkeit, Frieden und die Bewahrung der Schöpfung aufgerufen hat; die Aufgaben liegen alle noch vor uns.

Vieles wäre möglich, und einiges ist auch erreicht. An der Basis „blühen 1000 Blumen". Wir sollten sie nicht übersehen: die vielen Initiativen, einige schon viel älter als jener Aufruf, die sich eine oder mehrere der großen Aufgaben vornehmen und sie anpacken, deren Bittbriefe uns fast täglich erreichen und die so manchen Erfolg schon erzielt haben. Natürlich ist es viel zu wenig, aufs Ganze gesehen; aber für die paar tausend Lagerkinder im ehemaligen Jugoslawien, die nach Jahren einmal herauskamen und auf einer der schönen Adriainseln Ferien machen konnten (dank der Initiative des Komitees für die Grundrechte und der Spendenbereitschaft einiger Dutzend Bürger), für sie war es viel, sehr viel. „Ich habe nicht gewußt, daß Frieden so schön ist", sagte ein Zwölfjähriger.

Und für ein paar tausend frühere Kindersklaven aus der indischen und nepalesischen Teppichindustrie, die jetzt zur Schule gehen können dank Unicef und anderer Initiativen, für die Blindgewesenen in Bangladesh, deren Augen durch eine einfache Operation geöffnet werden konnten dank der Andheri-Hilfe in Bonn, für die Gefangenen, die durch Amnesty International nach Jahren der Qual die Freiheit wiederbekamen – für sie und viele andere ist dieses wenige viel, sehr viel. Und jeder und jede von ihnen ist ein einmaliger Mensch.

Und wir sollten nicht übersehen: Die Initiativen kommen von unten. Das bedeutet: Nicht nur jene haben Hilfe erfahren, für die die Arbeit geschah, sondern auch die sind vorwärtsgekommen, die sie getan haben und tun. Sie haben erfahren und erfahren immer wieder, was Menschen erreichen können, die sich zusammentun und gemeinsam etwas versuchen, was dringend versucht werden muß, aber von „oben“ (Regierungen, Konzerne) für nebensächlich gehalten wurde und wird.

In den Jahren des sogenannten „Realsozialismus“ war viel vom „neuen Menschen“ die Rede, der entstehen müsse, wenn die Zukunft für alle besser werden solle. Hier, in diesen Initiativen, kann er/sie ein Stück weit zum neuen Menschen werden. Er kommt ja nicht durch Diktat oder Indoktrination, auch nicht wie von selbst durch neue objektive Gegebenheiten; er muß aus Erfahrung erwachsen: Erfahrung von Anfeindung und Verdächtigung, wie sie fast immer am Anfang solcher Initiativen gemacht wird, von ihrer gemeinsamen Verarbeitung, vom unablässigen Bemühen, Freunde und Mitstreiter zu finden, von ersten Erfolgen, vom Aufmerksamwerden anderer, die hinzukommen. Man lernt die eigenen Kräfte kennen, die beim bloßen Funktionieren in vorgegebenen Bahnen brachgelegen hatten; man bekommt mehr Mut, lernt reden und argumentieren, erfährt die Freuden und Belastungen gemeinsamen Tuns und Auswertens und neuen Planes. Ein schönes Beispiel las ich in „Envio“, einer Zeitschrift aus Nicaragua: Bürgermeister im Süden des Landes, die der sandinistischen Erneuerungsbewegung angehören, natürlich kaum Geld hatten, um ihre Städte voranzubringen, kamen auf den Gedanken, die Bürger stadtviertelweise zusammenzubringen und mit ihnen zu überlegen, was dringend geschehen müsse (Trinkwasserversorgung, Pflastern der Straßen, Sportmöglichkeiten für die Jugend) und was sie selbst in die Hand nehmen könnten. Die Lust am Tun erwachte, gemeinsam wurden Rohre gelegt, Flächen planiert. Nach zwei Jahren waren die Städte nicht wiederzuerkennen. Für das wenige, was die Bürger nicht selbst schaffen konnten, wofür sie Werkzeuge, Materialien brauchten, konnten die verbliebenen Solidaritätsbewegungen angesprochen werden. Und was das beste ist: Vor allem von den jungen Bürgern kamen immer mehr Ideen, was noch geschehen müßte. Die sprichwörtliche Gleichgültigkeit so vieler Nicas war wie weggeblasen von den neuen Erfahrungen.

Das Gegenbild: Noch in Titos Zeit konnte ich mit einer Gruppe von Freunden nach Slowenien fahren, um die dortige Form des Staatssozialismus kennenzulernen. Gespräche mit dem Bürgermeister von Maribor, dann mit dem Ministerpräsidenten in Ljubljana zeigten, wie gut durchdacht das System war; aber, so der Ministerpräsident: „Woran es fehlt, das ist das sozialistische Bewußtsein der Menschen. Sie unterlaufen das

System, suchen privaten Vorteil, hintergehen den Staat, anstatt zusammenzuarbeiten und unsere Wirtschaft aufzubauen.“ Die Ideale, von oben auferlegt, waren nicht ins Innere der Menschen eingegangen, und ohne das waren sie nicht wirksam umzusetzen.

Die bange Frage an uns lautet: Sind denn die demokratischen Ideale wirklich in den Menschen angekommen? Gibt es nicht wieder verbreitet den Wunsch nach dem „Starken Mann“, der's regeln soll? Sind wir von der Sozialpflichtigkeit des Eigentums, unserem Grundgesetz also, so überzeugt, daß dagegen nicht anzukommen ist?

Einige ja, wir sehen es. Es müssen mehr werden, und es können auch mehr werden. Die Massen, die sich in der Friedensbewegung engagiert haben, die kleineren, aber immer noch beachtlichen Massen, die gegen die Castor-Transporte protestiert haben, ahnungsvoll, wie sich jetzt für alle zeigt; der Zuspruch zu den Weltläden, die hohen Spendenaufkommen für „Brot für die Welt“ zeigen, daß eine verbreitete Bereitschaft da ist, für mehr Gerechtigkeit gegenüber den Ländern des Südens einzutreten. Die noch junge Aktion „Clean Clothes Campaign“ („Saubere Kleidung“ also), die auf den kommerziellen Mißbrauch vieler Altkleideraktionen aufmerksam macht, durch deren Export die einheimische Textilindustrie besonders Afrikas zerstört wird, und Alternativen aufzeigt, beweist, daß es weitergeht, wo einmal der wache Blick da ist.

Was nottut, ist der lange Atem. Der Straßenkehrer aus Michael Endes „Momo“ fällt einem ein: „Manchmal hat man eine lange Straße vor sich. Man denkt, die ist so schrecklich lang, das kann man niemals schaffen ... Und dann fängt man an, sich zu eilen. Und man eilt sich immer mehr. Jedesmal, wenn man aufblickt, sieht man, daß es gar nicht weniger wird, was noch vor einem liegt. Und man strengt sich noch mehr an, man kriegt es mit der Angst, und zum Schluß ist man ganz außer Puste und kann nicht mehr. Und die Straße liegt immer noch vor einem. So darf man es nicht machen ... Man darf nie an die ganze Straße auf einmal denken, verstehst du? Man muß nur an den nächsten Schritt denken, an den nächsten Atemzug, an den nächsten Besenstrich. Und immer wieder, nur an den nächsten ... Dann macht es Freude, das ist wichtig, dann macht man seine Sache gut. Und so soll es sein ... Auf einmal merkt man, daß man Schritt für Schritt die ganze Straße gemacht hat. Man hat gar nicht gemerkt wie, und man ist nicht außer Puste. Das ist wichtig.“

Gibt es schon solche langen Straßen, die hinter uns liegen? Aber ja. Denkt jemand noch an Wackersdorf, wo eine ganze Provinz sich erhob, um die geplante Wiederaufarbeitungsanlage der Atomindustrie zu verhindern? Und an Wyhl, wo ein AKW nicht gebaut werden konnte, an Mülheim-Kärlich, wo der Betrieb verhindert wurde, weil ein Rentner um der Gesundheit seiner Enkel willen geklagt hatte und Mitstreiter fand? Oder an die (anfangs verfemte) Fraueninitiative „Kauft keine Früchte aus Südafrika“, die dazu beitrug, die Apartheid zu stürzen?

Jede und jeder, die sich im konziliaren Prozeß engagiert, kann von (großen oder kleinen) Erfolgen berichten. Und das müssen wir tun. Nicht nur die Gefahren, die uns bedrohen, müssen benannt werden, samt der Blindheit und Verstocktheit der Mächtigen, die nur an kurzfristige Profite denken; es muß auch und vor allem weitererzählt werden, was gelungen ist. Eine Erzählkultur „von unten“, von denen, die an der Zukunft arbeiten, muß entstehen oder vielmehr weiterentwickelt werden, denn es gibt sie ja schon. In den Mitteilungen, die die Initiativen herausgeben, wird vieles berichtet, was Mut macht. Freilich kommt jedem Interessierten allzuviel Lesestoff in Haus – nicht zu bewältigen. Aber vielleicht können wir uns ein Gebiet oder eine Initiative heraussuchen, deren Mitteilungen wir lesen und weitererzählen wollen?

Manchmal dringen diese Initiativen, NGOs genannt, Nichtregierungsorganisationen, sogar bis „oben“ durch. Amnesty International hat Beraterstatus bei den Vereinten Nationen; der Chef der Weltbank empfing Umweltorganisationen. Mahatma Gandhis Satz, daß jeder Mensch (also auch „die oben“) eine Vernunft und ein Gewissen habe, die man ansprechen könne, gilt – auch wenn Gandhis Brief an Hitler zwecks Kriegsverhinderung ohne Wirkung blieb. Überhaupt plädiere ich für etwas, das ich „Seelsorge von unten“ nennen möchte. Man hat ja oft den Eindruck, daß die Entscheidungsträger in Wirtschaft, Staat und Kirche so weit von der Basis entfernt sind, also von den täglichen Erfahrungen der ganz normalen Menschen, daß ihnen gar nicht deutlich ist, was sie bewirken. Die hohlen Allgemeinplätze, die man in Wahlreden oft hören kann, dürften darin ihren Grund haben. Wir müssen uns bemerkbar machen, mit klarer, anschaulich begründeter Kritik, aber auch mit „Lob“, wenn man so sagen darf, wenn in die richtige Richtung agiert worden ist. Ein hoher Kirchenmann, dem ich in der Zeit, in der Politiker mit ihrer Ausländerhetze begannen, einen Dankbrief schrieb, weil er sich öffentlich klar dagegen ausgesprochen hatte, antwortete so erfreut, daß ich ganz beschämt war. Jedenfalls gilt: Wenn wir Lobby sein wollen für die Zukunft aller, für Gerechtigkeit, Frieden und Bewahrung der Schöpfung, dann dürfen wir „die oben“ nicht einfach rechts liegen lassen. Und unsere Kritik sowie auch, manchmal, unser Lob müssen öffentlich werden – damit die Lobby immer größer wird.

Und vergessen wir auch das nicht: Technik und Naturwissenschaft, die unsere Welt mit ihren sich überstürzenden Entdeckungen und Erfindungen bedrohen, können auch zur Rettung beitragen. Wer weiß, vielleicht ist ja der künftige Nobelpreisträger schon geboren oder hat gar schon sein Abitur, der etwas erfindet, um die Ozonschicht wiederherzustellen. Schließlich waren es zwei Forscher, die den großen Atomkrieg verhindert haben, indem sie den „nuklearen Winter“ berechneten, der die ganze nördliche Erdhalbkugel heimsuchen und alle dort Lebenden verhungern lassen würde, wenn die Sonne ein halbes Jahrhundert nicht mehr durchdringen könnte wegen der bis in die Stratosphäre aufgewirbelten Erde und Rußwolken, wenn ganz Europa in Brand gestanden hätte. Als ich die drei kleinen Zeilen in der Zeitung las, Weinberger, damals Kriegsminister in den USA, habe erklärt, der große Krieg könne nicht geführt werden, die Zukunft müsse kleinen Kriegen (low intensity conflicts) gehören – damals habe ich ein für allemal verstanden, daß man die Arbeit für die Zukunft nicht aufzugeben braucht. Es gibt Lösungen, ganz unerwartete manchmal. Resignation muß nicht sein, und sie darf auch nicht sein. Denn was wir mitbringen ins neue Jahrtausend, das sind vor allem wir selbst: Menschen, die viel mehr können, als sie manchmal denken, und die Erfahrungen derer, die schon an der Arbeit sind.

Heinz Giesen

Naherwartung oder Christusgegenwart?

Zum Zeitverständnis der Johannesoffenbarung

(Erstveröffentlichung in: Bibel heute Nr. 131, 3/97)

Nach dem Urteil vieler Neutestamentler steht für die Johannesoffenbarung (Offb) die Wiederkunft Christi und damit das Ende der Welt nahe bevor. Andererseits findet sich in der Offb nirgendwo ein Hinweis, daß Johannes seine Mitchristen auf eine nahe Wiederkunft Christi vorbereiten würde. Er rechnet vielmehr sogar damit, daß die Christen sterben werden. Und folgerichtig ermutigt er sie dazu, bis zu ihrem Tod treu zu Gott und zu Christus zu stehen (Offb 2,10 u.ö.).

Wann beginnt die Heilsvollendung?

„Selig die Toten, die im Herrn sterben ..." Nach dieser Seligpreisung in Offb 14,13 beginnt die Heilsvollendung des treuen Christen unmittelbar nach dem Tod (vgl. Lk 23,42f; Phil 1,23; 2 Kor 5,8) ohne vorausgehendes Gericht. Wie steht es dann aber mit der Verheißung der tausendjährigen Herrschaft mit Christus, die den Tod aller Menschen und damit seine Wiederkunft voraussetzt (20,4f)? Zu beachten ist jedoch, daß in Offb 14,13 von der Heilsvollendung des einzelnen die Rede ist, während 20,4f das Ende der irdischen Geschichte voraussetzt. So löst sich die Spannung. Die Heilsgemeinde kann nun als „das Lager der Heiligen und Gottes geliebte Stadt" (vgl. Ez 38,12) nicht mehr durch den Satan und seine Gehilfen gefährdet werden (20,7–9).

Die von Gott geliebte Stadt, das neue Jerusalem als Sinnbild für die Heilsgemeinde in der Vollendung (vgl. 21,9–22,5), steht dem irdischen Jerusalem gegenüber, das „Sodom und Ägypten" (11,8) heißt, weil dort Jesus gekreuzigt wurde. Der neue Himmel und die neue Erde und das neue Jerusalem sind nichts anderes als die tausendjährige Herrschaft mit Christus, zumal die Symbolzahl 1000 keine zeitliche Begrenzung einschließt.

Das entspricht dem auch anderswo angewandten literarischen Verfahren des Sehers, der Ereignisse als schon geschehen schildert, bevor er sie ausführlich darstellt. Als gutes Beispiel bietet sich das Gericht über Babylon/Rom an. Nach 16,19 stellt Johannes den Fall der Stadt in prophetischer Gewißheit als schon geschehen dar, um ihn in 17,1 erneut anzukündigen, bevor ihn in 18,1–24 die Nutznießer der Stadt in Form einer Leichenklage (vgl. Ez 26f) bejammern.

Die Zusicherung an die Märtyrer, daß das Gericht über ihre Feinde eintreten wird (6,9–11), sobald die Anzahl der Märtyrer das von Gott gesetzte Maß (6,11) erreicht hat, hält den Zeitpunkt des Gerichts völlig offen. Auch aus der Bitte an die Märtyrer, sie sollten noch kurze Zeit warten, bis ihnen Gott Recht verschafft, ist nicht zu schließen, das Ende der Welt stünde unmittelbar bevor. Die Märtyrer können durch ihr Rufen die Zeit nicht verkürzen (vgl. dagegen Lk 18,6–8).

Nach dem bisher Gesagten deutet eigentlich wenig auf eine akute Naherwartung in der Offb. Schauen wir uns die Texte, die gewöhnlich zu ihren Gunsten angeführt werden, einmal kritisch an.

Ankündigung des Kommens Christi (Offb 2f)

Der erhöhte Herr ist nach den Sendschreiben durch seinen Brief in den Gemeinden gegenwärtig. Das ist nichts anderes als die Funktion eines jeden Briefes: Der Briefautor läßt sich durch den Brief vertreten. Wie Paulus in seinen Briefen (1 Kor 15,3 u. ö.), so kündigt auch Christus in 2,5.16.25; 3,3.11 (vgl. 3,20) an, er werde bald in die Gemeinde kommen, um sie zu ermahnen beziehungsweise zu bestrafen. Gemeint ist also nicht seine Wiederkunft, sondern ein innergeschichtliches Kommen.

Christus kommt wie ein Dieb (16,15)

Christi Zusage, er werde wie ein Dieb kommen und den selig preisen, den er wachend vorfindet (16,15), wird ebenfalls oft auf seine unmittelbar bevorstehende Wiederkunft bezogen. Christus sagt aber den Christen seine Gegenwart schon in der Zeit der Kirche zu. Die in der Offb angekündigten Plagen beschreiben auch keine Ereignisse kurz vor dem Ende, sondern reden bildhaft von der Stellung der Menschen vor Gott in der mit Christus begonnenen Endzeit. Somit ist auch aus der sechsten Schalenplage (16,12–16), in der diese Seligpreisung steht, kein „Fahrplan für das Kommende“ abzulesen. Die Plagen gelten vielmehr den gottfeindlichen

Menschen zu allen Zeiten. Unerwartet und unwillkommen wie ein Dieb ist Christus nur für jene, die nicht wachsam sind. Das ist eine Mahnung an den Christen, so zu leben, daß er jederzeit für das Kommen des Herrn bereit ist. Das schließt die endgültige Erwartung des Herrn bei seiner Wiederkunft nicht aus. Sie steht hier jedoch nicht im Vordergrund.

„Die Zeit ist nahe“ (1,3; 22,10)

Nun könnte man annehmen, die Zeitangabe, die die Aussagen der Offb einrahmt, spreche ohne Wenn und Aber für eine brennende Naherwartung. Denn der Seher begründet die Heilszusage in 1,3 und die Aufforderung, die Worte dieses Buches nicht zu versiegeln (22,10), damit, daß die Zeit (griechisch: Kairos) nahe ist. Doch ein genaueres Hinsehen zeigt, daß es um etwas anderes geht:

Der Hörer beziehungsweise Leser soll sich der Botschaft der Offb öffnen, weil die in ihr enthaltenen Weissagungen sich bald erfüllen werden. Der Inhalt der Offb allerdings betrifft nicht nur die Zukunft, sondern auch die Vergangenheit und die Gegenwart. Schon allein deshalb ist es nicht möglich, den „Kairos“ eindeutig auf die Wiederkunft Christi oder auf die Schrecken, die ihr unmittelbar vorausgehen, zu beziehen. Für den Seher ist vielmehr das gesamte Heilsgeschehen „nahe = in der Nähe, vorhanden“ (N. Baumert). „Kairos“ bedeutet hier soviel wie Zeit der Verwirklichung, nicht einfach Zeit oder Endzeit. Zugleich dürfte die Nuance der günstigen Gelegenheit mitschwingen: Die nahe bevorstehende „Zeit“ ist positiv als Chance für den Christen begriffen, sich in seinem Glauben zu bewähren. Weil die Zeit nahe ist, duldet das Handeln keinen Aufschub. Damit ist das Drängende der Entscheidung unterstrichen, aber kein Termin genannt.

Auch in 11,18 schließt der „Kairos“ eine Forderung ein, wie die Parallelaussage vom kommenden Zorn Gottes beweist. Gemeint ist, daß die Toten, nämlich die gottfeindlichen Menschen, an der Reihe sind, gerichtet zu werden, während die treuen Christen (Knechte) an der Reihe sind, belohnt zu werden (11,18c).

Wenn es in 12,12 heißt, daß der Satan nur wenig Zeit (wieder: „Kairos“) habe, bedeutet das, daß er nicht mehr viele Gelegenheiten bekommt, die Christen zu verführen. Hier schließt „Kairos“ einen zeitlichen Aspekt ein; denn die kurze Zeit in 12,12 ist identisch mit dem, was in 12,14 im Anschluß an Dan 7,25; 12,7 „eine Zeit und zwei Zeiten und eine halbe Zeit“ heißt. Damit ist symbolisch die ganze Zeit der Kirche als notvoll charakterisiert. Wie lange die dreieinhalb Zeiten dauern und damit wie lange die Wiederkunft noch auf sich warten läßt, wird nicht gesagt. Ihr Termin bleibt völlig offen, so daß sie durchaus auch schon in naher Zukunft eintreten könnte.

Das „Marana tha" oder die Bitte um die Gegenwart des Herrn (Offb 22,17.20)

In 22,17 erklingt zum erstenmal der Ruf „Komm!", dem sich die Zusage Jesu, bald zu kommen, anschließt. Bevor die Offb mit einem brieflichen Schlußgruß (22,21) endet, bringt die Gemeinde mit ihrem „Amen. Komm, Herr Jesus" (22,20) ihren inständigen Wunsch nochmals nachdrücklich zum Ausdruck. Worauf zielt nun diese Bitte? Ist sie Ausdruck einer glühenden Naherwartung? Oder bittet die Gemeinde ihren Herrn darum, ihr in der Bedrängnis nahe zu sein?

Der Bitte „Komm, Herr Jesus" liegt wahrscheinlich die aramäische Formel „marana tha" zugrunde, die zwei frühchristliche Texte in der Originalsprache bezeugen (1 Kor 16,22; Did 10,6). Meistens werden diese als Bitte an Christus verstanden, er möge doch bald erscheinen. Man kann meines Erachtens jedoch zeigen, daß in 1 Kor 16,22 und Did 10,6 wahrscheinlich nicht „marana tha" („Komm, Herr"), sondern „maran atha" („der Herr ist gekommen" beziehungsweise „gegenwärtig") zu lesen ist. Es wäre also die Anwesenheit des Herrn in der Gemeinde gemeint und nicht seine Wiederkunft.

Nach Offb 22,17.20 bittet die Gemeinde indes eindeutig um das Kommen Jesu, was man fast allgemein auf die Wiederkunft des Herrn in Herrlichkeit bezieht. Daß der Text nicht *notwendig* so zu verstehen ist, liegt nahe, sollten 1 Kor 16,22 und Did 10,6 tatsächlich von der *Gegenwart* des Herrn sprechen. Denn das würde zeigen, daß man auch um sein Kommen *in der Gegenwart* beten kann.

Im übrigen weisen auch die Ankündigungen des Erhöhten in den Sendschreiben (Offb 2f), in die Gemeinden zu kommen, in diese Richtung. Auch der liturgische Kontext dieser Bitte deutet eher auf ein gegenwärtiges Kommen in die Gemeinde. Eine grammatische Beobachtung kann dieses Verständnis unterstützen: Die Bitte ist nämlich im Imperativ Präsens formuliert. Das bedeutet nach griechischem Sprachgebrauch, daß der Herr schon zuvor in der Gemeinde gegenwärtig war und nun um seine erneute Anwesenheit gebeten wird. Das paßt dann aber nicht zur gängigen Deutung auf die Wiederkunft.

Wenn die Gemeinde betet: „Komm, Herr Jesus", ist das am ehesten mit Gebeten zu vergleichen wie „Herr, komm in unsere Mitte!" oder

„Komm, Heiliger Geist!“, mit denen wir zu Beginn eines Gottesdienstes um die Gegenwart des Herrn beziehungsweise des Heiligen Geistes bitten. Daß die Gemeinde schon gegenwärtig mit Jesu Anwesenheit rechnen darf, bestätigt dessen Zusage: „Siehe, ich stehe vor der Tür und klopfe an“ (3,20). Hier wird betont, daß es am einzelnen Christen liegt, ob er auf die Stimme Jesu hört und ihm öffnet. Wenn er das tut, dann wird Christus mit ihm Mahl halten, das heißt Gemeinschaft mit ihm haben. Weil dem Christen im Alltag die Gegenwart des Herrn jedoch nicht offenkundig ist, deshalb ruft er in der gottesdienstlichen Versammlung immer wieder: „Komm, Herr Jesus!“ (22,17.20) Er anerkennt damit zugleich, daß die Christusbeziehung zu keinem verfügbaren Besitz werden kann, sondern immer wieder erbetet werden will. Den Christen, die sich so verstehen, gilt die Zusage ihres Herrn: „Wo zwei oder drei in meinem Namen versammelt sind, da bin ich mitten unter ihnen“ (Mt 18,20).

Der Ruf nach der Gegenwart des Herrn im jeweiligen Heute ist offen für die Heilsvollendung. Darauf macht die sogenannte „Kanonisierungsformel“ (22,18f) eindringlich aufmerksam: Wer die in der Offb enthaltene Botschaft verändert, den treffen die in ihr angedrohten Plagen, und er wird nicht zur vollendeten Heilsgemeinde gehören. Umgekehrt heißt das: Wer aus der von der Offb aufgezeigten Zukunftsvision lebt, der lebt schon jetzt im Heil, das sich im neuen Jerusalem vollenden wird.

Franz Müller

Der Irrtum des Dionysius Exiguus

Die Jahrtausendwende ist schon längst vorbei: Wie vor 1500 Jahren die christliche Zeitrechnung begann

(Erstveröffentlichung in: Frankfurter Allgemeine Zeitung, 6. Juli 1996)

Nichts scheint uns heute selbstverständlicher als die Zählung der Jahre nach der Geburt Christi. Unverrückbar klar stehen die Daten der Vergangenheit und Gegenwart vor uns, und schon haben wir das Jahr 2000 fest ins Visier genommen. Aber das scheinbar so festgefügte Gebäude unserer Zeitrechnung steht auf äußerst wackligem Fundament

Die Geschichte der christlichen Zeitrechnung begann vor 1500 Jahren. In jenem denkwürdigen Jahr 496 – bleiben wir vorläufig dabei und sagen „nach Christus" – setzte der Mönch Dionysius zum erstenmal seinen Fuß auf das Pflaster der Stadt Rom, um einen wichtigen Auftrag zu erledigen. Die Karriere des Mannes, der die christliche Zeitrechnung „erfand", begann in Syrien, genauer gesagt in Mabidj. Heute gibt es dort kaum etwas zu besichtigen, das an den Glanz vergangener Jahrhunderte erinnert. In römischer Zeit hieß der Ort im äußersten Osten des Imperiums Hierapolis, beherbergte eine Garnison zur Bewachung des nahegelegenen Grenzübergangs über den Euphrat und nahm als Handelsstation im Warenverkehr zwischen Okzident und Orient eine wichtige Rolle ein. Das geistige Zentrum der antiken Stadt bildete lange Zeit der heidnische Tempel der syrischen Muttergöttin Atargatis, zu dem sich später ein christliches Kloster gesellte. In diesem Kloster verbrachte der gebürtige Armenier Dionysius seine frühen Jahre, hier erwarb er sich seine umfassende klassisch-hellenistische Bildung und seinen Beinamen, der mehr über seinen Charakter aussagt als viele Worte: Exiguus, der Geringe, Demütige. Ende des fünften Jahrhunderts kehrte Dionysius seinem Heimatkloster den Rücken und ging nach Konstantinopel, der griechisch geprägten Hauptstadt des Oströmischen Reiches.

Schnell machte sich der Mönch in der Stadt am goldenen Horn einen Namen als Übersetzer griechischer Texte ins Lateinische, und schon bald erreichte ihn jenes schicksalhafte Angebot, das ihn zur Erfüllung seiner „historischen Mission" nach Rom führte. Der Papst höchstpersönlich bat den sprachgewandten Mönch in seine Residenz, um das dortige Archiv in Ordnung zu bringen. Als Dionysius seine künftige Wirkungsstätte zum ersten Mal in Augenschein nahm, ahnte er bereits etwas von der auf ihn wartenden Sisyphusarbeit, denn seit die Vandalen im Jahr 455 Rom geplündert hatten, befand sich das päpstliche Archiv in katastrophalem Zustand.

Überall lagen Dokumente wahllos durcheinander, viele Schriftstücke waren zerfetzt oder nur noch in Bruchstücken vorhanden: Dionysius stand vor einem Trümmerfeld. Beharrlich fügte er in den folgenden Jahren die zerstreuten Akten wieder zusammen, sammelte Briefe, Papsterlässe und Konzilsbeschlüsse, von denen viele erst noch ins Lateinische übersetzt werden mußten. Langsam, aber unaufhaltsam wandelte sich das Dokumentenchaos unter den Händen des Mönchs zu einem Machtinstrument für den Papst, der von nun an bei jedem Glaubensstreit das konzentrierte Wissen seines Archivs einsetzen konnte – ein Vorteil von unschätzbarem Wert.

Streit gab es unter den Kirchenführern zur Zeit des Dionysius mehr als genug. Das in viele kleine Gruppen zersplitterte frühe Christentum war von einer festgefügten Kirchenorganisation noch weit entfernt. Es existierte weder ein einheitliches Glaubensbekenntnis noch die uns heute vertraute Systematik kirchlicher Lehrsätze, und der Papst beschäftigte sich noch eindringlich mit der Durchsetzung seines Führungsanspruchs gegenüber den Bischöfen. Besonders deutlich zeigte sich die Zerrissenheit des Christentums bei der alljährlichen Festlegung des Ostertermins, über den sich die Bischöfe oft nicht einigen konnten, weil die Gelehrten verschiedene Rechnungsmodelle anboten. Immer wieder feierten deshalb Christen einer Diözese die Auferstehung des Herrn bereits mit einem üppigen Festgelage, während die Brüder und Schwestern andernorts gerade erst mit dem Fasten begannen. Bis ins sechste Jahrhundert hinein gab es keine Autorität, die das Problem der Festlegung des Osterfestes allgemein verbindlich lösen konnte.

Die Bereinigung des Osterstreits

Als sich Papst Johannes I. mit dem Ostertermin für das Jahr 526 beschäftigte, bemerkte er, daß die Berechnungen der Gelehrten wieder einmal um mehrere Tage differierten. Da erinnerte er sich an den in Ehren ergrauten Leiter seines Archivs. Wenn jemand einen Weg aus der Misere finden konnte, dann war es Dionysius Exiguus, der die Quellen des Kirchenrechts besser kannte als jeder andere. Der Vertrauensmann des Papstes machte sich dann auch in bewährter Manier an die Arbeit: zukunftsorientiert mit festem Griff auf Bewährtes aus der Vergangenheit.

Als profundem Kenner der griechischen Literatur waren ihm die Osterberechnungen des Kirchenlehrers Kyrill von Alexandrien bestens bekannt. Nach dessen Vorbild verfaßte Dionysius in monatelanger Kleinarbeit eine sogenannte Ostertafel, auf der die Ostertermine für die nächsten 95 Jahre im voraus bestimmt wurden. Mit dieser Fleißarbeit allein war freilich nicht viel gewonnen, denn noch war völlig unklar, wie dieser Vorschlag schließlich durchzusetzen sei. Um sein Ziel zu erreichen, griff der Mönch nun zu einer kleinen, aber äußerst wirkungsvollen Notlüge. Die Osterberechnung nach Kyrill, so argumentierte er wider besseres Wissen, gehe auf einen Beschluß des Konzils von Nicäa zurück, das den rechten Weg durch eine Erleuchtung des Heiligen Geistes gefunden habe. Dieses Argument wirkte unwiderstehlich, denn das legendäre Konzil von Nicäa vom Jahre 325 stellte eine Autorität dar, der sich niemand ernsthaft zu widersetzen wagte.

Die Überwindung der ständigen Querelen um das Osterfest allein war schon eine geschichtsmächtige Leistung. Doch damit hatte Dionysius seinen Beitrag zur Historie noch nicht ganz zu Ende geleistet, zumal in seinem Kopf noch ein Gedanke herumschwirrte, der nach Äußerung drängte. Ausgelöst wurde die geistige Unruhe des Mönchs durch ein kleines, aber nicht unerhebliches Detail in Kyrills Berechnungstabellen: Den ägyptischen Gepflogenheiten entsprechend, hatte der Alexandriner die Jahre nach dem Regierungsantritt des Christenverfolgers Diokletian datiert. Für einen Christenmenschen, so meinte Dionysius, gezieme es sich eigentlich nicht, die Jahre nach diesem „gottlosen Kaiser“ zu zählen. Viel näherliegend sei es doch, die Jahreszählung mit der Geburt Christi zu beginnen, und so datierte Dionysius die Jahre seiner Ostertafel nach der „Menschwerdung des Herrn“. Die christliche Zeitrechnung verdankt ihre Existenz also im Grunde der Bereinigung des Osterstreits und dem religiösen Empfinden eines demütigen Mönchs.

Ungeklärt blieb allerdings noch die Frage, mit welchem Jahr die neue christliche Ära beginnen sollte. Auch darauf fand Dionysius eine Antwort. Zur Festlegung der gesuchten Jahreszahl studierte er intensiv die Berichte der Evangelisten. Die vorhandenen Geschichtsquellen aus der Antike betrachtete der Theologe als heidnisches Machwerk und ignorierte sie folgerichtig. Damit war Dionysius nun auf reine Spekulation angewiesen, weil sich die Evangelisten ja bekanntlich über Jahr und Tag der Geburt Christi vollständig ausschweigen.

Aufgrund der spärlichen Bibelangaben konstruierte er notgedrungen ein höchst fragwürdiges Denkgebäude. Dionysius ging dabei von der damals in Theologenkreisen allgemein angenommenen Ansicht aus, daß Jesus an einem 25. März auferstanden sei. Er suchte nun nach einem passenden Ostertermin in der Vergangenheit. Er stieß auf den 25. März des Jahres 784 römischer Zeit. An diesem Tag mußte Jesus auferstanden sein. Da die Bibel auf ein Alter des Gekreuzigten von etwa dreißig Jahren schließen läßt, gelangte Dionysius zum Jahr 754 als Geburtsdatum des Herrn. Der Rest war nur noch Formsache: Aus 754 wurde das Jahr 1, und schon besaß die Christenheit ihre eigene Zeitrechnung.

Jahrhundertelang störte sich niemand daran, daß der Bezugspunkt des christlichen Zeitmaßes auf einer äußerst unsicheren Spekulation beruht. Als die amtlichen Verwalter der Zeit nach dem verwegenen Rechnungsmodell des Dionysius genau 1604 Jahre nach Christus zählten, geriet dieses System jedoch in die Kritik. Ausgelöst wurden die Diskussionen um das Geburtsjahr Christi interessanterweise durch das Auftauchen eines neuen Sterns am Firmament. Das rätselhafte Himmelsphänomen schreckte eine Vielzahl von Sterndeutern auf, die mit ihren zum Teil recht gewagten Theorien die Öffentlichkeit beunruhigten. Schließlich trat ein Mann auf, der im Unterschied zu seinen spekulierenden Kollegen die kosmischen Probleme mit wissenschaftlicher Akribie zu lösen versuchte. Es war der Württemberger Johannes Kepler, ein Hofmathematiker des Kaisers Rudolf II. mit Sitz in Prag.

Kepler arbeitete damals gerade an der Begründung seiner berühmten Planetengesetze, die zu einem wichtigen Eckpfeiler der modernen Astronomie werden sollten. Die Beschäftigung mit dieser bahnbrechenden Entdeckung hinderte ihn allerdings nicht daran, sich gleichzeitig Aktuellem zuzuwenden: der Beurteilung des neuen Sterns. Zwei Jahre lang sammelte Kepler alle verfügbaren Informationen. Die Ergebnisse legte er 1606 in seinem „Gründlichen Bericht von einem ungewöhnlichen Neuen Stern" vor. Darin begründete er schlüssig, daß die himmlische Erscheinung nicht von Geisterhand in der Planetensphäre entzündet wurde, wie viele seiner Kollegen fabulierten, sondern eine Zerstäubung von Materie darstellte.

Damit kam Kepler der Wahrheit erstaunlich nahe, denn bei dem vieldiskutierten Stern des Jahres 1604 handelte es sich um eine Supernova, wie man heute weiß. Obwohl Kepler nach eigener Aussage jeglichen Streit vermeiden wollte, setzte er ans Ende seines Berichts doch noch eine Provokation, die zu erheblichen Irritationen, aber auch zu einer erstaunlichen Erkenntnis führte. Astronomische Beobachtungen ließen darauf schließen, so schrieb der kaiserliche Mathematiker in einem kleinen Zusatz, daß die Geburt Christi bereits mehrere Jahre vor der Zeitenwende stattgefunden haben müsse. Diese eher beiläufige Bemerkung zeigte eine unerwartete Wirkung, denn die These vom fehlerhaften Beginn der christlichen Zeitrechnung blieb nicht unwidersprochen.

Die Kritik wiederum wollte der Meister nicht unbeantwortet lassen, und so griff er denn erneut zur Feder, um den „gottlosen Spöttern das Maul zu stopfen“, wie er ziemlich verärgert bemerkte. Die Aufgabe, vor die sich Kepler gestellt sah, war eine äußerst delikate. Er hatte an ein Tabu gerührt, und dies in einer Zeit, in der sich die Religionsfanatiker bis aufs Messer bekämpften. Doch wollte er seinen guten Ruf nicht gefährden, dann mußte er eine hieb- und stichfeste Begründung folgen lassen. Kepler, der Mathematiker und Astronom, wurde notgedrungen zum Historiker. Er wälzte Geschichtsquellen, verglich die Aussagen von Texten verschiedener Kulturen miteinander und legte schließlich im Herbst 1613 seinen „Bericht vom Geburtsjahr Christi“ vor. Dieses heute weitgehend in Vergessenheit geratene Buch ist ein ganz erstaunliches Werk, denn in ihm findet sich die Methodik der modernen Geschichtswissenschaft im Prinzip bereits ausgebildet, obwohl diese erst rund zweihundert Jahre später begründet wurde. Unabhängig von den ideologischen Grabenkämpfen seiner Zeit stellte Kepler in einem kühnen Akt geistiger Grenzüberschreitung die „heidnischen“ Berichte der römischen und jüdischen Geschichtsschreiber vorurteilsfrei neben das Zeugnis der Evangelisten. Mit Hilfe seines wissenschaftlich-pragmatischen Ansatzes gelang ihm eine überzeugende Begründung für seine Ausgangsthese: Jesus wurde genau fünf Jahre vor der angenommenen Zeitenwende geboren.

Keplers Beweisführung ist trotz der dargebotenen Materialfülle genial einfach. Dreh- und Angelpunkt seiner historischen Aufarbeitung der biblischen Weihnachtsgeschichte ist König Herodes. Wenn man die Aussagen im Evangelium des Matthäus ernst nimmt, wonach zwischen der Geburt des Jesuskindes und dem Ableben des jüdischen Königs ein unmittelbarer zeitlicher Zusammenhang besteht, dann liegt der Schlüssel beim Todesdatum des Herodes.

Die Auswertung der verfügbaren Schriftquellen ließ Kepler auf das Jahr 4 vor Christus stoßen. Damit war zwar der Historiker in ihm mit seinem Latein am Ende, der Astronom jedoch kam der Wahrheit noch ein gehöriges Stück näher: Dazu verhalf ihm der jüdische Geschichtsschreiber Joseph ben Mathitjahu, der in seinem „Bellum Judaicum“ eine kurz vor dem Tod des Herodes stattfindende Mondfinsternis erwähnt. Mit dieser Angabe verfügte Kepler über ein objektivier- und exakt berechenbares Ereignis. Nach seinen Berechnungen fand die beschriebene Mondfinsternis in der Nacht vom 12. zum 13. März des Jahres 4 vor Christus statt. Damit war klar: Herodes starb irgendwann im Frühjahr 4 vor Christus. Nimmt man die Geburt des Christuskindes am Ende des davorliegenden Jahres an, wofür nach Matthäus gute Gründe sprechen, dann ergibt sich das Jahr 5 vor Christus.

Der Stern von Bethlehem

Nachdem Kepler das Datierungsproblem der Geburt Jesu zum erstenmal mit der wissenschaftlichen Methode der Quellenkritik aufgearbeitet hatte, kam unter den Gelehrten eine Diskussion in Gang, die bis heute anhält. Auf der Suche nach dem richtigen Bezugspunkt der christlichen Zeitrechnung entwickelten die Nachfolger des großen Astronomen eine beträchtliche Kreativität. Von 12 vor Christus bis 1 vor Christus wurden alle nur denkbaren Möglichkeiten durchgespielt und wieder verworfen. Für die zur Praxis gewordene Spekulation des Dionysius ergriff niemand Partei, während Keplers Ansatz lange Zeit als überzeugendster galt. Zu Beginn des neunzehnten Jahrhunderts erhielt Kepler allerdings ernsthafte Konkurrenz durch den Astronomen Ideler. Ideler wählte einen neuen Weg der Problemlösung: Er ging der Spur nach, die der Stern von Bethlehem hinterlassen hatte.

Schon Kepler hatte erkannt, daß um die Geburt Christi herum ein astronomisches Jahrtausendereignis stattgefunden haben mußte, nämlich die große Konjunktion von Jupiter und Saturn im Sternbild der Fische. In Ermangelung exakten Datenmaterials behandelte er dieses Phänomen allerdings nur am Rande. Ideler dagegen machte es zum Zentrum seiner Überlegungen. Er berechnete den Zeitpunkt der Konjunktion neu und landete dabei im Jahr 7 vor Christus. Ausgehend vom Bericht im Matthäusevangelium über die Weisen aus dem Morgenland, stellte Ideler die These auf, daß die Konjunktion mit dem biblischen Stern von Bethlehem identisch sei und Jesus dementsprechend in diesem Jahr geboren wurde.

Idelers Theorie über den Stern von Bethlehem wurde inzwischen durch die sensationelle Entdeckung des babylonischen Tempelarchivs mit seinen astronomischen Aufzeichnungen aus vorchristlicher Zeit erhärtet. Heute ist die moderne Astronomie im computergesteuerten Planetarium dazu in der Lage, die Konstellation des Himmels über Bethlehem im Jahre 7 vor Christus zu simulieren. Konradin Ferrari d'Occhieppo, einer der sternkundigen Nachfolger Keplers, machte dabei eine höchst interessante Entdeckung: Reisende, die sich am Abend des 12. November 7 vor Christus von Jerusalem aus dem kleinen Ort Bethlehem näherten, erlebten genau jenes Himmelsereignis, das Matthäus beschreibt. Wenn es die in der Bibel erwähnten Weisen aus dem Morgenland also je gegeben hat, dann standen sie am Abend des 12. November 7 vor Christus vor dem Jesuskind.

Überblickt man den gegenwärtigen Erkenntnisstand, dann befindet sich Idelers Jahr 7 vor Christus als Geburtsdatum von Jesus eindeutig im Vorteil. Damit ist die Version Keplers allerdings noch nicht ganz hinfällig, denn Idelers Theorie steht und fällt mit der unter Forschern nicht unumstrittenen Annahme, daß die Konjunktion von Jupiter und Saturn tatsächlich mit dem Stern von Bethlehem identisch ist. Die Frage nach dem tatsächlichen Geburtsjahr Christi und damit nach der Grundlage unserer Zeitrechnung läßt sich also auch heute nicht eindeutig beantworten. Unumstritten aber steht fest, daß unsere Zählung der Jahre nach Christi Geburt auf einem Irrtum beruht.

Johannes Paul II.

Das Große Jubeljahr 2000: Herausforderung und Gnade

(Auszüge aus dem Apostolischen Schreiben „Tertio Millennio Adveniente" vom 10. November 1994)

1. Während das dritte Jahrtausend neuer Zeitrechnung näherrückt, kommen uns unwillkürlich die Worte des Apostels Paulus in den Sinn: „Als aber die Zeit erfüllt war, sandte Gott seinen Sohn, geboren von einer Frau" (Gal 4,4). *Die Fülle der Zeiten ist identisch mit dem Geheimnis der Fleischwerdung des Wortes,* des mit dem Vater wesensgleichen Sohnes, und mit dem Geheimnis der Erlösung der Welt ...

5. Dieses Ereignis, daß der Sohn Gottes „einer aus uns geworden ist", hat sich in größter Demut vollzogen, so daß es nicht verwundert, daß die nichtchristliche Geschichtsschreibung, die sich von aufsehenerregenden Ereignissen und prominenteren Persönlichkeiten gefangennehmen ließ, dem Anfang (des Christentums) nur flüchtige, wenn auch bedeutsame Andeutungen gewidmet hat. Hinweise auf Christus finden sich zum Beispiel in der Jüdischen Altertumskunde, einem von dem Historiker Flavius Josephus in den Jahren 93 und 94 in Rom verfaßten Werk, und vor allem in den zwischen 115 und 120 verfaßten Annalen des Tacitus; in ihnen weist der Geschichtsschreiber unter Bezugnahme auf den Brand von Rom im Jahr 64, den Nero fälschlicherweise den Christen angelastet hatte, ausdrücklich auf Christus hin, der „auf Anordnung des Statthalters Pontius Pilatus unter Kaiser Tiberius hingerichtet wurde". Auch Sueton informiert uns in der um das Jahr 121 geschriebenen Biographie des Kaisers Claudius über die Vertreibung der Juden aus Rom, weil „sie auf Anstiftung eines gewissen Chrestus hin häufig Unruhen auslösten".

Unter den Interpreten ist die Überzeugung verbreitet, daß sich dieser Abschnitt auf Jesus Christus bezieht, der zum Anlaß für Streit innerhalb des römischen Judentums geworden war. Wichtig ist zum Beweis für die rasche Ausbreitung des Christentums auch das Zeugnis Plinius' des Jüngeren, Provinzstatthalters von Bithynien, der zwischen 111 und 113 dem Kaiser Trajan berichtet, daß sich eine große Anzahl von Personen „an einem bestimmten Tag vor Tagesanbruch“ zu versammeln pflegten, „um im Wechselgesang einen Hymnus an Christus als einen Gott zu singen“.

Doch sein volles Licht gewinnt das große Ereignis, auf dessen Erwähnung sich die nichtchristlichen Historiker beschränken, in den Schriften des Neuen Testaments, die zwar Glaubensdokumente sind, aber deshalb in ihren Bezugnahmen insgesamt auch als historische Zeugnisse nicht weniger zuverlässig sind. Christus, wahrer Gott und wahrer Mensch, Herr des Kosmos, ist auch Herr der Geschichte, deren „Alpha und Omega“ (Offb 1,8; 21,6), „Anfang und Ende“ (Offb 21,6) er ist. In ihm hat der Vater das endgültige Wort über den Menschen und über seine Geschichte gesprochen ...

10. *Im Christentum kommt der Zeit eine fundamentale Bedeutung zu.* Innerhalb ihrer Dimension wird die Welt erschaffen, in ihrem Umfeld entfaltet sich die Heilsgeschichte, die ihren Höhepunkt in der „Fülle der Zeit“ der Menschwerdung und ihr Ziel in der glorreichen Wiederkunft des Gottessohnes am Ende der Zeiten hat. *In Jesus Christus, dem fleischgewordenen Wort, wird die Zeit zu einer Dimension Gottes*, der in sich ewig ist. Mit dem Kommen Christi beginnt die „Endzeit“ (vgl. Hebr 1,2), die „letzte Stunde“ (vgl. 1 Joh 2,18), beginnt die Zeit der Kirche, die bis zu seiner Wiederkunft dauern wird.

Aus diesem Verhältnis Gottes zur Zeit entsteht *die Pflicht, sie zu heiligen.* Das ist zum Beispiel dann gegeben, wenn einzelne Zeiten, Tage oder Wochen Gott geweiht werden, wie es schon in der Religion des Alten Bundes geschah und im Christentum, wenn auch in neuer Weise, noch immer geschieht.

11. Vor diesem Hintergrund wird der *Brauch der Jubeljahre* verständlich, der im Alten Testament beginnt und in der Geschichte der Kirche seine Fortsetzung findet. Als Jesus von Nazaret sich eines Tages in die *Synagoge seiner Stadt* begeben hatte, stand er auf, um aus der Schrift vorzulesen (vgl. Lk 4,16–30). Man reichte ihm das Buch des Propheten Jesaja, aus dem er die folgende Stelle las: „Der Geist des Herrn ruht auf mir; denn der Herr hat mich gesalbt. Er hat mich gesandt, damit ich den Armen eine gute Nachricht bringe und alle heile, deren Herz zerbrochen ist, damit ich den Gefangenen die Entlassung verkünde und den Gefesselten die Befreiung, damit ich ein *Gnadenjahr des Herrn ausrufe*“ (vgl. 61,1–2).

Der Prophet sprach vom Messias. „Heute – fügte Jesus hinzu – hat sich das Schriftwort, das ihr eben gehört habt, erfüllt“ (Lk 4,21), womit er zu verstehen gab, daß eben er der von dem Propheten angekündigte

Messias war und daß in ihm die so sehr erwartete „Zeit“ anbrach, die Fülle der Zeit: Der Tag des Heils war gekommen. *Alle Jubeljahre beziehen sich auf diese „Zeit“ und betreffen die messianische Sendung Christi*, der gekommen ist als der „mit dem Heiligen Geist Gesalbte“, als der „vom Vater Gesandte“. Er soll den Armen die gute Nachricht verkünden. Er soll den Gefangenen die Freiheit bringen, die Unterdrückten befreien, den Blinden das Augenlicht zurückgeben (vgl. Mt 11,4–5; Lk 7,22). Auf diese Weise verwirklicht er „ein Gnadenjahr des Herrn“, das er nicht nur durch sein Wort, sondern vor allem durch seine Werke ankündigt. Jubeljahr, das heißt „ein Gnadenjahr des Herrn“, ist *das Kennzeichen des Tuns Jesu* und nicht nur die chronologische Definition einer bestimmten Wiederkehr.

12. *Die Worte und Werke Jesu stellen somit die Erfüllung der gesamten Tradition der Jubeljahre des Alten Testamentes dar.* Bekanntlich war das Jubeljahr eine Zeit, die in besonderer Weise Gott gewidmet war. Es fiel laut dem Gesetz des Mose auf jedes siebente Jahr: das war das „Sabbatjahr“, in welchem die Erde ruhengelassen wurde und die Sklaven freigelassen wurden. Die Verpflichtung zur Freilassung der Sklaven wurde durch detaillierte Vorschriften geregelt, die in den Büchern Exodus (23,10–11), Levitikus (25,1–28), Deuteronomium (15,1–6) enthalten sind, das heißt praktisch in der gesamten biblischen Gesetzgebung, die so diese besondere Dimension erlangt. Außer der Freilassung der Sklaven sah das Gesetz im Sabbatjahr den Nachlaß aller Schulden nach genauen Vorschriften vor. Und das alles sollte zur Ehre Gottes geschehen. Was für das Sabbatjahr zutraf, galt auch für das „Jubeljahr“, das alle fünfzig Jahre begangen wurde. Im Jubeljahr wurden jedoch die Bräuche des Sabbatjahres ausgeweitet und noch feierlicher begangen. Wir lesen im Buch Levitikus: „Erklärt dieses fünfzigste Jahr für heilig und ruft Freiheit für alle Bewohner des Landes aus! Es gelte euch als Jubeljahr. Jeder von euch soll zu seinem Grundbesitz zurückkehren, jeder soll zu seiner Sippe heimkehren“ (25,10). Eine der gewichtigsten Konsequenzen des Jubeljahres war die generelle *„Gleichstellung“ aller freiheitsbedürftigen Bewohner*. Aus diesem Anlaß gelangte jeder Israelit wieder in den Besitz des Landes seiner Väter, falls es nach seiner Versklavung verkauft worden oder verlorengegangen war. Er konnte nicht endgültig des Landes beraubt werden, da es Gott gehörte, noch konnten die Israeliten für immer in einem Zustand der Knechtschaft verbleiben, da Gott sie mit ihrer Befreiung aus der Knechtschaft in Ägypten für sich als Alleineigentum „losgekauft“ hatte.

13. Auch wenn die Vorschriften für das Jubeljahr großenteils eine ideale Perspektive blieben – mehr eine Hoffnung als eine konkrete Verwirklichung, die allerdings zu einer *prophetia futuri*, einer Zukunftsprophezeiung, wurde als Vorankündigung der wahren Befreiung, die vom kommenden Messias vollbracht werden würde –, begann sich auf der Grundlage der in ihnen enthaltenen Rechtsnormen eine bestimmte *Soziallehre* abzuzeichnen, die dann, beginnend im Neuen Testament, eine deutlichere Entwicklung genommen hat. *Das Jubeljahr sollte die Gleichheit zwischen allen Söhnen und Töchtern Israels wiederherstellen*, indem es den Sippen, die ihren Besitz und sogar die persönliche Freiheit verloren hatten, neue Möglichkeiten eröffnete. Die Reichen hingegen erinnerte das Jubeljahr daran, daß die Zeit gekommen war, wo die israelitischen Sklaven, die ihnen wieder gleichgeworden sind, ihre Rechte würden einfordern können. Man sollte in der vom Gesetz vorgesehenen Zeit ein Jubeljahr ausrufen und so jedem Bedürftigen zu Hilfe kommen. Das erforderte eine gerechte Regierung. *Nach dem Gesetz Israels bestand die Gerechtigkeit vor allem in der Beschützung der Schwachen,* und ein König sollte sich darin auszeichnen, wie der Psalmist geltend macht: „Denn er rettet den Gebeugten, der um Hilfe schreit, den Armen und den, der keinen Helfer hat. Er erbarmt sich des Gebeugten und Schwachen, er rettet das Leben der Armen" (Ps 72/72,12–13). *Die Voraussetzungen einer solchen Tradition waren streng theologisch* und standen vor allem im Zusammenhang mit der Schöpfungstheologie und mit der Theologie von der göttlichen Vorsehung. Es war nämlich allgemeine Überzeugung, *daß allein Gott als Schöpfer das „dominum altum"*, das heißt die Herrschaft über die ganze Schöpfung und im besonderen über die Erde, *zustehe* (vgl. Lev 25,23). Wenn Gott in seiner Vorsehung die Erde den Menschen geschenkt hatte, so bedeutete das, daß er sie allen geschenkt hatte. Daher *mußten die Reichtümer der Schöpfung als gemeinsames Gut der ganzen Menschheit betrachtet werden*. Wer diese Güter als sein Eigentum besaß, war tatsächlich nur deren Verwalter, das heißt ein Diener, der verpflichtet war, im Namen Gottes, des einzigen wahren Eigentümers, zu handeln, denn es ist Gottes Wille, daß die Güter der Schöpfung allen in richtiger Weise dienten. *Das Jubeljahr sollte eben zur Wiederherstellung auch dieser sozialen Gerechtigkeit dienen.* In der Tradition des Jubeljahres hat somit die Soziallehre der Kirche, die sich besonders im letzten Jahrhundert, vor allem seit der Enzyklika Rerum novarum entwickelt hat, eine ihrer Wurzeln.

14. Hervorgehoben werden muß jedoch, was Jesaja mit den Worten „ein Gnadenjahr des Herrn ausrufen" ausdrückt. Für die Kirche ist das Jubel-

jahr genau dieses „Gnadenjahr", ein Jahr des Erlasses der Sünden und der Strafen für die Sünden, ein Jahr der Versöhnung zwischen den Gegnern, ein Jahr vielfältiger Bekehrungen und sakramentaler und außersakramentaler Buße. Die Tradition der Jubeljahre ist daran gebunden, in weit größerem Maße als in anderen Jahren *Ablässe zu gewähren*. Neben den Jubeljahren, die alle hundert, fünfzig und fünfundzwanzig Jahre an das Mysterium der Menschwerdung erinnern, gibt es jene, die des Ereignisses der Erlösung gedenken: des Kreuzes Christi, seines Todes auf Golgota und seiner Auferstehung. Bei diesen Gelegenheiten ruft die Kirche „ein Gnadenjahr des Herrn" aus und bemüht sich darum, daß alle Gläubigen reichlicher in den Genuß dieser Gnade gelangen können. *Darum werden die Jubeljahre nicht nur „in Urbe" (in Rom), sondern auch „extra Urbem" (außerhalb Roms) gefeiert*: traditionsgemäß erfolgte das im darauffolgenden Jahr nach der Feier des Jubeljahres „in Urbe" ...

15. Vor diesem Hintergrund stellt das *Jahr zweitausend nach Christi Geburt* (wobei man von einer zeitlich exakten Berechnung absieht) nicht nur für die Christen, sondern in Anbetracht der vorrangigen Rolle, die das Christentum in diesen zwei Jahrtausenden ausgeübt hat, indirekt für die ganze Menschheit *ein außerordentlich großes Jubiläum dar*. Bezeichnenderweise erfolgt die Berechnung des Ablaufes der Jahre nahezu überall vom Zeitpunkt des Kommens Christi in die Welt an, das so zum *Mittelpunkt* auch des heute meist gebräuchlichen Kalenders wird. Ist nicht vielleicht auch das ein Zeichen für den unvergleichlichen Beitrag, den die Geburt Jesu von Nazaret zur Universalgeschichte geleistet hat?

16. *Der Ausdruck „Jubiläum" spricht von Freude*, nicht nur von innerer Freude, sondern von einem Jubel, der sich auch nach außen hin kundtut, da das Kommen Gottes auch ein äußeres, ein sichtbares, hörbares und greifbares Ereignis ist, wie der hl. Johannes sagt (vgl. 1 Joh 1,1). Es ist daher nur recht und billig, daß jede Freudenbezeugung über dieses Kommen auch ihren äußeren Ausdruck findet. Er soll anzeigen, daß *sich die Kirche über die Rettung freut*. Sie lädt alle ein, sich zu freuen, und sie bemüht sich um die Herstellung der Voraussetzungen, damit die rettenden Heilskräfte jedem mitgeteilt werden können. Das Jahr zweitausend wird daher das Datum des Großen Jubiläums anzeigen.

Was den *Inhalt angeht, wird dieses Große Jubeljahr* in gewissem Sinne gleich wie jedes andere sein. Aber zugleich wird es andersartig und größer als jedes andere sein. Denn die Kirche respektiert die Zeitmaße: Stunden, Tage, Jahre, Jahrhunderte. In dieser Hinsicht geht sie mit jedem Menschen im Schritt und macht gleichzeitig einem jeden bewußt, daß *jedes dieser Zeitmaße erfüllt ist von der Gegenwart Gottes* und seinem Heilswirken. In diesem Geist freut sich die Kirche, dankt, bittet um Vergebung, wenn sie ihre Bitten vor den Herrn der Geschichte und der menschlichen Gewissen trägt.

Unter den dringendsten Bitten dieses außergewöhnlichen Augenblicks angesichts des herannahenden neuen Jahrtausends erfleht die Kirche vom Herrn, daß die Einheit zwischen allen Christen der verschiedenen Konfessionen bis hin zur Erlangung der vollen Gemeinschaft wachsen möge. Ich verleihe dem Wunsch Ausdruck, daß das Jubiläum die geeignete Gelegenheit für ein fruchtbares Zusammenwirken im gemeinsamen Tun all der vielen Dinge sei, die uns einen und die sehr viel mehr sind als diejenigen, die uns trennen. Wie sehr wäre es in dieser Hinsicht hilfreich, wenn in Anerkennung der Programme der einzelnen Kirchen und Gemeinschaften eine ökumenische Verständigung über die Vorbereitung und Verwirklichung des Jubiläums erreicht würde: Diese würde so vor der Welt noch mehr Kraft gewinnen in der Bezeugung des entschiedenen Willens aller Jünger Christi, baldmöglich die volle Einheit zu erreichen in der Gewißheit, daß „bei Gott nichts unmöglich ist“.

17. *Jedes Jubiläum in der Geschichte der Kirche ist von der göttlichen Vorsehung vorbereitet.* Das gilt auch für das Große Jubiläum des Jahres 2000. In dieser Überzeugung blicken wir heute sowohl mit einem Gefühl der Dankbarkeit wie der Verantwortung auf das, was in der Geschichte der Menschheit seit der Geburt Christi geschehen ist, und vor allem auf die Ereignisse zwischen dem Jahr tausend und dem Jahr zweitausend. Aber ganz besonders wenden wir uns mit dem Blick des Glaubens unserem Jahrhundert zu und suchen darin das, was nicht nur von der Geschichte des Menschen Zeugnis gibt, sondern auch vom göttlichen Eingreifen in die menschlichen Geschicke ...

33. Zu Recht nimmt sich die Kirche, während sich das zweite christliche Jahrtausend seinem Ende zuneigt, mit stärkerer Bewußtheit der Schuld ihrer Söhne und Töchter an, eingedenk aller jener Vorkommnisse im Laufe der Geschichte, wo diese sich vom Geist Christi und seines Evangeliums dadurch entfernt haben, daß sie der Welt statt eines an den Werten des Glaubens inspirierten Lebenszeugnisses den Anblick von Denk- und Handlungsweisen boten, die geradezu *Formen eines Gegenzeugnisses und Skandals* darstellten.

Obwohl die Kirche durch ihr Einverleibtsein in Christus heilig ist, wird sie nicht müde, Buße zu tun: sie *anerkennt immer*, vor Gott und vor den Menschen, *die Sünder als ihre Söhne.* In diesem Zusammenhang heißt es in Lumen gentium: „Die Kirche umfaßt die Sünde in ihrem eigenen Schoße. Sie ist zugleich heilig und der Reinigung bedürftig, sie geht immerfort den Weg der Buße und Erneuerung."

Die Heilige Pforte des Jubeljahres 2000 wird in symbolischer Hinsicht größer sein müssen als die vorhergehenden, weil die Menschheit, wenn sie an jenem Ziel angekommen ist, nicht nur ein Jahrhundert, sondern ein Jahrtausend hinter sich gelassen hat. Es ist gut, daß die Kirche diesen Weg im klaren Bewußtsein dessen einschlägt, was sie im Lauf der letzten zehn Jahrhunderte erlebt hat. Sie kann nicht die Schwelle des neuen Jahrtausends überschreiten, ohne ihre Kinder dazu anzuhalten, sich durch Reue von Irrungen, Treulosigkeiten, Inkonsequenzen und Verspätungen zu reinigen. Das Eingestehen des Versagens von gestern ist ein Akt der Aufrichtigkeit und des Mutes, der uns dadurch unseren Glauben zu stärken hilft, daß er uns aufmerksam und bereit macht, uns mit den Versuchungen und Schwierigkeiten von heute auseinanderzusetzen.

34. Zu den Sünden, die einen größeren Einsatz an Buße und Umkehr verlangen, müssen sicher jene gezählt werden, die *die von Gott für sein Volk gewollte Einheit beeinträchtigt haben*. Mehr noch als im ersten Jahrtausend hat die kirchliche Gemeinschaft im Verlauf des nun zu Ende gehenden Jahrtausends „oft nicht ohne Schuld der Menschen auf beiden Seiten" schmerzliche Trennungen erlebt, die offenkundig dem Willen Christi widersprechen und der Welt ein Ärgernis sind. Diese Sünden der Vergangenheit lassen ihre Last leider nicht immer spüren und bestehen als dieselben Versuchungen auch in der Gegenwart weiter. Dafür gilt es, Wiedergutmachung zu leisten, indem Christus inständig um Vergebung angerufen wird.

In diesem letzten Abschnitt des Jahrtausends muß sich die Kirche tiefbetrübt und mit inständiger Bitte an den Heiligen Geist wenden und von ihm die Gnade der *Einheit der Christen* erflehen. Das ist ein entscheidendes Problem für das evangelische Zeugnis in der Welt. Vor allem nach dem II. Vatikanischen Konzil sind großzügig und engagiert viele ökumenische Initiativen ergriffen worden: Die gesamte Aktivität der Ortskirchen und des Apostolischen Stuhls hat in diesen Jahren sozusagen einen ökumenischen Atem angenommen. Der *Päpstliche Rat für die Förderung der Einheit der Christen* ist zu einem der wichtigsten Zentren geworden, die den Prozeß vorantreiben, der die volle Einheit zum Ziel hat.

Wir sind uns freilich alle bewußt, daß die Erreichung dieses Zieles nicht allein Frucht menschlicher Anstrengungen sein kann, auch wenn diese unerläßlich sind. *Die Einheit ist schließlich Gabe des Heiligen Geistes.* Von uns wird verlangt, dieser Gabe dadurch zu entsprechen, daß wir

Leichtfertigkeiten und Unterlassungen im Zeugnis für die Wahrheit nicht nachsichtig übergehen, sondern die vom Konzil und von den nachfolgenden Dokumenten des Heiligen Stuhls vorgezeichneten Richtlinien und Weisungen, die auch von vielen Christen, die nicht in der vollen Gemeinschaft mit der katholischen Kirche stehen, geschätzt werden, großzügig in die Tat umsetzen.

Hier liegt also eine der Aufgaben der Christen auf dem Weg zum Jahr 2000. Das Herannahen des Endes des zweiten Jahrtausends spornt alle zu einer *Gewissensprüfung* und zu passenden ökumenischen Initiativen an, so daß man im Großen Jubeljahr, wenn schon nicht in völliger Einheit, so wenigstens in der Zuversicht auftreten kann, *der Überwindung der Spaltungen des zweiten Jahrtausends sehr nahe zu sein*. Dazu bedarf es – das sieht jeder – einer enormen Anstrengung. Man muß den Dialog über die Lehre fortsetzen, sich aber vor allem stärker dem *ökumenischen Gebet* widmen. Dieses wurde nach dem Konzil sehr verstärkt, muß aber noch weiter anwachsen und immer mehr die Christen mit einbeziehen, in Übereinstimmung mit der großen Fürbitte Christi vor seiner Passion: „Alle sollen eins sein, ... Vater" (Joh 17,21).

35. Ein anderes schmerzliches Kapitel, auf das die Kinder der Kirche mit reuebereitem Herzen zurückkommen müssen, stellt die besonders in manchen Jahrhunderten an den Tag gelegte Nachgiebigkeit angesichts von *Methoden der Intoleranz oder sogar Gewalt* im Dienst an der Wahrheit dar.

Zwar kann ein korrektes historisches Urteil nicht von einer sorgfältigen Berücksichtigung der kulturellen Bedingungen der jeweiligen Epoche absehen, unter deren Einfluß viele in gutem Glauben angenommen haben mögen, daß ein glaubwürdiges Zeugnis für die Wahrheit mit dem Ersticken der Meinung des anderen oder zumindest mit seiner Ausgrenzung einhergehen muß. Oft trafen vielfältige Gründe zusammen, die die Voraussetzungen für Intoleranz schufen, indem sie ein Klima des leidenschaftlichen Fanatismus schürten, dem sich nur große, wahrhaft freie und von Gott erfüllte Geister irgendwie zu entziehen vermochten. Doch die Berücksichtigung der mildernden Umstände entbindet die Kirche nicht von der Pflicht, zutiefst die Schwachheit so vieler ihrer Söhne zu bedauern, die das Antlitz der Kirche dadurch entstellten, daß sie sie hinderten, das Abbild ihres gekreuzigten Herrn als eines unübertrefflichen Zeugen geduldiger Liebe und demütiger Sanftmut widerzuspiegeln. Aus jenen schmerzlichen Zügen der Vergangenheit ergibt sich eine Lektion für die Zukunft, die jeden Christen veranlassen muß, sich ganz fest an das vom Konzil geltend gemachte goldene Prinzip zu halten. „Die Wahrheit erhebt nicht anders Anspruch als kraft der Wahrheit selbst, die sanft und zugleich stark den Geist durchdringt."

36. Eine ernsthafte Gewissensprüfung wurde von zahlreichen Kardinälen und Bischöfen vor allem für die *Kirche der Gegenwart* gewünscht. An der Schwelle des neuen Jahrtausends müssen die Christen demütig vor den Herrn treten, um sich *nach den Verantwortlichkeiten zu fragen, die auch sie angesichts der Übel unserer Zeit haben*. Denn die gegenwärtige Epoche weist neben vielen Licht- auch nicht wenige Schattenseiten auf.

Kann man zum Beispiel die religiöse Gleichgültigkeit verschweigen, die viele Menschen heute dahin bringt, zu leben, als ob es Gott nicht gäbe, oder sich mit einer vagen Religiosität zufriedenzugeben, die außerstande ist, es mit dem Problem der Wahrheit und mit der Pflicht zur Kohärenz aufzunehmen? Damit in Verbindung gebracht werden müssen auch der verbreitete Verlust des transzendenten Sinnes der menschlichen Existenz und die Verwirrung im ethischen Bereich sogar bei den Grundwerten der Achtung des Lebens und der Familie. Eine Prüfung scheint auch für die Söhne und Töchter der Kirche geboten: Inwieweit sind auch sie von der Atmosphäre des Säkularismus und ethischen Relativismus betroffen? Und wieviel Verantwortung an dem überhandnehmenden areligiösen Verhalten müssen auch sie zugeben, weil sie „durch die Mängel ihres religiösen, sittlichen und gesellschaftlichen Lebens" nicht das wahre Antlitz Gottes offenbar gemacht haben?

In der Tat kann man nicht leugnen, daß das spirituelle Leben bei vielen Christen eine *Zeit der Unsicherheit* durchmacht, von der nicht nur das sittliche Leben, sondern auch das Gebet und selbst die *theologische Zuverlässigkeit des Glaubens* betroffen sind. In Verwirrung gerät der Glaube, der bereits von der Auseinandersetzung mit der heutigen Zeit auf die Probe gestellt worden ist, bisweilen durch irrige theologische Richtungen, die sich auch wegen der Gehorsamskrise gegenüber dem Lehramt der Kirche verbreiten. Und muß man, was das Zeugnis der Kirche in unserer Zeit betrifft, nicht Schmerz empfinden über das mitunter sogar zu Willfährigkeit gewordene *mangelnde Unterscheidungsvermögen* vieler Christen angesichts der Vergewaltigung menschlicher Grundrechte durch totalitäre Regime? Und muß man unter den Schatten der Gegenwart etwa nicht die Mitverantwortung vieler Christen *an schwerwiegenden Formen von Ungerechtigkeit und sozialer Ausgrenzung* beklagen? Man muß sich fragen, wie viele von ihnen die Weisungen der kirchlichen Soziallehre gründlich kennen und konsequent praktizieren ...

53. Was den Horizont des religiösen Bewußtseins betrifft, so wird die Zeit

unmittelbar vor dem Jahr 2000 auch im Licht der Ereignisse dieser letzten Jahrzehnte eine großartige Gelegenheit sein für den *interreligiösen Dialog* nach den klaren, vom II. Vatikanischen Konzil in der Erklärung über die Beziehungen der Kirche zu den nichtchristlichen Religionen Nostra Aetate gegebenen Anweisungen.

In diesem Dialog sollen die Juden und die Muslime einen hervorragenden Platz einnehmen. Gebe Gott, daß man zur Besiegelung dieser Absichten auch gemeinsame Begegnungen an Orten zustande bringen kann, die für die großen monotheistischen Religionen Bedeutung haben. In diesem Zusammenhang wird überlegt, wie man zur Intensivierung des Dialogs mit den Juden und den Gläubigen des Islam historische Begegnungen in Betlehem, Jerusalem und auf dem Sinai, Orten von großem symbolischen Wert, sowie Begegnungen mit Vertretern der großen Weltreligionen in anderen Städten vorbereiten kann. Immer jedoch wird man achtgeben müssen, keine gefährlichen Mißverständnisse zu erzeugen, und gut auf der Hut sein vor der Gefahr des Synkretismus und eines leichtsinnigen und trügerischen Irenismus ...

55. Ein Kapitel für sich stellt die *eigentliche Feier des Großen Jubeljahres* dar, die gleichzeitig im Heiligen Land, in Rom und in den Ortskirchen der ganzen Welt erfolgen soll. Vor allem in dieser Phase, der *Phase der feierlichen Durchführung*, wird das Ziel die *Verherrlichung der Dreifaltigkeit* sein, von der alles kommt und der sich alles zuwendet in Welt und Geschichte. Diesem Geheimnis gelten die drei Jahre der unmittelbaren Vorbereitung: von Christus und durch Christus im Heiligen Geist zum Vater. In diesem Sinne aktualisiert die Feier des Jubiläums das Ziel und die Erfüllung des Lebens des Christen und der Kirche im dreieinigen Gott und nimmt sie zugleich vorweg.

Die ökumenische und universale Dimension des Jubeljahres wird von einem denkwürdigen *panchristlichen* Treffen in geeigneter Weise herausgestellt werden können. Es handelt sich um eine Geste von hohem Wert und muß deshalb, um Mißverständnisse zu vermeiden, korrekt vorgeschlagen und sorgfältig vorbereitet werden, aus einer Haltung brüderlicher Zusammenarbeit mit den Christen anderer Konfessionen und Traditionen sowie in willkommener Öffnung den Religionen gegenüber, deren Repräsentanten ihre Aufmerksamkeit auf die allen Jüngern Christi gemeinsame Freude lenken.

Eines ist gewiß: Ein jeder ist eingeladen, alles in seiner Macht Stehende zu tun, damit die große Herausforderung des Jahres 2000, mit der sicherlich eine besondere Gnade des Herrn für die Kirche und für die ganze Menschheit verbunden ist, nicht vernachlässigt wird.

Ökumenisches Jahr 2000

Die Kirchen brauchen jetzt dazu ein klares Mandat

(Pressemitteilung Nr. 16/94 des Konfessionskundlichen Instituts des Evangelischen Bundes vom 17. November 1994)

Die ökumenische Gestaltung der Feier zur 2000jährigen Wiederkehr von Christi Geburt hat jetzt auch der Papst in seinem Schreiben zur „Vorbereitung auf das Jubeljahr 2000" aufgegriffen. Die Gemeinsame Arbeitsgruppe zwischen dem Ökumenischen Rat der Kirchen und dem Vatikan hat die ökumenische Dimension des Jahres 2000 bereits auf ihrer Tagesordnung und braucht nun ein klares Mandat von den Kirchen zur Realisierung eines solchen Treffens. Das Mitglied der Gemeinsamen Arbeitsgruppe, der Leiter des Konfessionskundlichen Instituts in Bensheim Reinhard Frieling, hat im vergangenen Jahr ein „Ökumenisches Gebet im Jahr 2000 in Bethlehem" vorgeschlagen und damit begründet, daß die Christenheit dieses Jubiläum nicht in getrennten Konfessionen gegeneinander feiern dürfte.

Zu Recht weist Papst Johannes Paul II. jetzt in seinem Schreiben darauf hin, daß ein ökumenisches Treffen im Jahr 2000 „in brüderlicher Zusammenarbeit" mit den Christen anderer Konfessionen und Traditionen „korrekt vorgeschlagen und sorgfältig vorbereitet" werden müsse.

In ähnlicher Weise äußerte sich kürzlich auch der Generalsekretär des Ökumenischen Rates der Kirchen, Konrad Raiser. Durch diese gemeinsamen Initiativen wird ein „panchristliches Treffen", wie der Papst es nennt, sehr wahrscheinlich, was ausschließt, daß daraus nicht nur ein Treffen innerhalb des „Großen römisch-katholischen Jubeljahres" wird, zu dem der Papst einlädt.

Illusionär wäre die Hoffnung auf ein universales Konzil aller Kirchen im Jahr 2000. Erwartungsvoll stimmt aber die Bemerkung Johannes Pauls II., die Christen könnten im Jahr 2000 in der Zuversicht auftreten, „der Überwindung der Spaltungen des zweiten Jahrtausends sehr nahe zu sein".

Zeugnis der Einheit oder der Trennung?

Vorbereitungen der Kirchen auf das Jahr 2000 werfen Fragen auf

(Pressemitteilung des Ökumenischen Rates der Kirchen/Genf vom 20. September 1996)

Das Jahr 2000 rückt auch für die christlichen Kirchen immer mehr ins Blickfeld. Zahlreiche Feierlichkeiten in Jerusalem, Bethlehem und Nazareth sind bereits geplant. In Rom wird ein „Heiliges Jahr" ausgerufen. Der Weltkirchenrat hat nun die Kirchen davor gewarnt, in einen „Wettbewerb um größtmögliche Aufmerksamkeit und Wirkung" aus diesem Anlaß einzutreten. Dies wäre kontraproduktiv für das Zeugnis der christlichen Einheit, das die Kirchen in diesem Jahr ablegen sollten.

In einer Mitteilung für den Zentralausschuß wird daran erinnert, daß die Jahrtausendwende in erster Linie für Christen von Bedeutung ist und andere Religionen ihrem eigenen Kalender folgen. Bei den Feierlichkeiten aus diesem Anlaß sollte deshalb jede Form von „Triumphalismus" vermieden werden. Der Ökumenische Rat selbst möchte als Plattform für weitere Planungen der Kirchen dienen. Er hat eine Arbeitsgruppe eingerichtet, die gegenwärtig untersucht, ob und wie die Mitgliedskirchen des ÖRK auf die Einladung von Papst Johannes Paul II. zu einem Treffen aller Kirchen im Jahr 2000 reagieren sollen. Offen ist dabei die Frage, wo sie stattfinden sollte und wie unter der Obhut des Papstes sichergestellt werden kann, daß sie „echten ökumenischen Charakter" hat.

Eine Reihe von politischen und theologischen Problemen wirft auch Jerusalem als der am häufigsten genannte Ort für ein großes Treffen christlicher Kirchenführer auf. Das Verhältnis der christlichen Kirchen in der Stadt schätzt der Ökumenische Rat als „zerbrechlich" ein. Die Kernfragen seien weniger, wer dort zu einer gemeinsamen ökumenischen Feier einlädt oder in welcher Kirche sie stattfinden sollte, sondern wer eingeladen werden sollte und ob es möglich sein wird, bei einem ökumenischen Gottesdienst zu beten, heißt es in der Mitteilung.

Klaus-Dieter Kaiser

Unsere Zeit in Gottes Händen

Der Beitrag der evangelischen Kirche zur Antwort auf die Herausforderungen der Jahrtausendwende

(Auszüge aus einem Vortrag beim Workshop „Ökumene 2000" in der Missionsakademie an der Universität Hamburg am 27. November 1997, veröffentlicht in „Weltmission heute" Nr. 33/1998)

1. Die Jahrtausendwende

1.1. „Gott spricht: Wenn ihr mich von ganzem Herzen suchen werdet, so will ich mich von euch finden lassen" (Jeremia 29,13f). Dieser Satz ist für das Jahr 2000 als Jahreslosung ausgewählt worden. Die Gottesbeziehung des Menschen wird in diesen wenigen Worten eindeutig charakterisiert. Unsere Suche nach Halt in der Welt bekommt eine Richtung. Gott, der als der ganz Andere der Partner des Menschen ist, läßt uns nicht allein. Er ist es, der Herr über Raum und Zeit ist. Und unsere Aufgabe als Kirche nun ist es, davon Zeugnis zu geben im Jahr 2000: Gott über alle Dinge fürchten, lieben und vertrauen.

1.2. Bereits jetzt findet das Datum der Jahrtausendwende in der Öffentlichkeit breite Aufmerksamkeit. Die Zahl 2000 hat einen großen Symbolgehalt, ist zum festen Markenzeichen in unserer Welt geworden. 2000 steht für Fortschritt und Beschleunigung, für das Neue und Grenzenlose, für das Faszinierende und Unbekannte. Eine einfache Zahl mit drei Nullen, die aber grenzenlosen Aufbruch anzeigen möchte. Für die Kirchen stellt sich die Frage, wie sie auf das Millennium mit seinen historischen wie soteriologischen Implikationen theologisch angemessen reagieren kann.

1.3. Unaufgebbare Voraussetzung bei den Überlegungen einer protestantischen Gestaltung des Millenniums muß die theologische Einsicht bleiben, daß alle Zeit unter der Herrschaft Jesu Christi steht. Deshalb ist es angesichts der „Jahrtausend-Euphorie" sinnvoll, zuerst deutlich zu machen, daß unsere Zeit nach Christus besser als Zeit mit Christus gezählt wird.

Aus diesem Grund ist das Jahr 2000 sowohl ein Jahr wie jedes andere, welches unter dem Zuspruch und Anspruch Gottes steht, als auch ein ganz besonderes Jahr, weil es mit einem Jubiläum verknüpft ist. Die Herausgehobenheit solcher rhythmisch-wiederkehrenden Zeitpunkte ist auch dem biblischen Zeugnis nicht fremd. Gerade angesichts der Faszination, die von solchen Zeitwenden ausgeht und insbesondere kirchenfernere Menschen in ihren Bann nimmt, nötigt die Kirchen, auf die mit diesen Wendeerfahrungen verbundenen Ambivalenzen einzugehen. Mit der Jahrtausendwende verbinden sich Ängste und Hoffnungen bis hin zu apokalyptischen Erwartungen sowie Fremdheit und Faszination bezüglich des Neuen des kommenden Jahrtausends. Wie wird es weitergehen?

Deshalb sind auch die evangelischen Kirchen von diesen – teilweise stark emotional bestimmten, aber gerade dadurch die Gesellschaft prägenden – Vorstellungen herausgefordert. Sie sind herausgefordert, Zeugnis zu geben von der neuen Perspektive für die Welt angesichts des göttlichen Versöhnungshandelns in Jesus Christus. Es geht darum, sich dieses Datum in der Geschichte (Gottes mit uns Menschen) in der Gesellschaft anzueignen; fröhlich, aber bestimmt. Es gilt deutlich zu machen, daß diese „magische" Zahl von Jesus Christus her orientiert und bestimmt ist.

Deshalb hat die Kirche zum einen Jesus Christus als den Herrn über Raum und Zeit wie eh und je zu verkündigen. Wir haben das zu tun, was wir jeden Sonntag tun sollten. Und damit geben wir zugleich Zeugnis vom Grund unserer Hoffnung auch angesichts von Wendeerfahrungen. Aber, und das macht das Besondere dieses Jahres aus, dies geschieht zum anderen angesichts einer zweitausendjährigen Geschichte des Christentums, einer Geschichte von Glauben und Unglauben. Sich dieser Geschichte den Menschen erzählend zu stellen, ohne sich dabei selbst rechtfertigen zu müssen, sollte zum zweiten der Beitrag der reformatorischen Kirchen sein. Eine Geschichte mit Brüchen; keine triumphalistische Geschichte. Aber eine, die unter der Herrlichkeit der Verheißung Gottes steht. Die Menschen im Jahr 2000 müssen in diese Geschichte mit hineingenommen werden. Unser Beitrag zum Jahr 2000 muß eine Ermutigung sein.

Neben der christologischen Konzentration, die durch das Datum „2000 post christum natum" gegeben ist, sind wir als christliche Kirche gefragt, Rechenschaft zu geben über unsere zweitausendjährige Geschichte und so als dritten Beitrag gleichzeitig den Blick für das neue Jahrtausend zu orientieren, also den Menschen Halt und Perspektive zu geben, Tradition zu erschließen und Zukunft zu eröffnen.

1.4. Bei aller mit der Jahrtausendwende verbundenen Emotionalität ist es ein Einschnitt, der kalendarisch bedingt, also mit strukturierender Ordnungskraft verbunden ist. Zeitrechnung ist der Versuch des Menschen, Halt und Orientierung in einer sich permanent verändernden, in ständiger Bewegung befindlichen Welt zu finden. Wo beziehungsweise wann ist der Fixpunkt, von dem sich alles aus strukturiert und damit Kommunikation möglich ist? Zeit ist Geld, und das Abschließen von Geschäften braucht eine Zeitrechnung. Da gibt es das Zählen nach Herrscherjahren. Wer die Macht hat, bestimmt die Zeitansage. Und dies nicht nur in der Antike und im Mittelalter, sondern auch in der Neuzeit, wie die – letztlich gescheiterten – Ansätze in der französischen und russischen Revolution zeigen. Da ist der Versuch eines Universalismus in der Zeitansage über alle Zeiten hinweg, eine Weltära (anni ab origine mundi) mit unterschiedlichen Anfängen. Ab urbe condito (ab der Gründung Roms) zum Beispiel. Zuletzt in Europa mit dem Regierungsantritt des Kaisers Diokletian. Für die Christen eine Zählung als Ära martyrium. Kalender sind Gründungs- und Machtfaktor zugleich.

Bei der langjährigen Vorausberechnung der Osterdaten benötigte man eine fortlaufende Zeitrechnung. Der römische Mönch Dionysius Exiguus war es in der ersten Hälfte des 6. Jahrhunderts, der eine Zählung nach der Geburt Jesu (anni ab incarnatione domini) vorschlug. Diese Zeitrechnung setzte sich dann in den nächsten sieben Jahrhunderten langsam in der Christenheit durch.

Inkarnation und Auferstehung bilden also beide – in je eigener Weise – die Voraussetzung unserer Zeitrechnung und damit den Bezug für die Jahrtausendwende. Das Festhalten an der Geschichte Gottes mit den Menschen gewinnt die Oberhand über Mythos und kosmische Integration.

2. Inhaltliche Schwerpunkte

2.1. Die bevorstehende Jahrtausendwende ist – unbeschadet aller offenen Fragen zu der zugrundeliegenden Berechnung – zunächst ein Geburtstagsfest, nämlich die Feier des 2000. Geburtstages Jesu Christi. Gemeinsam und maßgebend für alle Überlegungen zur Gestaltung der Jahrtausendwende muß darum der Ton der Freude sein. Die Worte des Engels: „Fürchtet euch nicht! Siehe, ich verkündige euch große Freude, die allem Volk widerfahren wird; denn euch ist heute der Heiland geboren, welcher ist Christus, der Herr, in der Stadt Davids“ (Lukas 2,10f) stehen für den Freude- und Festcharakter der Geburt Jesu Christi und damit der Jahrtausendwende. „Aber am ersten Tag der Woche sehr früh kamen sie zum Grab und trugen Spezerei, die sie bereitet hatten. Sie fanden aber den Stein abgewälzt vom Grabe und gingen hinein und fanden den Leib des Herrn Jesus nicht. Und da sie darum bekümmert waren, siehe, da traten zu ihnen zwei Männer mit glänzenden Kleidern. Und sie erschraken und schlugen ihr Angesicht nieder zur Erde. Da sprachen die zu ihnen: Was suchet ihr den Lebendigen bei den Toten? Er ist nicht hier; er ist auferstanden." (Lk 24,1–6a) Die Ostergeschichte beginnt wie die Weihnachtsgeschichte mit einer Zeitangabe. Mit Ostern beginnt eine neue Zeit. Die Zeit der gestaltlosen Offenheit, des Noch-nicht und des Nicht-mehr – also die Zeit der „Null", des Chaos ist zu Ende. Die Mensch-Gott-Beziehung ist wieder in die rechte Ordnung gebracht. Der Karsamstag ist vergangen.

Von beiden Ereignissen her hat die evangelische Kirche zur Jahrtausendwende wie eh und je Jesus Christus als den Herrn über Raum und Zeit zu verkündigen und damit zugleich Zeugnis zu geben vom Grund der Hoffnung im Gegenüber zu den Zeiten des Hochgefühls und der Verzweiflung in der Menschheitsgeschichte. Gott als unser Gegenüber hat ein Gesicht bekommen.

Der 2000. Geburtstag Jesu Christi verbindet sich – in der binnenkirchlichen Perspektive, aber vermutlich noch viel mehr in einer außerkirchlichen Perspektive – mit der zweitausendjährigen Geschichte des Christentums. Wenn im Zusammenhang der Jahrtausendwende Jesus Christus nicht nur unmittelbar, sondern über Geschichte und Rolle des Christentums auch mittelbar thematisiert wird, dann darf das, gerade im evangelischen Raum, nicht vorschnell unter den Verdacht gestellt werden, die Kirche setze sich an die Stelle Jesu Christi. Vielmehr geht es darum, auf verschiedene Weise den Zugang zur Bedeutung des Geburtstages Jesu Christi zu erschließen. Der Blick auf 2000 Jahre Christentum ist ein Grund für selbstbewußtes Auftreten: Die Kirche ist die einzige Institution in der Weltgeschichte, die durch zwei Jahrtausende hindurch Bestand gehabt hat. Selbstbewußt, weil gestärkt und gedrängt von der Zusage Gottes, die die Kirche weiterzugeben Vollmacht hat. Also gerade nicht selbstgerecht.

2.2. Die Jahrtausendwende wird vermutlich, je näher sie rückt, viele Ängste und Unsicherheiten auslösen. Die gegenwärtige Faszination der „Mystery-Serien" im Fernsehen ist ein Beispiel dafür. Manche rechnen sogar mit einer „Konjunktur" für apokalyptische und sektiererische Vorstellungen. Andere halten dem entgegen, daß jedenfalls in der geistigen Landschaft Mitteleuropas die Menschen zu sehr „abgebrüht" sind, um Endzeitgedanken – über den Nervenkitzel des Sensationellen hinaus – ernstlich Raum zu geben. Wie dem auch sei – die Jahrtausendwende verlangt nach seelsorgerlicher Begleitung. Das Jahr 2000 bildet nach allgemeiner Wahrnehmung eine tiefe Zäsur. Die Ängste und Unsicherheiten, die den Übergang begleiten, werden zwar von dem Spektakel übertönt, das zur Jahrtausendwende inszeniert werden wird. Hier einen Ruhepunkt zu setzen gehört zu unseren Aufgaben. Aber es ist sicher – mehr als zu einer normalen Jahreswende – eine innere Aufgeschlossenheit für Orientierung und Vergewisserung vorhanden.

2.3. Mit dem Jahr 2000 wird ein neuer Anfang gemacht. Ein neues Jahrtausend und ein neues Jahrhundert beginnen. Das Neue verlangt aber nach Gestaltung. Das weckt Fragen, auch im Zusammenhang von Bedeutung und Rolle des Christentums: Was bedeutet der christliche Glaube für die Zukunft? Welche Herausforderungen stellen das nächste Jahrtausend und das nächste Jahrhundert an die Kirchen? Welche Sinn- und Lebensentwürfe bietet der Glaube für die persönliche Existenz und für das weltweite Miteinanderleben der Menschheit?

2.4. Für den evangelischen Beitrag im Zusammenhang der bevorstehenden Jahrtausendwende sind somit inhaltlich drei Stichworte maßgebend:

a) Der Geburtstag; also das Feiern,
b) die Schwellensituation; also das Ermutigen und
c) die Zukunftsperspektiven; also das Orientieren.

Aus einer inhaltlichen Perspektive betrachtet, ergibt sich eine Abfolge von *Fragen* (Ermutigen), also Wahrnehmen der Schwellensituation mit dem entsprechenden Anweg; ein *Unterbrechen* (Feiern), also das Gewahrwerden der Menschwerdung Gottes; und danach ein *Antworten* (Orientieren), um verantwortliche Perspektiven für die Zukunft zu gewinnen.

3. Methodische Gesichtspunkte

3.1. Es ist ein anspruchsvolles, aber durchaus planbares und zu bewältigendes Unterfangen, für den binnenkirchlichen Raum Beiträge zu entwickeln und zu realisieren. Die eigentliche Herausforderung im Zusammenhang der Jahrtausendwende ist damit gestellt, den Raum der Öffentlichkeit zu erreichen. Denn es geht im Zusammenhang der Jahrtausendwende nicht allein um Vergewisserung und Orientierung für die evangelischen Christen selbst, sondern vor allem um das Ausstrahlen des christlichen Zeitverständnisses und der christlichen Weltdeutung in die Öffentlichkeit hinein. Die Herausforderung der Jahrtausendwende beinhaltet eine Auseinandersetzung um Deutungs- und Legitimationsansprüche: Die Zeit wird nach Christus gezählt, unsere Zeit in Gottes Händen.

3.2. Der evangelische Beitrag im Zusammenhang der Jahrtausendwende wird und darf eine große Vielfalt haben. Neben gemeinsamen Angeboten und Initiativen, die auf der Ebene der EKD abzusprechen sind, stehen zahlreiche regionale und lokale Aktivitäten. Die spezifische Aufgabe der Evangelischen Kirche in Deutschland ist es, die Vielzahl der Aktivitäten in den einzelnen Gliedkirchen miteinander ins Gespräch zu bringen, zu koordinieren und zu informieren. Neben dieser Vielfalt von Aktivitäten im Jahr 2000, die auch die Vielfalt des deutschen Protestantismus spiegeln, ist es sinnvoll, bestimmte Aktivitäten zu bündeln und zu konzentrieren, damit gerade angesichts der zu erwartenden Unüberschaubarkeit von Veranstaltungen der deutsche Protestantismus ein klares Profil zeigt. Deshalb sollte die Leistung der Evangelischen Kirche in Deutschland insbesondere darin bestehen, die Initiative zur Bildung eines „Daches“ für die vielfältigen Einzelaktivitäten zu ergreifen. Damit ist aber keine „Dachkampagne“ gemeint. Uniformität wird es im weltlichen Bereich im Jahr 2000 genug geben. Denn das, was wir den Menschen zu sagen haben, muß für sie erlebbar sein. Es braucht seinen Ort im Leben der konkreten Gemeinde.

3.3. Die römisch-katholische Kirche hat, ausgehend vom apostolischen Schreiben „Tertio millennio adveniente“, bereits im November 1994 die Zielrichtung ihres Beitrags im Zusammenhang der Jahrtausendwende entwickelt. Das Jahr 2000 wird als „Heiliges Jahr“ verstanden und als Ziel- und Höhepunkt einer trinitarisch geprägten Vorbereitungsphase der Jahre 1997 bis 1999 angelegt. Dies verstärkt die Herausforderung für den deutschen Protestantismus, profiliert erkennbar zu werden und dabei auch deutlich zu machen, daß die reformatorischen Kirchen selbst in der Tradition der zweitausendjährigen Geschichte des Christentums stehen und nicht – wie dies gelegentlich in der Öffentlichkeit, aber auch im Protestantismus selbst dargestellt wird – auf eine Geschichte von lediglich 500 Jahren zurückblicken. Eine Anknüpfung an dem Verständnis des Jahres 2000 als „Heiliges Jahr“ ist für die evangelische Kirche allerdings nicht möglich. Gleichwohl macht es die gegenwärtige Situation des Christentums dringlich, im Blick auf die Jahrtausendwende eine partielle Zusammenarbeit mit der römisch-katholischen Kirche zu suchen. Außer mit der römisch-katholischen Kirche ist selbstverständlich die Zusammenarbeit mit den anderen Kirchen in Deutschland zu suchen.

3.4. Die bevorstehende Jahrtausendwende ist zugleich eine Jahrhundertwende. An diesen banalen Umstand zu erinnern ist deshalb von Bedeutung, weil es für Menschen weithin eine Überforderung ist, im Zeitraum eines Jahrtausends zu denken. Das Jahrhundert ist, wenn überhaupt, das menschlichere Maß.

Insbesondere wird es darauf ankommen, die einseitige Orientierung auf den Augenblick, ja letztlich sogar auf die Sekunde des Jahreswechsels aufzubrechen. Anliegen ist es, Zeit zu strukturieren und damit wieder für den einzelnen Menschen erlebbar und erfahrbar zu machen. Hierzu bietet die Anlehnung an das Kirchenjahr eine – genuin christliche – Möglichkeit. In diesem Zusammenhang wird es möglich, die Grenzen des Jahres 2000 zu überschreiten (Beginn des Kirchenjahres am 1. Advent 1999 und Einbeziehung von Epiphanias sowie unter Umständen des – gemeinsamen – Ostertermins 2001).

3.5. Je näher die Jahrtausendwende rückt, desto zahlreicher werden die Bemühungen der unterschiedlichsten Veranstalter sein, sich an das Ereignis dieses Datums anzuhängen. Insofern muß man vor allem in Verbindung mit dem Jahreswechsel 1999/2000 und für das Jahr 2000 selbst beim Publikum mit einem Überdrußeffekt rechnen. Um so bedeutsamer ist es, den Anweg zur Jahrtausendwende, also die Jahre 1998 und 1999 zu nutzen. In ihnen wird der Überdrußeffekt am verhältnismäßig geringsten ausgeprägt sein.

3.6. Der evangelische Beitrag im Zusammenhang der .Jahrtausendwende muß also drei unterschiedliche zeitliche Ebenen im Blick behalten:

– den Jahreswechsel 1999/2000,

– den Ablauf des gesamten Jahres 2000 und

– den Anweg zum Jahr 2000, also von heute aus betrachtet insbesondere die Jahre 1998 und 1999.

Die Gestaltung des Millenniums seitens der evangelischen Kirche muß – so sehr es darauf ankommt, alle Teilbeiträge in einem stimmigen Gesamtkonzept zu verbinden – für diese drei zeitlichen Ebenen eine je besondere sein ...

5. Das verbindende Motto

Das verbindende Motto für alle Aktivitäten und Initiativen der evangelischen Kirche im Zusammenhang der Jahrtausendwende lautet: „Unsere Zeit in Gottes Händen – 2000 n. Chr./2000 mit Christus." Mit dieser Aussage aus Psalm 31,10 werden die unterschiedlichen und teilweise spannungsvollen Ansprüche an ein gemeinsames Motto zum Jahr 2000 aufgenommen:

– den Anlaß zu berücksichtigen und zu deuten,

– eine Botschaft weiterzugeben, die in einem klaren und deutlichen Zusammenhang mit der Bibel und dem christlichen Bekenntnis steht,

– dennoch offen zu sein als Dach für die vielfältigen Veranstaltungen und Themen in den Gemeinden, Regionen und auf der gesamtkirchlichen Ebene,

– ein Gütesiegel für die Veranstaltungen kirchlicher Gruppen zu sein,
– Menschen persönlich und existentiell anzusprechen und
– sich als Kirche unter die Verheißung Gottes zu stellen.

Das Motto will so Verheißung und Gelassenheit vermitteln.

6. Das Wunder des Neuanfangens

Die Strukturierung unserer Zeit, orientiert am Christusgeschehen der Inkarnation und der Auferstehung, lebt vom Wunder der Natalität (Weihnachten) und dem Unterbrechen des Kreislaufes der Welt (Ostern). Als Handlungsweisen Gottes korrespondiert dies mit dem zum Leben, zum Zusammenleben notwendigen Versprechen und Vergeben, wie Hannah Arendt die conditio humana aus der Perspektive einer jesuanischen Ethik charakterisiert. Wechselseitiges Versprechen und Vergeben – Handlungsweisen der Kirche, die sie der Welt auch im neuen Jahrhundert schuldig ist; damit in der Welt in aller Vorläufigkeit von der guten Ordnung Gottes etwas spürbar wird. Oder mit den Worten von Jochen Kleppers Vers: „Der du allein der Ewge heißt und Anfang, Ziel und Mitte weist im Zuge unsrer Zeiten: Bleib du uns gnädig zugewandt und führe uns an deiner Hand, damit wir sicher schreiten."

Europa von breiter Neu-Evangelisierung weit entfernt

„Lausanner Komitee“: Kaum ein Prozent der Deutschen erreicht

(Meldung der Evangelischen Nachrichtenagentur idea vom 22. Juni 1995)

Kassel, 22. Juni (idea) –
Mission ist auch im inzwischen stark verweltlichten „christlichen Abendland“ gefragt. Von einer breiten Neu-Evangelisierung sei man aber noch weit entfernt, meinte jetzt der Europa-Vorsitzende des „Lausanner Komitees für Weltevangelisation“, CVJM-Generalsekretär Ulrich Parzany (Kassel). Selbst ein Großprojekt wie die im Mai an über 350 Orte übertragene Satelliten-Evangelisation „ProChrist“ habe mit rund 600 000 Teilnehmern immer noch weniger als ein Prozent der deutschen Bevölkerung erreicht. Angesichts dieser „katastrophalen Minderheit“ könne von „Massenevangelisation“ keine Rede sein, erklärte er vor 60 führenden Repräsentanten missionarisch tätiger Organisationen bei einer Tagung des deutschen Zweiges des Lausanner Komitees in Kassel. Die 1974 nach einem Evangelisationskongreß in Lausanne (Schweiz) entstandene Bewegung, die in rund 20 Ländern vertreten ist, will Mission und Evangelisation durch Verknüpfung engagierter Führungspersonen fördern. Parzany – Hauptredner bei ProChrist – sprach sich für eine noch stärkere „Vernetzung“ auf europäischer Ebene aus. In anderen Kontinenten, etwa Asien oder Amerika, seien „Missionsstrategien“ weiter fortgeschritten. So habe sich die Bewegung „A. D. 2000“ zum Ziel gesetzt, daß bis zur Jahrtausendwende möglichst in jedem Volk eine Kirche existieren und jeder Erdenbürger mindestens einmal die christliche Botschaft gehört haben soll.

Für jeden Erdenbürger Coca Cola, aber kein „lebendiges Wasser“?

Der Vorsitzende des deutschen Zweiges der Lausanner Bewegung, Pastor Horst Marquardt (Wetzlar), wies auf Pläne des Coca-Cola-Konzerns hin, daß bis zum Jahr 2000 jeder Mensch wenigstens einmal dieses Erfrischungsgetränk gekostet haben soll. Es sei traurig, daß Christen, die „lebendiges Wasser“ (ein biblischer Ausdruck für die christliche Botschaft) anzubieten hätten, nicht solche ehrgeizigen Ziele verfolgten.

Clemens Thoma

Ende des christlichen Antisemitismus?

Das Versöhnungsjahr 2000

(Auszüge aus „Überlegungen zur Papstrede", in: Freiburger Rundbrief, Zeitschrift für christlich- jüdische Begegnung, Heft 2/98)

Die Kirche soll sich am Beginn des dritten Millenniums mutig als sündige und trotzdem in der Barmherzigkeit des zuverlässigen Gottes stehende Mit-Bundesgemeinschaft an der Seite des jüdischen Volkes zeigen. Sie soll bekennen, daß auch die Verheißung ihrer Wahrheit sie nicht vor geschichtlichen Hilflosigkeiten, Fehlurteilen und Sünden bewahrt hat. Sie soll sich vor den verzeihenden Gott stellen und dadurch neue Hoffnung in den Herzen von Christen, Juden und anderen Völkern und Religionen wecken.

Wie aber soll das geschehen? Die Kirche könnte sich daran erinnern, daß die Christusbotschaft von der Vollmacht zur Verzeihung und Versöhnung (zum Beispiel Mt 16,19; Joh 20,22f) vom großen, im Ersten Testament grundgelegten (bes. Lev 16), jüdischen Entsühnungs- beziehungsweise Versöhnungstag (Yom ha-Kippûrîm) her inspiriert ist. Jesus lebte, litt und starb, damit Verzeihung und Versöhnung alle Menschen erreiche. In diesem Sinn war er der personale Versöhnungstag. In der jüdischen Versöhnungstags-Liturgie zur Zeit des Bestehens des Zweiten Tempels – und damit auch zur Zeit Jesu – war die *Reihenfolge* der Schuldbekenntnisse verpflichtend festgelegt. Der Hohepriester und seine Familie mußten als *erste* vor dem ganzen Volk ihre Sünden bekennen. Die Formel lautete: „Vergib doch bitte, anwesender Gott (wörtlich: Du, der Name), die Vergehen, Freveltaten, Sünden, mit denen ich mich vergangen, verfehlt, versündigt habe: ich und mein Haus! Es steht ja in der Tora Moses, Deines Knechtes, geschrieben: ‚Denn an diesem Tag wird Er über euch Sühne erwirken, um euch zu reinigen von allen euren Sünden, damit ihr vor dem Ewigen rein seid' (Lev 16,30)" (mYom 3,8). Beim nachfolgenden zweiten Sündenbekenntnis wurde „Dein heiliger Stamm, die Söhne Aarons", also die gesamte Priesterschaft, mit ins Sündenbekenntnis des Hohenpriesters hineingenommen (mYom 4,2). Erst *nach* dem ausführlichen Sündenbekenntnis der religiösen Repräsentanten folgte das Sündenbekenntnis des Volkes (mYom 6,2). Die Reihenfolge war bedeutsam und nicht umkehrbar. Erst nachdem die leitenden Liturgen kraft ihres Reuebekenntnisses und durch ein Opfer von ihren Sünden entlastet waren, durften sie ihre liturgischen Funktionen weiterführen und auch für das ganze Volk Verzeihung und Versöhnung erwirken.

Der Papst sollte im Hinblick auf die jüdischen Verzeihungs- und Versöhnungsauffassungen keine Bedenken haben, auch „die Kirche als solche" primär unter die Notwendigkeit der Verzeihung zu stellen. Es gibt keine von den schuldig gewordenen Menschen abgehobene makellose Kirche oder Oberkirche! Kirche ist vielmehr stets Ausdruck der Bundesverbundenheit mit dem verläßlich verzeihenden Gott und des Hineingenommenseins in die sündigen Menschen. Um dies zu bezeugen, sollten Repräsentanten der Kirche – der Papst und die Bischöfe – wie einst der Hohepriester und die Priester *als erste* die Sünden des Antijudaismus in ihrem Namen und im Namen ihrer Vorfahren bekennen. Erst dann dürfen der Papst und die Bischöfe im Namen Gottes auch Versöhnung und Verzeihung auf „die christliche Welt" beziehungsweise auf die judenfeindlichen „christlichen Milieus" herabrufen. Und erst dann kann eine gemeinschaftliche Läuterung frei von aller Juden- und Fremdenfeindlichkeit in der Kirche voll zu wirken beginnen. Es ist nicht gut, „die Kirche als solche" gegen die „christliche Welt" oder „die christlichen Milieus" in Schutz zu nehmen. Gerade die Päpste und der vatikanische Hof haben sich ja gegen den seit mindestens 1880 in Europa wild grassierenden Rassismus hilflos und ungeschickt benommen. Sie haben diese Super-Häresie nicht rechtzeitig verurteilt. So konnte sich das mörderisch-rassistische Getue Hitlers, von der Kirche ziemlich ungestört, entfalten.

Der große Versöhnungs- und Verzeihungstag des Jahres 2000 könnte – falls er in Analogie zum jüdischen Versöhnungstag ausgerufen und gefeiert würde – auch die Konsequenz haben, daß endlich gemeinschaftlich-sakramentale Bußfeiern in der katholischen Kirche (wieder) institutionalisiert würden. Eine Sünde ist ja nur teilweise individueller Herkunft. Zum anderen Teil hat sie Gemeindecharakter und betrifft die Hirten und die Herde. Die Hirten sollen stets mit dem guten Beispiel des Bekenntnisses der eigenen Sünden vorangehen. Sie sind niemals nur Absolutionsgeber, sondern immer auch schuldige Empfänger der Verzeihung.

Bill Clinton

21. Jahrhundert birgt Herausforderungen für internationale Sicherheit

(Auszüge aus der Rede des US-Präsidenten bei der 52. Sitzung der UN-Generalversammlung am 22. September 1997)

Herr Präsident, Herr Generalsekretär, verehrte Gäste,

vor fünf Jahren, als ich zum ersten Mal eine Rede vor dieser Versammlung hielt, war der Kalte Krieg gerade zu Ende, und der Übergang zu einem neuen Zeitalter hatte begonnen. Jetzt vollziehen wir gemeinsam diesen historischen Übergang.

Hinter uns lassen wir ein Jahrhundert mit der Fähigkeit des Menschen zum Schlimmsten und dem Genie des Menschen für das Beste. An der Schwelle zu einem neuen Jahrtausend können wir uns ein neues Zeitalter vorstellen, das den dunkelsten Augenblicken des 20. Jahrhunderts entflieht, die brillantesten Möglichkeiten erfüllt und bis jetzt unvorstellbare Grenzen überschreitet.

Wir haben einen vielversprechenden Anfang gemacht. Zum ersten Mal in der Geschichte wählen mehr als die Hälfte der in dieser Versammlung vertretenen Völker frei ihre eigene Regierung. Freie Märkte wachsen, verbessern die Chancen für den einzelnen und das nationale Wohlergehen. Am Anfang des 21. Jahrhunderts werden über 20 Mitglieder dieser Versammlung – die Heimat für die Hälfte der Weltbevölkerung – sich aus den Reihen der einkommensschwachen Nationen erheben.

Mächtige, in Verbindung zueinander stehende Kräfte bringen uns enger zusammen und verändern in tiefgreifender Art unsere Arbeits- und Lebensweise. Jeden Tag benutzen Millionen Bürger auf jedem Kontinent Laptops und Satelliten, um in Sekundenschnelle Informationen, Produkte und Geld über den Planeten zu schicken. Stück für Stück baut das Informationszeitalter wirtschaftliche, politische und soziale Hemmnisse ab, die einst Menschen ein- und Ideen ausschlossen. Die Wissenschaft deckt Mysterien in den kleinsten menschlichen Genen und dem riesigen Kosmos auf.

Nie zuvor im Verlauf der Geschichte der Menschheit hatten wir größere Chancen, unsere Bürger gesünder und klüger zu machen, unseren Planeten vor Verfall und Mißbrauch zu schützen, die Vorteile freier Märkte zu nutzen, ohne den Sozialpakt und seine Sorge für das Gemeinwohl aufzugeben. Die Chancen von heute sind jedoch nicht die Garantien von morgen. Vor uns liegt Arbeit.

Die Kräfte der globalen Integration sind wie eine große Woge, die unerbittlich die etablierte Ordnung der Dinge überrollt. Aber wir müssen entscheiden, was danach übrigbleiben soll. Die Menschen fürchten Veränderungen, wenn sie ihre Lasten, nicht aber ihre Vorteile spüren. Sie sind empfänglich für fehlgeleiteten Protektionismus, für das vergiftete Diktat des extremen Nationalismus sowie ethnischen, rassischen und religiösen Haß. Neue globale Umweltprobleme erfordern von uns das Sondieren von Wegen der Zusammenarbeit, ohne das legitime Streben nach Fortschritt zu behindern. Wir alle sind verwundbar durch die rücksichtslosen Akte verbrecherischer Staaten und die unheilige Allianz zwischen Terroristen, Drogenhändlern und internationalen Verbrechern. Diese Raubtiere des 21. Jahrhunderts beeinflussen den freien Fluß von Informationen, Ideen und Menschen, die wir schätzen. Sie mißbrauchen die ungeheure Macht der Technologie, um Schwarzmärkte für Waffen zu schaffen, die Strafverfolgungsbehörden mit riesigen Geldbeträgen aus illegalen Mitteln zu bestechen und mit einem Tastendruck auf dem Computer Geld zu waschen. Diese Kräfte sind unsere Feinde. Wir müssen sie gemeinsam bekämpfen, weil niemand sie alleine bekämpfen kann.

Um die Chancen dieses neuen globalen Zeitalters zu ergreifen und sich seinen Bedrohungen zu stellen, benötigen wir eine neue Sicherheitsstrategie. In den vergangenen fünf Jahren haben die Nationen mit der Umsetzung dieser Strategie durch ein neues Netz von Institutionen und Arrangements mit unterschiedlichen Missionen, aber einem gemeinsamen Ziel begonnen – der Sicherung und Stärkung der Vorteile von Demokratie und freien Märkten bei gleichzeitiger Abwehr ihrer Feinde.

Wir sehen, daß diese Strategie auf jedem Kontinent Fuß faßt – bei erweiterten Militärbündnissen wie der NATO, ihrer Partnerschaft für den Frieden, ihrer Partnerschaft mit einem demokratischen Rußland und einer demokratischen Ukraine; Freihandelsabkommen wie der WTO und dem globalen Informationstechnologieabkommen sowie der Bewegung zu Freihandelszonen von Nationen auf dem gesamten amerikanischen Kontinent, der asiatisch-pazifischen Region und andernorts auf der Welt; starken Rüstungskontrollregimen wie der Chemiewaffenkonvention und dem Nichtverbreitungsvertrag; multinationalen Koalitionen mit null Toleranz für Terrorismus, Korruption, Verbrechen und Drogenhandel;

bindenden internationalen Verpflichtungen zum Schutz der Umwelt und der Menschenrechte.

Mit Hilfe dieses Geflechts von Institutionen und Arrangements setzen die Nationen jetzt die internationalen Grundregeln für das 21. Jahrhundert fest, legen den Grundstein für Sicherheit und Wohlstand für diejenigen, die innerhalb ihrer Grenzen leben, und isolieren gleichzeitig diejenigen, die sie von außen herausfordern. Dieses System wird sich nur entwickeln und Bestand haben, wenn diejenigen, die die Regeln von Frieden und Freiheit befolgen, ihre Früchte ernten. Nur dann wird unser Volk glauben, daß es ein Mitspracherecht an der Unterstützung und Gestaltung des sich abzeichnenden internationalen Systems hat.

Die Vereinten Nationen müssen bei diesen Bestrebungen eine Führungsrolle übernehmen und den Anforderungen des neuen globalen Zeitalters gerecht werden. Die wichtigsten Missionen, die sie während ihres ersten halben Jahrhunderts durchgeführt haben, werden im nächsten halben Jahrhundert ebenso relevant sein: das Streben nach Frieden und Sicherheit, die Förderung der Menschenrechte und das Bestreben, Menschen durch nachhaltige Entwicklung aus der Armut zu Würde und Wohlstand zu bringen. Die oberste Aufgabe der in der Hitze des Krieges entstandenen Vereinten Nationen muß weiterhin das Streben nach Frieden und Sicherheit sein. 50 Jahre lang haben die Vereinten Nationen zur Verhinderung von Weltkriegen und dem nuklearen Holocaust beigetragen. Unglücklicherweise dauern Konflikte zwischen und innerhalb von Nationen an. Von 1945 bis heute haben sie 20 Millionen Menschenleben gefordert. Allein seit dem Ende des Kalten Krieges hat es jedes Jahr mehr als 30 bewaffnete Konflikte gegeben, bei denen über tausend Menschen ihr Leben gelassen haben. Dazu kommen natürlich eine Viertelmillion im ehemaligen Jugoslawien Getötete und mehr als eine halbe Million in Ruanda.

Millionen persönlicher Tragödien auf der ganzen Welt sind eine Warnung, daß wir nicht selbstgefällig oder indifferent sein dürfen. Probleme in einer weit entfernten Region können zu einer Plage in jedermanns Haus werden.

Die Menschen auf der ganzen Welt freuten sich über die hoffnungsvollen Entwicklungen in Nordirland, trauerten über den Verlust unschuldiger Menschenleben und den festgefahrenen Friedensprozeß im Nahen Osten, sehnten sich nach einer Beilegung der Differenzen auf der koreanischen Halbinsel, zwischen Griechenland und der Türkei oder zwischen den großen Nationen Indien und Pakistan, während diese ihr 50jähriges Bestehen feiern.

Die Vereinten Nationen halten weiterhin viele Nationen vom Blutvergießen ab: El Salvador und Mosambik, Haiti und Namibia, Zypern und

Bosnien, wo noch so viel getan werden muß, aber getan werden kann, weil das Blutvergießen aufgehört hat ...

In diesem Augenblick sichern die Vereinten Nationen den Frieden in 16 Ländern, häufig in Partnerschaft mit regionalen Organisationen wie NATO, OAS, ASEAN sowie der Wirtschaftsgemeinschaft westafrikanischer Staaten und vermeiden größere Konflikte und noch größeres Leid. Unsere gemeinsame Verpflichtung zu realistischerer Ausbildung in Friedenssicherung für UN-Soldaten, einer größeren Rolle für die zivile Polizei, besserer Integration von militärischen und zivilen Behörden – dies alles wird den Vereinten Nationen bei der Bewältigung dieser Missionen in den kommenden Jahren helfen.

Gleichzeitig müssen wir die Fähigkeiten der UNO verbessern, dazu beizutragen, daß sich der Frieden nach der Beendigung eines Konflikts selbst trägt. Die UNO kann nicht Nationen aufbauen, aber sie kann den Nationen bei ihrem Aufbau behilflich sein, indem sie rechtmäßige Regierungsinstitutionen fördert, Wahlen überwacht und eine starke Grundlage für den wirtschaftlichen Wiederaufbau schafft ...

Im 21. Jahrhundert wird unsere Sicherheit zunehmend durch miteinander in Verbindung stehende Gruppen bedroht, die sich Terroranschlägen, organisiertem Verbrechen und Drogenhandel verschrieben haben. Diese internationalen Verbrecher- und Drogensyndikate schröpfen legitime Volkswirtschaften bereits um bis zu 750 Milliarden Dollar. Diese Summe übersteigt das Bruttosozialprodukt von mehr als der Hälfte der Nationen in diesem Raum. Diese Gruppen drohen das Vertrauen in die noch instabilen neuen Demokratien und Marktwirtschaften zu unterminieren, auf deren Bestand so viele von Ihnen hinarbeiten ...

Ich begrüße auch die von den Mitgliedern unternommenen Schritte zur Umsetzung der von den Vereinigten Staaten vor zwei Jahren vorgeschlagenen Erklärung über Verbrechensbekämpfung und öffentliche Sicherheit, in der eine intensivierte Zusammenarbeit zur Stärkung des Rechts jedes Bürgers auf grundlegende Sicherheit gefordert wird – durch Zusammenarbeit bei Auslieferung und Beschlagnahme von Besitz, die Schließung der grauen Märkte für Waffen und gefälschte Papiere, die Bekämpfung von Korruption und die Einführung höherer Standards bei der strafrechtlichen Verfolgung in neuen Demokratien.

Die Ausbreitung dieser globalen Verbrechersyndikate hat unserem gemeinsamen Streben nach der Beseitigung von Massenvernichtungswaffen noch mehr Dringlichkeit verliehen. Wir dürfen nicht zulassen, daß sie in die falschen Hände geraten oder dort bleiben. Auch hier müssen die Vereinten Nationen eine Führungsrolle übernehmen, und sie verfügen von UNS-COM im Irak bis zur Internationalen Atomenergie-

Organisation jetzt über das umfassendste globale System zur Überwachung von Rüstungskontrollabkommen.

Als wir im vergangenen Jahr hier zusammentrafen, hatte ich die Ehre, als erster der 146 Staats- und Regierungschefs den Vertrag über ein umfassendes Atomtestverbot (CTBT) zu unterzeichnen – unsere Verpflichtung zur Einstellung von Nukleartests für alle Zeiten –, den am längsten angestrebten und am härtesten erkämpften Preis in der Geschichte der Rüstungskontrolle. Er wird dazu beitragen, die Atommächte von der Entwicklung modernerer und gefährlicherer Waffen abzuhalten. Er wird die Möglichkeiten anderer Staaten zur Beschaffung solcher Waffen einschränken ...

Die zweite wichtige Mission der Vereinten Nationen muß die Verteidigung und Verbreitung der universellen Menschenrechte und die Gewährleistung sein, daß die bemerkenswerten Errungenschaften der Demokratie Bestand haben. Vor 50 Jahren wurde in der Universellen Erklärung der Menschenrechte der Vereinten Nationen der Überzeugung der internationalen Staatengemeinschaft Ausdruck verliehen, daß die Menschen überall das Recht haben, mit Würde behandelt zu werden, ihre Meinungen zu äußern, ihre Politiker zu wählen; daß diese Rechte universal sind – keine amerikanischen Rechte, keine westlichen Rechte, keine auf die Industrieländer beschränkten Rechte, sondern allen Menschen innewohnende Rechte.

Während des letzten Jahrzehnts wurden diese Rechte für mehr Menschen denn je zur Realität – von Asien bis Afrika, von Europa bis zum gesamtamerikanischen Kontinent. In einer Welt, in der Reich und Arm, Nord und Süd, Stadt und Land durch ein elektronisches Netz gemeinsamer Bilder in Realzeit verbunden sind, werden immer mehr Menschen diese universellen Rechte einfordern, die immer mehr Fuß fassen. Sie sind bewaffnet mit Fotokopier- und Faxmaschinen, E-mail und dem Internet und werden unterstützt von einer zunehmend wichtigen Gemeinschaft von Nichtregierungsorganisationen. Sie werden ihren Forderungen Ausdruck verleihen, den Geist der Freiheit ausbreiten, der – wie die Geschichte der letzten zehn Jahre zeigt – schließlich überdauern wird.

Die Vereinten Nationen müssen bereit sein zu reagieren – nicht nur, indem sie Maßstäbe setzen, sondern auch, indem sie sie umsetzen. Um Mißbrauch zu vermeiden, sollten wir die Operationen der Vereinten Nationen vor Ort und die Frühwarnsysteme stärken. Zur Stärkung demokratischer Institutionen – den besten Garanten der Menschenrechte – müssen wir Programme durchführen, um neuen Rechts-, Parlaments- und Wahlsystemen Starthilfe zu geben. Um diejenigen zu bestrafen, die Verbrechen gegen die Menschlichkeit begangen haben, und um Gerechtigkeit zu fördern, damit der Frieden Bestand haben kann, müssen wir unsere starke Unterstützung für das Kriegsverbrechertribunal und die Wahrheitsfindungsausschüsse der Vereinten Nationen aufrechterhalten. Und vor dem Ende des Jahrhunderts sollten wir einen ständigen internationalen Gerichtshof einrichten, der die schwerwiegendsten Verletzungen der Gesetze der Menschlichkeit verfolgt ...

Schließlich tragen die Vereinten Nationen eine besondere Verantwortung sicherzustellen, daß die Weltwirtschaft mehr Wohlstand schafft, die Unterschiede zwischen Wohlhabenden und Besitzlosen nicht noch vergrößert und nicht die globale Umwelt – unser gemeinsames Heim – bedroht.

Der Fortschritt ist noch nicht jedermanns Partner. Mehr als die Hälfte der Weltbevölkerung ist mehr als zwei Tagesmärsche von einem Telefon entfernt – buchstäblich abgeschnitten von der Weltwirtschaft. Millionen fehlt es an der erforderlichen Bildung, Ausbildung und Fachkenntnis, um ihre gottgegebenen Begabungen optimal zu nutzen.

Die Männer und Frauen bei den Vereinten Nationen verfügen über Fachwissen im gesamten Spektrum humanitärer und entwicklungspolitischer Angelegenheiten. Sie bewirken jeden Tag etwas. Wir sehen das an den genährten Körpern einst hungernder Kinder, am blühenden Leben der gegen Krankheit Geimpften, an den glänzenden Augen der Kinder, die aus dem reichen Schatz des menschlichen Wissens Bildung erhalten, an den Flüchtlingen, die versorgt werden und in ihre Heimat zurückkehren können, an der Gesundheit der Flüsse und gereinigten Seen.

Die Vereinten Nationen müssen ihre Ressourcen stärker von bloßer Hilfe zu Selbsthilfe verlagern: Den Menschen die erforderlichen Instrumente geben, damit sie das Beste aus ihrem Leben machen können, in Bildung und Technologie, dem wahren Reichtum der Nationen, Ideen verbreiten – das ist der beste Weg, den Menschen eine Chance zum Erfolg zu geben. Und die Vereinten Nationen müssen weiterhin eine Führungsrolle übernehmen, um sicherzustellen, daß der Fortschritt von heute nicht auf Kosten von morgen erfolgt. Wenn die Nationen der Welt im Dezember beim UN-Gipfel über Klimawandel in Kyoto zusammenkommen, müssen wir alle – Industrie- und Entwicklungsländer gleichermaßen – die Chance ergreifen, die Uhr der Treibhausgasemissionen zurückzudrehen, damit wir unseren Kindern einen gesunden Planeten hinterlassen können.

Diese Bestrebungen können und brauchen die Vereinten Nationen nicht mehr im Alleingang unternehmen. Innovative Partnerschaften mit dem Privatsektor, Nichtregierungsorganisationen und den internationalen Finanzinstitutionen können um ein Vielfaches effektiver sein. Vergangene Woche stiftete ein wahrhaft visionärer Amerikaner, Ted Turner, den Vereinten Nationen eine bemerkenswerte Geldsumme zur Stärkung der Entwicklungs- und humanitären Programme der Vereinten Nationen. Seine Geste unterstreicht das Potential für eine Partnerschaft zwischen den Vereinten Nationen und dem Privatsektor durch Beiträge in Form von Zeit, Ressourcen und Fachwissen. Ich hoffe, daß mehr Menschen seinem Beispiel folgen werden.

Auf diesem und anderen Gebieten verfolgt der Generalsekretär aggressiv die umfassendste Reform in der Geschichte der UNO – nicht um sie zu verkleinern, sondern um sie zu verbessern. Die Vereinigten Staaten unterstützen entschieden seine Führungsrolle. Wir sollten die Reformagenda des Generalsekretärs in dieser Sitzung billigen ...

Zu Anbeginn eines neuen Jahrhunderts, das voller Hoffnung, aber nicht frei von Gefahren ist, brauchen wir mehr denn je eine UNO, in der vernunftbestimmte Menschen gemeinsame Probleme angehen und Aktionen zu ihrer Lösung ergreifen, in der Nationen mit Goodwill sich am Kampf für Freiheit und Wohlstand beteiligen, in der wir eine von Frieden, Fortschritt und dem Erhalt unseres Planeten geprägte Zukunft gestalten können.

Wir haben das Wissen, wir haben die Intelligenz, wir haben die Energie, wir haben die Mittel zur Bewältigung der vor uns liegenden Arbeit. Wir knüpfen die zur Zusammenarbeit erforderlichen Verbindungen. Die große verbleibende Frage lautet, ob wir die notwendige Vision und den Mut haben, uns eine Zukunft vorzustellen, die anders ist als die Vergangenheit, und uns von den destruktiven Mustern der Beziehungen untereinander und innerhalb unserer Nationen zu befreien und eine andere Zukunft zu leben.

Vor uns liegen ein neues Jahrhundert und ein neues Jahrtausend. Wir sind buchstäblich in der Zukunft präsent, und es ist ein großartiges Geschenk, das wir unseren Kindern zu hinterlassen verpflichtet sind.

Vielen Dank.

Roman Herzog

Aufbruch ins 21. Jahrhundert

(Auszüge aus der „Berliner Rede“, gehalten im Hotel Adlon am 26. April 1997)

... Ich komme gerade aus Asien zurück. In vielen Ländern dort herrscht eine unglaubliche Dynamik. Staaten, die noch vor kurzem als Entwicklungsländer galten, werden sich innerhalb einer einzigen Generation in den Kreis der führenden Industriestaaten des 21. Jahrhunderts katapultieren. Kühne Zukunftsvisionen werden dort entworfen und umgesetzt, und sie beflügeln die Menschen zu immer neuen Leistungen.

Was sehe ich dagegen in Deutschland? Hier herrscht ganz überwiegend Mutlosigkeit, Krisenszenarien werden gepflegt. Ein Gefühl der Lähmung liegt über unserer Gesellschaft.

Dabei stehen wir wirtschaftlich und gesellschaftlich vor den größten Herausforderungen seit 50 Jahren: 4,3 Millionen Arbeitslose, die Erosion der Sozialversicherung durch eine auf dem Kopf stehende Alterspyramide, die wirtschaftliche, technische und politische Herausforderung der Globalisierung.

Lassen wir uns nicht täuschen: Wer immer noch glaubt, das alles gehe ihn nichts an, weil es ihm selbst noch relativ gut geht, der steckt den Kopf in den Sand.

Ich will heute abend kein Blatt vor den Mund nehmen, sondern die Probleme beim Namen nennen. Was ist los mit unserem Land? Im Klartext: *Der Verlust wirtschaftlicher Dynamik. die Erstarrung der Gesellschaft, eine unglaubliche mentale Depression* – das sind die Stichworte der Krise. Sie bilden einen allgegenwärtigen Dreiklang, aber einen Dreiklang in Moll.

In der Tat: Verglichen mit den Staaten in Asien oder – seit einigen Jahren wieder – auch den USA, ist das Wachstum der deutschen Wirtschaft ohne Schwung. Und: In Amerika und Asien werden die Produktzyklen immer kürzer, das Tempo der Veränderung immer größer. Es geht auch nicht nur um technische Innovation und um die Fähigkeit, Forschungsergebnisse schneller in neue Produkte umzusetzen. Es geht um nichts Geringeres als um eine neue industrielle Revolution, um die Entwicklung zu einer neuen, globalen Gesellschaft des Informationszeitalters. Der

Vergleich mit Amerika und seinem leergefegten Arbeitsmarkt zeigt: Deutschland droht tatsächlich zurückzufallen ...

Die Menschen bei uns spüren, daß die gewohnten Zuwächse ausbleiben, und sie reagieren darauf verständlicherweise mit Verunsicherung. Zum ersten Mal werden auch diejenigen, die bisher noch nie von Arbeitslosigkeit bedroht waren, von Existenzangst für sich und ihre Familien geplagt. Das amerikanische Nachrichtenmagazin „Newsweek" sprach schon von der „deutschen Krankheit". Das ist gewiß übertrieben. Aber so viel ist doch richtig: Wer heute in unsere Medien schaut, der gewinnt den Eindruck, daß Pessimismus das allgemeine Lebensgefühl bei uns geworden ist.

Das ist ungeheuer gefährlich; denn nur zu leicht verführt Angst zu dem Reflex, alles Bestehende erhalten zu wollen, koste es was es wolle. Eine von Ängsten erfüllte Gesellschaft wird unfähig zu Reformen und damit zur Gestaltung der Zukunft. Angst lähmt den Erfindergeist, den Mut zur Selbständigkeit, die Hoffnung, mit den Problemen fertigzuwerden. Unser deutsches Wort „Angst" ist bereits als Symbol unserer Befindlichkeit in den Sprachschatz der Amerikaner und Franzosen eingeflossen. „Mut" oder „Selbstvertrauen" scheinen dagegen aus der Mode gekommen zu sein.

Unser eigentliches Problem ist also ein mentales: Es ist ja nicht so, als ob wir nicht wüßten, daß wir Wirtschaft und Gesellschaft dringend modernisieren müssen. Trotzdem geht es nur mit quälender Langsamkeit voran. Uns fehlt der Schwung zur Erneuerung, die Bereitschaft, Risiken einzugehen, eingefahrene Wege zu verlassen, Neues zu wagen. Ich behaupte: *Wir haben kein Erkenntnisproblem, sondern ein Umsetzungsproblem.* Während die Auswirkungen des technischen Wandels auf dem Arbeitsmarkt und die Folgen der Demographie für die sozialen Netze auch andere Industrieländer, etwa Japan, heimsuchen, gibt es für den Modernisierungsstau in Deutschland keine mildernden Umstände. Er ist hausgemacht, und wir haben ihn uns selbst zuzurechnen ...

Ich meine, wir brauchen einen neuen Gesellschaftsvertrag zugunsten der Zukunft. Alle, wirklich alle Besitzstände müssen auf den Prüfstand. Alle müssen sich bewegen. Wer nur etwas vom anderen fordert – je nach Standort von den Arbeitgebern, den Gewerkschaften, dem Staat, den Parteien, der Regierung, der Opposition –, der bewegt gar nichts.

Zuerst müssen wir uns darüber klar werden, in welcher Gesellschaft wir im 21. Jahrhundert leben wollen. *Wir brauchen wieder eine Vision.* Visionen sind nichts anderes als Strategien des Handelns. Das ist es, was sie von Utopien unterscheidet.

Visionen können ungeahnte Kräfte mobilisieren: Ich erinnere nur an die Vitalität des „American Dream“, an die Vision der Perestroika, an die Kraft der Freiheitsidee im Herbst 1989 in Deutschland.

Auch die Westdeutschen hatten einmal eine Vision, die sie aus den Trümmern des Zweiten Weltkrieges emporführte: die Vision der sozialen Marktwirtschaft, die Wohlstand für alle versprach und dieses Versprechen gehalten hat. Die Vision, das im Krieg geschlagene und moralisch diskreditierte Deutschland in die Gemeinschaft demokratischer Staaten und nach Europa zurückzuführen. Und schließlich die Vision der Vereinigung des geteilten Deutschlands.

Niemand darf von mir Patentrezepte erwarten. Aber wenn ich versuche, mir Deutschland im Jahre 2020 vorzustellen, dann denke ich an ein Land, das sich von dem heutigen doch wesentlich unterscheidet.

Erstens: Wäre es nicht ein Ziel, eine Gesellschaft der Selbständigkeit anzustreben, in der der einzelne mehr Verantwortung für sich und andere trägt und in der er das nicht als Last, sondern als Chance begreift? Eine Gesellschaft, in der nicht alles vorgegeben ist, die Spielräume öffnet, in der auch dem, der Fehler macht, eine zweite Chance eingeräumt wird. Eine Gesellschaft, in der Freiheit der zentrale Wert ist und in der Freiheit sich nicht nur durch die Chance auf materielle Zuwächse begründet.

Zweitens: Wäre es nicht ein Ziel, eine Gesellschaft anzustreben, die nicht mehr wie heute strikt in Arbeitsplatz-Besitzer und Menschen ohne Arbeit geteilt ist? Arbeit wird in Zukunft anders sein als heute: Neue, wissensgestützte Berufe werden unqualifizierte Jobs verdrängen, und es wird mehr Dienstleistungen als industrielle Arbeit geben. Statt Lebens-Arbeitsplätzen wird es mehr Mobilität und mehr Flexibilität geben, auch zur besseren Vereinbarkeit von Beruf und Familie. Arbeit dient nicht nur dem Lebensunterhalt, Arbeit kann und soll auch Freude machen und Stolz vermitteln. Niemandem, der sich mit voller Kraft engagiert, darf deswegen ein schlechtes Gewissen eingeredet werden.

Drittens: Wäre es nicht ein Ziel, eine Gesellschaft der Solidarität anzustreben – nicht im Sinne der Maximierung von Sozialtransfers, sondern im Vertrauen auf das verantwortliche Handeln jedes einzelnen für sich selbst und die Gemeinschaft? Solidarität ist Hilfe für den, dem die Kraft fehlt, für sich selbst einzustehen. Solidarität heißt aber auch Rücksicht auf die kommenden Generationen.

Viertens: Ich erwarte eine Informations- und Wissensgesellschaft. Das ist die Vision einer Gesellschaft, die jedem die Chance einräumt, an der Wissensrevolution unserer Zeit teilzuhaben. Das heißt: bereit zum lebenslangen Lernen zu sein, den Willen zu haben, im weltweiten Wettbewerb um Wissen in der ersten Liga mitzuspielen. Dazu gehört vor allem auch ein aufgeklärter Umgang mit Technik.

Fünftens: Ich wünsche mir eine Gesellschaft, die die europäische Einigung nicht als Technik des Zusammenlebens versteht, sondern die Europa als Teil ihrer politischen und kulturellen Identität empfindet und bereit ist, diese in der bunter werdenden Welt zu bewahren und zu bewähren.

Sechstens: Ich wünsche mir deshalb eine Gesellschaft, die die internationale Verantwortung Deutschlands annimmt und sich für eine Weltordnung einsetzt, in der die Unterschiedlichkeit der Kulturen nicht neue Konflikt- und Kampflinien schafft. Auch im Inneren muß eine offene Gesellschaft entstehen, eine Gesellschaft der Toleranz, die das Zusammenleben von Menschen unterschiedlicher Kulturen möglich macht.

Wir brauchen aber nicht nur den Mut zu solchen Visionen, wir brauchen auch die Kraft und die Bereitschaft, sie zu verwirklichen. Ich rufe auf zur inneren Erneuerung! Vor uns liegt ein langer Weg der Reformen. Wir müssen heute mit dem ersten Schritt beginnen ...

Wir müssen unsere Jugend auf die Freiheit vorbereiten, sie fähig machen, mit ihr umzugehen. Ich ermutige zur Selbstverantwortung, damit unsere jungen Menschen Freiheit als Gewinn und nicht als Last empfinden. Freiheit ist das Schwungrad für Dynamik und Veränderung. Wenn es uns gelingt, das zu vermitteln, haben wir den Schlüssel der Zukunft in der Hand. Ich bin überzeugt, daß die Idee der Freiheit die Kraftquelle ist, nach der wir suchen und die uns helfen wird, den Modernisierungsstau zu überwinden und unsere Wirtschaft und Gesellschaft zu dynamisieren.

Deswegen gebe ich der Reform unseres Bildungssystems so hohe Priorität: Bildung muß das Mega-Thema unserer Gesellschaft werden. Wir brauchen einen neuen Aufbruch in der Bildungspolitik, um in der kommenden Wissensgesellschaft bestehen zu können ...

Wenn ich von der Zukunft unserer Gesellschaft rede, spreche ich – wie schon gesagt – zwangsläufig von der Jugend. Unsere Jugend ist das größte Kapital, das wir haben. Wir müssen ihr nur Perspektiven geben. Dazu gehört nicht nur, daß wir keine Schuldenpolitik zu ihren Lasten betreiben, mit der wir ihr alle Spielräume verbauen. Ich frage weiter: Warum gibt es so wenige Angebote für Jugendliche zu einem freiwilligen sozialen Engagement? Es gibt sie doch wieder, die Jugendlichen, die dazu bereit sind. Ich erlebe es in persönlichen Begegnungen, und ich sehe durch die Umfragen bestätigt, daß wir längst eine Trendwende in diesem Land haben: Die Pflichtwerte gewinnen wieder an Bedeutung gegenüber dem, was die Soziologen so schön die „Selbstverwirklichungswerte" nennen. Man könnte vermutlich auch einfach sagen: Egoismus allein ist nicht mehr „in", gerade unsere Jugend ist wieder bereit, sich für die Gemeinschaft einzusetzen. Wir müssen sie dann aber auch gewähren lassen, ihr Spielräume geben, Erfahrungen jenseits der materiellen Werte zu gewinnen.

Wir müssen unserer Jugend zu mehr Selbständigkeit, zu mehr Bindungsfähigkeit, zu mehr Unternehmensgeist und mehr Verantwortungsbereitschaft Mut machen. Wir sollten ihr sagen: Ihr müßt etwas leisten, sonst fallt ihr zurück. Aber: Ihr könnt auch etwas leisten. Es gibt genug Aufgaben in unserer Gesellschaft, an denen junge Menschen ihre Verantwortung für sich und das Ganze beweisen können.

Wir Älteren aber müssen uns die Frage stellen: Was leben wir den jungen Menschen vor? Welche Leitbilder geben wir ihnen? Das Leitbild des ewig irritierten, ewig verzweifelten Versorgungsbürgers kann es doch wahrhaftig nicht sein! Die Jungen beobachten uns Alte sehr genau. Wirklich überzeugen werden wir sie nur, wenn wir ihnen unsere eigene Verantwortung glaubhaft vorleben.

Und schließlich: Wir müssen von dem hohen Roß herunter, daß Lösungen für unsere Probleme nur in Deutschland gefunden werden können. Der Blick auf den eigenen Bauchnabel verrät nur wenig Neues. Jeder weiß, daß wir eine lernende Gesellschaft sein müssen. Also müssen wir Teil einer lernenden Weltgesellschaft werden, einer Gesellschaft, die rund um den Globus nach den besten Ideen, den besten Lösungen sucht.

Die Globalisierung hat nicht nur einen Weltmarkt für Güter und Kapital, sondern auch einen Weltmarkt der Ideen geschaffen, und dieser Markt steht auch uns offen. Die meisten traditionellen Industriestaaten standen oder stehen vor ähnlichen Problemen wie wir ...

Auch wir müssen rein in die Zukunftstechnologien, rein in die Biotechnik, die Informationstechnologie. Ein großes, globales Rennen hat begonnen: Die Weltmärkte werden neu verteilt, ebenso die Chancen auf Wohlstand im 21. Jahrhundert. Wir müssen jetzt eine Aufholjagd starten, bei der wir uns Technologie- und Leistungsfeindlichkeit einfach nicht leisten können.

Die Aufgaben, vor denen wir stehen, sind gewaltig. Die Menschen fühlen sich durch die Fülle der gleichzeitig notwendigen Veränderungen überlastet. Das ist verständlich, denn der Nachholbedarf an Reformen hat sich bei uns geradezu aufgestaut. Es wird Kraft und Anstrengung kosten, die Erneuerung voranzutreiben, und es ist bereits viel Zeit verlorengegangen. Niemand darf aber vergessen: In hochtechnisierten Gesellschaften ist permanente Innovation eine Daueraufgabe! Die Welt ist im Aufbruch, sie wartet nicht auf Deutschland.

Aber es ist auch noch nicht zu spät. Durch Deutschland muß ein Ruck gehen. Wir müssen Abschied nehmen von liebgewordenen Besitzständen. Alle sind angesprochen, alle müssen Opfer bringen, alle müssen mitmachen.

John F. Kennedy hat einmal gesagt: Unsere Probleme sind von Menschen gemacht, darum können sie auch von Menschen gelöst werden. Ich sage: Das gilt auch für uns Deutsche. Und ich glaube daran, daß die Deutschen ihre Probleme werden lösen können. Ich glaube an ihre Tatkraft, ihren Gemeinschaftsgeist, ihre Fähigkeit, Visionen zu verwirklichen. Wir haben es in unserer Geschichte immer wieder gesehen: Die Deutschen haben die Kraft und den Leistungswillen, sich am eigenen Schopf aus der Krise herauszuziehen – wenn sie es sich nur zutrauen.

Und wieder glaube ich an die jungen Leute. Natürlich kenne auch ich die Umfragen, die uns sagen, daß Teile unserer Jugend beginnen, an der Lebens- und Reformfähigkeit unseres „Systems" zu zweifeln. Ich sage ihnen aber: Wenn ihr schon „dem System" nicht mehr traut, dann traut euch doch wenigstens selbst etwas zu!

Ich bin überzeugt: Wir können wieder eine Spitzenposition einnehmen, in Wissenschaft und Technik, bei der Erschließung neuer Märkte. Wir können eine Welle neuen Wachstums auslösen, das neue Arbeitsplätze schafft.

Das Ergebnis dieser Anstrengung wird eine Gesellschaft im Aufbruch sein, voller Zuversicht und Lebensfreude, eine Gesellschaft der Toleranz und des Engagements. Wenn wir alle Fesseln abstreifen, wenn wir unser Potential voll zum Einsatz bringen, dann können wir am Ende nicht nur die Arbeitslosigkeit halbieren, dann können wir sogar die Vollbeschäftigung zurückgewinnen. Warum sollte bei uns nicht möglich sein, was in Amerika und anderswo längst gelungen ist?

Wir müssen jetzt an die Arbeit gehen. Ich rufe auf zu mehr Selbstverantwortung. Ich setze auf erneuerten Mut. Und ich vertraue auf unsere Gestaltungskraft. Glauben wir wieder an uns selber. Die besten Jahre liegen noch vor uns.

Charta für das Leben

Positionspapier zur Bioethik-Debatte

(Verabschiedet von „Solidarische Kirche im Rheinland“, Düsseldorf, 17. Dezember 1997)

I. Präambel

In einer Zeit wachsender Bedrohung allen Lebens auf der Erde

– durch eine synthetische Biologie, die sich anschickt, die Gesetze von Schöpfung und Evolution schrankenlos an Interessen des Menschen anzupassen und sie menschlicher Schöpfer-Ambition unterzuordnen,

– durch die – längst widerlegte Vorstellung von der Vorhersehbarkeit und Beherrschbarkeit der Folgen biotechnologischer Eingriffe in die Natur,

– durch die globale Ausbreitung einer utilitaristischen Bioethik, die als „Ethik der Interessen“ bestrebt ist, die tradierten Grenzen einer „Ethik der Würde“ – also den Schutz des menschlichen Individuums zwischen seiner Zeugung und seinem Tod – aufzuheben und den Geltungsbereich der Menschenwürde an dessen „Bewußtseinsfähigkeit“ zu knüpfen,

– durch ein funktionalistisch geprägtes Menschenbild, das den Menschen in seiner biografischen und sozialen Existenz reduziert auf die Vorstellung vom Menschen als „belebte Materie“, die beliebig hergestellt, manipuliert, repariert und zerlegt werden kann – mit den absehbaren Folgen der Enthumanisierung und Entsolidarisierung unseres gesellschaftlichen Zusammenlebens,

– durch eine einseitige Bewertung alles Lebenden unter Nützlichkeitsaspekten und die zunehmende Verfügbarmachung und Aneignung aller Lebensformen für Wissenschafts- und Wirtschaftsinteressen,

– durch massive Bestrebungen der Industriegesellschaften, vermarktungsrelevante Gene von Pflanzen, Tieren und Menschen zu patentieren, sie damit durch Besitzmonopol der freien Nutzung durch die Menschheit zu entziehen und zur Ware zu machen,

bekennen sich die Unterzeichnerinnen und Unterzeichner dieser „Charta für das Leben“ zu einem Zeitpunkt drohender Unumkehrbarkeit unverantwortbarer Entwicklungen in christlicher und humanistischer Tradition zur Fortgeltung unverzichtbarer ethischer Grundsätze zur

Unantastbarkeit vorrangiger Grundrechte unserer Verfassung. Deren Auslegung und Anwendung sind nicht ins Belieben der auf die uneingeschränkte Entwicklung, Förderung und kommerzielle Nutzung der Biotechnologien drängenden Interessengruppen unserer Industriegesellschaft gestellt.

Wir fordern Entscheidungsträgerinnen und -träger in Kirche, Politik und Gesellschaft auf, diese Grundsätze zu respektieren und in Verantwortung „vor Gott und den Menschen" (Präambel zum Grundgesetz der Bundesrepublik Deutschland) den wissenschaftlichen und kommerziellen Interessen an den Biotechnologien die ethisch und verfassungsrechtlich gebotenen Grenzen zu setzen. Wir sind aufgerufen, einen gesellschaftlichen Konsens in diesen Fragen herbeizuführen, der auch vor nachfolgenden Generationen verantwortbar ist.

II. Die Grundlagen: Unverzichtbare ethische und rechtliche Grundsätze

1. Alles Leben in Gottes Schöpfung – in Sonderheit der Mensch in göttlicher Ebenbildlichkeit – verdankt sich dem Handeln Gottes und ist keines Menschen Eigentum. Deshalb ist es in allen seinen Stadien der Vereinnahmung, Vernutzung und Inbesitznahme durch wissenschaftliche, politische oder wirtschaftliche Interessen entzogen. Dies macht sein Recht auf Unverletzlichkeit aus.

2. Jedes Lebewesen auf der Erde hat seine eigene Bedeutung, seinen eigenen Wert und das Recht auf Anerkennung seiner unverwechselbaren Individualität unabhängig von seinen Fähigkeiten und Eigenschaften, seinen Stärken oder Schwächen, seiner sozialen und ökonomischen Nützlichkeit. Dies macht seine ihm je eigene Würde aus.

3. Die Unantastbarkeit der Würde des Menschen sowie das Recht auf Leben und körperliche Unversehrtheit sind in den Artikeln 1 und 2 des Grundgesetzes unverrückbar verankert – in Anlehnung an das christliche Menschenbild und eingedenk der Greueltaten des NS-Staates. Diese Grundrechte haben verfassungsrechtlich Vorrang vor allen anderen Grundrechten. Die Diskussion über eine interessengesteuerte Veränderung dieser Rangfolge ist also unzulässig.

III. Die Konsequenzen für den Umgang mit der Biotechnologie, insbesondere in der Biomedizin

Die Anerkennung der genannten ethischen und rechtlichen Grundsätze und der Würde der Kreatur schließt alle Bestrebungen beziehungsweise deren Duldung aus,

1. durch rechtliche Kodifizierungen und durch die Praxis im sogenannten „rechtsfreien Raum“ geltendes Verfassungsrecht, Schutzgesetzgebung (zum Beispiel Embryonenschutzgesetz), Betreuungs- und Arzneimittelrecht zu unterlaufen oder auszuhöhlen sowie deutsche Rechtsvorschriften mit Rücksicht auf supranationale Standards abzuschwächen;

2. um der Wettbewerbsvorteile des Forschungs- und Biotechnologie-Standorts Deutschland willen einen Konsens der gesellschaftlichen Kräfte herbeizuargumentieren, der auf einer opportunistischen Beliebigkeitsethik beruht und seine öffentliche Akzeptanz auf das Verschweigen drohender Risiken und Rechtsverletzungen durch die Kodifizierungen der Biotechnologie stützt;

3. unzulässige Eingriffe in die menschliche Keimbahn – also in das menschliche Erbgut in Ei oder Samenzellen oder im frühen Embryo – zu Forschungs- oder Therapiezwecken sowie zur Embryonen-Selektion durch Präimplantationsdiagnostik zu legalisieren;

4. verbotene „verbrauchende“ Forschung an Embryonen (zum Beispiel in Verbindung mit der Keimbahnforschung) zu legalisieren und damit deren Vernichtung in Kauf zu nehmen;

5. das untersagte Klonen von menschlichen Embryonen zur Heranzüchtung transplantationsfähiger Organe zu legalisieren;

6. die gesetzwidrige fremdnützige Forschung an „nicht-einwilligungsfähigen“ Menschen (Neugeborenen, Kindern, schwerstkranken und bewußtlosen Personen, Menschen mit geistiger Behinderung, Alzheimer-, Demenz- und Koma-Patienten, Sterbenden) sowie die Entnahme von sogenannten „regenerierbarem Gewebe“ (zum Beispiel Knochenmark) vom gleichen Personenkreis zu Transplantationszwecken zu legalisieren;

7. die Pränataldiagnostik den Schwangeren als Instrument der Eugenik (präventive Ausmerzung von Embryonen mit mutmaßlichen „Defekten“) verpflichtend vorzuschreiben beziehungsweise den Verzicht auf die Pränataldiagnostik als unverantwortliche Belastung der Gesellschaft und ihres Gesundheitswesens zu stigmatisieren;

8. das Klonen im tierischen Bereich auszuweiten (zum Beispiel das Klonen genmanipulierter Schweine zwecks Gewinnung von transplantationsfähigen Übergangs-Organen für den Menschen – „Xenotransplantation“ – mit dem unabsehbaren Risiko der Übertragung von veterinärspezifischen Krankheitserregern auf den Menschen);

9. das Klonen genmanipulierter Säugetiere zur Gewinnung von Pharmaka (Tiere als „Bioreaktoren“) zu tolerieren;

10. Freisetzung von und den Handel mit genmanipulierten Pflanzen trotz unabsehbarer ökologischer und gesundheitlicher Risiken zuzulassen;

11. die privatwirtschaftliche Aneignung von Pflanzen vorwiegend aus dem Gemeineigentum der Völker der südlichen Hemisphäre, deren genetische Manipulation und die Monopolisierung von Saatgut durch Industriekonzerne patentrechtlich zu schützen, die Enteignung eines Teils der Weltbevölkerung im Bereich der Nahrungspflanzen zu legalisieren und die dramatische Reduzierung der natürlichen Artenvielfalt weiter zu beschleunigen.

IV. Konsequenzen für die rechtliche Kodifizierung der Biotechnologien in ihrer Anwendung bei Menschen, Tieren und Pflanzen

Wir fordern die Verantwortlichen in Kirche, Politik und Gesellschaft auf, allen nationalen, europäischen und weltweiten rechtlichen Kodifizierungen zur Biotechnologie die Zustimmung zu verweigern beziehungsweise wieder zu entziehen, deren Artikel, Erklärungen, Bestimmungen und Zielsetzungen elementare ethische Grundsätze verletzen, die Menschenrechte aushöhlen, gegen geltendes deutsches Verfassungsrecht verstoßen – insbesondere gegen Art. 1 GG (Unantastbarkeit der Menschenwürde) und Art. 2 GG (Recht auf Leben und körperliche Unversehrtheit) – oder deutsche Rechtsstandards unterlaufen.

Dies gilt besonders

1. für das „Menschenrechtsübereinkommen zur Biomedizin" des Europarates (früher „Bioethik-Konvention"), weil das Übereinkommen fremdnützige Forschung an „nicht-einwilligungsfähigen" Menschen sowie verbrauchende Embryonenforschung und die Keimbahnforschung erlaubt, das Klonen von Embryonen zur Organgewinnung nicht ausschließt, Gentests ausdrücklich erlaubt und keine Datenschutzregelung vorsieht;

2. für die „Allgemeine Erklärung über das menschliche Genom und der Menschenrechte" der UNESCO, weil diese die Keimbahntherapie, das Klonen von Embryonen und Genom-Forschung an „nicht-einwilligungsfähigen" Menschen zuläßt;

3. für die Richtlinie zum Schutz biotechnologischer Erfindungen (Patentierungsrichtlinie) des Europaparlaments, weil diese die Patentierbarkeit von pflanzlichen, tierischen und menschlichen Genen festschreibt.

Von den Kirchen, ihren Einrichtungen und Werken, erwarten wir, daß sie vorrangig ihrer besonderen Verantwortung für die Bewahrung der gesamten Schöpfung und für die Achtung der Würde aller Menschen gerecht werden.

Pedro Casaldáliga

Der Jobel-Rufer

Ein brüderlicher Rundbrief vom Bischof von São Félix do Araguaia

(aus: Weltkirche, Nr. 2/1998)

Brüder und Schwestern!

Was ich euch dieses Jahr zu schreiben habe, wird einen langen, inhaltsträchtigen Brief ergeben. Er soll so etwas wie ein Manifest zum Jobeljahr 2000 werden. Was mir vorschwebt, bewegt sich zwischen Träumen und Schreien. Schwierig, wie die Lage ist, darf der Jubel zum Jobel auf keinen Fall ins Zynische abrutschen. Soll das Ganze mit Christentum zu tun haben, muß es mehr werden als ein Jubeljahr light.

Manche Leute sind der Ansicht, es sei an der Zeit, unsere Paradigmen zu wechseln. Ja, in dieser Postmoderne beziehungsweise in dieser postmilitanten Phase könne die Erinnerung an die Märtyrer nur noch störend wirken. Nicht frei von Enttäuschung warten Freunde und Gegner mit drei provozierenden Fragen auf: Was ist vom Sozialismus geblieben? Was ist von der Theologie der Befreiung geblieben? Was ist von der Option für die Armen geblieben? Ich kann nur hoffen, daß wir am Ende nicht noch fragen, was vom Evangelium geblieben ist ...

Zahlreiche Kongresse, Manifeste und Zeitschriften spüren der Frage nach, was für eine Zukunft denn sowohl die Linke als auch die Kirche mit ihrem Auftrag heute noch habe. Wie die Antwort auch lauten mag, möglicherweise tut die eine wie die andere, die Linke wie die Kirche, gut daran, sich auf dauernde Opposition einzurichten.

Unterdessen machen sich Neoliberalismus, totaler Markt, „Geopolitik des Chaos“ (Ignacio Ramonet) und „ökonomischer Horror“ (Viviane Forrester) breit und erdrosseln die Welt. Helden, die sie sind, haben die Zapatisten in Mexiko ein „Welttreffen für die Menschheit und gegen den Neoliberalismus“ ausgerufen. Und der Papst hatte den Mut, die Kirche in dieser Situation zu definieren als „das Gewissen der neuen Armen des Neoliberalismus“. Recht hat er.

1. Ein Blick auf die Konjunktur

Nach wie vor ist die Konjunktur angespannt und ungerecht und macht unserem „grausamen Jahrhundert“ alle Ehre. Das Jahrtausend der Entdeckungen, der Aufklärung und der Technik geht düster zu Ende. Doch diese Jahreswende bietet uns eine historische Gelegenheit zur Gewissensprüfung und zum Einfädeln radikaler Veränderungen.

Zunächst möchte ich einige Daten und erhellende Tatsachen zusammentragen.

Am Ausgang dieses Jahrhunderts wie dieses Jahrtausends besitzen 15 Prozent der Weltbevölkerung 79 Prozent der Reichtümer, während sich 85 Prozent der Menschen mit den verbleibenden 21 Prozent zufriedengeben müssen. Mit absoluter Armut sind 1,3 Milliarden Menschen geschlagen, die von weniger als einem Dollar am Tag „leben“ (?) müssen. Die Zahl der Armen in der Welt ist dreimal höher.

Nach Auskunft der ILO (Internationale Arbeitsorganisation) findet sich mehr als die Hälfte der Arbeitsplätze in Lateinamerika im informellen Sektor.

Mehr als je zuvor ist der Hunger heute die „stille Bombe“, die die meisten Menschen tötet. Weltweit verhungern jede Minute 25 Kinder. Das sind im Jahr mehr als 13 Millionen.

18 Prozent der Weltbevölkerung verbrauchen 80 Prozent der gesamten der Menschheit zur Verfügung stehenden Energie. Im Laufe von zwei Jahren wäre der ganze Waldbestand der Erde abgeholzt, konsumierte die Welt so viel Papier, wie die USA konsumieren (die aber nur 6 Prozent der Weltbevölkerung darstellen). Die Erste Welt investiert in die Entwicklungsländer etwa 50 Milliarden Dollar im Jahr, holt aus ihnen aber im selben Zeitraum mehr als 500 Milliarden an Gewinnen wieder heraus, nicht gerechnet die Zinsen für die Schulden. Die Außenschuld, die auf Lateinamerika lastet, beläuft sich insgesamt auf mehr als 650 Milliarden Dollar.

Die Migration wird mehr und mehr zu einem „umherirrenden Alptraum“, zu einer Art Weltkrieg, zur baren Verzweiflung auf der einen und zur blanken Absperrung auf der anderen Seite. Allein in den USA sahen sich aufgrund neuer Gesetze 700 000 Menschen gezwungen, das Land zu verlassen. Im Laufe der letzten zehn Jahre stieg die Zahl der vom Hohen Flüchtlingskommissar der Vereinten Nationen (UNHCR) betreuten Menschen von 2 auf 27 Millionen. Im Blick auf den Widerstand der Ersten Welt gegen Immigranten beschreibt Viviane Forrester „die Jagd auf Ausländer“ haarscharf als „Jagd auf die Armen“. Aber die Jagd ist sinnlos. Denn: „Niemand kann unserem Hunger Grenzen entgegensetzen“, so der Protest von Brahim, einem der wenigen Überlebenden des Schiffbruchs, als Flüchtlinge am 16. September 1997 die Straße von Gibraltar zu überqueren versuchten.

Auch die Diskriminierung der Frau geht am Ende unseres angeblich demokratischen Jahrhunderts in alarmierender Weise weiter. Diese Mauer ist noch nicht gefallen. Von 100 Arbeitsstunden, die weltweit anfallen, werden 67 von Frauen geleistet. Doch Frauen verfügen gerade mal über 9,4 Prozent des Einkommens. An Entscheidungsstellen sind kaum 4 Prozent des Personals weiblich. Dafür sind von 100 Analphabeten aber 66 Frauen.

Seit Beginn des letzten Jahrzehnts ist Afrika geradezu zur Inexistenz verdammt. Acht Monate nach dem Fall der Berliner Mauer veröffentlicht die Zeitschrift „Economics“ ein Schaubild, das als „die neue exakte Weltkarte“ ausgegeben wurde. Die Erde war in vier große Regionen aufgeteilt. Das subsaharische Afrika jedoch suchte man auf dem Atlas vergebens. Auch von der ganzen – mehr oder minder bekannten – Tragödie um die Großen Seen in Mittelafrika nichts. Auch was Algerien mit seinen 80 000 Morden in den letzten sechs Monaten angeht, Fehlanzeige. Die Zeitschrift „Cristianisme i Justicia“ brachte ein Spezialheft zum Thema Schwarzafrika und stellte die Frage nach der „Zukunft einer zerschlagenen Menschheit“. Jedes Kind, das in Brasilien zur Welt kommt, findet – als Folge der Außenschuld seines Landes – in seiner Wiege gleich einen Schuldschein von 1200 US-Dollar vor. 23 Millionen Brasilianer und Brasilianerinnen, die älter als sieben Jahre sind, können weder lesen noch schreiben. 50 Prozent der ökonomisch aktiven Bevölkerung Brasiliens bleiben nicht länger als zwei Jahre auf derselben Arbeitsstelle. 57 Prozent haben keinen Arbeitsvertrag. 82 Prozent der Brasilianerinnen und Brasilianer sind sozial nirgends organisiert.

Nach wie vor holt sich das geltende System Gewinn aus perversen Quellen. Nachdem in den USA zwanzig Jahre lang der Waffenhandel mit Lateinamerika, und zwar der Handel mit ausgeklügelten Waffen, verboten war, gibt der Demokrat Bill Clinton in Washington grünes Licht für die Wiederaufnahme des schmutzigen Geschäfts; und unsere bitterarmen Ländern drängeln sich, derartiges Gerät zu erwerben. Allein in Brasilien bestehen Pläne, mindestens 70 Flugzeuge im Wert von annähernd 2 Milliarden Dollar zu kaufen.

Die folgenden drei Tatsachen erhellen, daß der Imperialismus mit seiner ganzen Perversität fortbesteht. 1. Unter dem Vorwand, gegen den Drogenhandel vorgehen zu wollen, beabsichtigen die USA, in Panama nach Abzug aus der Kanalzone ein Antidrogenzentrum zu errichten, um damit ihre militärische Präsenz in Panama und in ganz Lateinamerika rechtfertigen zu können. 2. Das vor sieben Jahren über den Irak verhängte Handelsembargo hat inzwischen 1,5 Millionen Irakis das Leben gekostet. Jeden Monat sterben 6000 irakische Kinder. Das Öl, das der Irak nicht exportieren darf, verkaufen halt Saudiarabien und Kuwait. Angesichts der Instabilität in dem Raum kaufen die Länder in den USA dafür Kriegsgerät im Wert von vielen Millionen Dollar. 3. Nach jahrelangem Kämpfen der verschiedensten Stellen hat der CIA, der nordamerikanische Geheimdienst, nun endlich eingestehen müssen, daß der US-amerikanische Jesuit P. James Carney, der als Missionar bei Landarbeitern in Mittelamerika tätig gewesen und 1983 in Honduras verschwunden war, tatsächlich gefoltert, ermordet und, in Stücke geschnitten, in den Rio Patuca in der Region Nueva Palestina geworfen worden ist. Ein vierwöchiges Fasten und andere Druckmaßnahmen von seiten der Angehörigen und Freunde des als „Padre Guadelupe" bekannten Missionars zwangen den CIA zu dem schändlichen Geständnis. Damit ist bestätigt, daß der US-amerikanische Geheimdienst auch in Honduras sein terroristisches Spiel getrieben hat.

Unsere Regime werden allesamt „globalitär". Tatsache ist inzwischen, daß allein 200 transnationale Megaunternehmen ein Viertel der gesamten Wirtschaft auf der Erde kontrollieren ...

2. Die Welt muß anders werden!

„Eine Welt schaffen, in die alle Welten passen!" fordert Subkommandant Marcos. „Den Grund und Boden verteilen!" verlangt die jüngste Denkschrift des Päpstlichen Rates, „Iustitia et Pax", vom 14. Januar 1998. Und selbst der Geschäftsführende Direktor des Internationalen Währungsfonds, Michel Camdessus, gibt zu: „Wir sind auf dem Weg von einem Fundamentalismus des Staates in einen Fundamentalismus des Marktes." Bei einer Begegnung am Sitz des bereits genannten Päpstlichen Rates „Iustitia et Pax" betonte Camdessus gar die Notwendigkeit, „den Staat wiederzuerfinden", jenen Staat, den der Neoliberalismus derzeit pulverisiert.

Das neue Jahrtausend steht vor gewaltigen Herausforderungen. Es geht um die Verwirklichung der Menschenrechte und der gerade erst bekannt werdenden Rechte der Völker, es geht um interkulturelle und interreligiöse Beziehungen, um eine zukunftsfähige Wirtschaft, um wirkungsvolle Achtung der Ökologie, um gleiche Verteilung von Belastungen und Reichtümern, um eine Neudefinition der Weltorganisationen, daß aus ihnen eine wirkliche Weltregierung werden kann.

Die Stunde ist gekommen, Gewissenserforschung zu halten und um Vergebung zu bitten, allerdings nicht ohne den Vorsatz zur Besserung. Schlagzeilen machte der Bestseller-Titel von L. Accatoli, „Sämtliche mea culpa Johannes Pauls II.“. Vierundneunzigmal bittet der Papst um Verzeihung. Doch es fehlt nicht an Reaktionen, die meinen, das Ganze sei nur das halbe mea culpa, falls die alten diktatorischen oder unbarmherzigen Gesten heute weitergingen oder falls der Weltkirchenrat und die Theologie der Befreiung weiter stigmatisiert würden. Noch einmal fünfhundert Jahre könne man nicht warten, um dann endlich ein weiteres Mal die Bitte um Vergebung zu hören zu bekommen. Es gehe auch nicht an, zu betonen, es seien ja nur „einige Getaufte gewesen, die nicht nach ihrem Glauben gelebt hätten“, so daß die Kirche als Institution (Papsttum, Episkopate, römische Kongregationen, Orden und Kongregationen, Kirchenrecht, Theologie, Pastoral ...) aus dem Schneider sei. Umgekehrt argumentieren Konservative: „Für Ereignisse, die mittlerweile Geschichte sind, um Vergebung bitten ist absurd.“ Was uns angeht, meinen wir jedoch, das sei das Mindeste, was es im Blick auf das Jobel- oder Jubeljahr zu tun gelte. Nichts entschuldigt uns. Kardinal Raúl Francisco Primatesta, Vorsitzender der argentinischen Bischofskonferenz während der Jahre der Militärdiktatur in seinem Land, nahm seinen Brüdern im Bischofsamt jede Möglichkeit der Ausrede, als er öffentlich bekannte: „Keiner von uns kann sagen, er hätte nicht gewußt, was da passierte.“

3. Eine alternative Welt ist aber bereits im Entstehen

Doch inmitten dieser neoliberalen Nacht gehen überall in der Welt inzwischen Sterne alternativer Kreativität auf. Offenbar will sich das Leben nicht von einem System des Todes unterkriegen lassen, weil dies ja nicht das Schicksal der Menschheit sein kann. Gegen das angekündigte „Ende der Geschichte“ wollen wir das Ende des Neoliberalismus ansagen, und zwar deshalb, weil Gott ja Gott und die Menschheit ja seine Tochter ist. Wir träumen, weil wir leben. „Wer nicht mehr träumt, ist tot“, sagt Sigmund Freud. Und als Christinnen und Christen, die ja ein Jubiläum zu feiern haben, träumen wir für diese Welt aus Erde und Geschichte, weil Gott sie zu seiner Erde und zu seiner Geschichte gemacht hat. „Die eigentliche Ursache für all unser Unglück haben wir in der Geschichtslosigkeit des Wortes zu suchen“, meinte schon Georges Bernanos.

Mitte März des vorigen Jahres, kurz nachdem das sogenannte Forum von Davos die Millionäre der Welt zum Austausch über Programme ungezügelter Globalisierung in die Schweiz geführt hatte, trafen sich dreißig

Persönlichkeiten aus allen Teilen der Welt und gründeten ein Weltforum der Alternativen (WFA). Geradezu prophetisch ist die Erklärung des WFA überschrieben: „Es ist an der Zeit, den Lauf der Geschichte umzukehren!" Folgende Vorschläge macht das Papier dazu: Die Wirtschaft muß in den Dienst der Völker gestellt werden; die Mauer zwischen Nord und Süd hat zu fallen; die idolatrische Macht des Geldes darf keine Chance mehr kriegen; der Staat hat redemokratisiert zu werden; Gemeinschaftswerte müssen neu zur Geltung kommen; „die sozialen Kämpfe haben mundialisiert zu werden", die Völker müssen wieder Hoffnung schöpfen können; „Kämpfe, Wissenspotentiale, Alternativen und Herzen" haben sich zusammenzuschließen. „Eine Zeit schöpferischen, universalen Denkens tut sich vor uns auf", heißt es in dem Text. „Die Zeit zu handeln ist gekommen! Das Gebot der Stunde lautet, alle engagierten Menschen, alle Volksorganisationen, alle Gemeinschaftszentren und alle Studieneinrichtungen miteinander zu vernetzen"... Nach den dreißig Erstunterzeichnern der Erklärung des WFA unterschreiben immer mehr Menschen aus der ganzen Welt das Dokument.

Treffend der Kommentar von Xabier Gorostiaga dazu: „Die neue Betrachtensweise, die der alternativen Entwicklung zugrunde liegt, setzt auf die Integration vielfältiger partieller, aber kumulativer Utopien, die – von örtlichen endogenen Projekten ausgehend – sich angesichts der kollektiven Bedrohungen zu einem umfassenden Bündnis gemeinsamer ethischer Werte miteinander verbinden." „Globalisierung von unten" ist das Stichwort ...

Immer mehr kommt der Vorschlag des nordamerikanischen Volkswirtschaftlers James Tobin, die Macht der Finanzen an die Kandare zu nehmen, ins Gespräch. Nobelpreisträger 1981 für Wirtschaftswissenschaften, hatte Tobin 1978 angeregt, die internationalen Finanzmärkte mit einem Prozent zu besteuern. Würde die Tobin-Steuer heute auch nur auf 0,1 Prozent auf alle Devisentransaktionen festgesetzt, brächte sie 166 Milliarden Dollar im Jahr – einen Betrag, der zweimal ausreichen würde, bis zum Beginn des kommenden Jahrhunderts das extreme Elend in der Welt zu beseitigen.

In Begleitung der Kardinäle Roger Etchegaray und Mahoney empfing Papst Johannes Paul II. den Präsidenten der Weltbank, James Wolfensohn, um den Dialog des Heiligen Stuhls mit Weltbank, Internationalem Währungsfonds und Internationaler Entwicklungsbank fortzusetzen und ein realistisches Programm zu formulieren, durch welches der Wunsch des Papstes (wie die Forderung der Dritten Welt) nach Widerruf und Erlaß der todbringenden Last der Schuld in die Tat umgesetzt werden kann ...

4. Und die Kirche?

Selbstverständlich wird auch die Kirche – die Kirche im Singular wie im Plural, immer ist es doch die Kirche Jesu – mit gebührendem Jubel das Jahr 2000 nach der Menschwerdung Gottes in Jesus von Nazareth begehen.

In Anbetracht der Konjunktur und der Struktur der tragisch neoliberalisierten Welt, in der Hoffnung jedoch auf eine andere, alternative und schon im Auftauchen begriffene Welt und mit dem Gefühl, daß die Kirche gespalten, in sich widersprüchlich und in ihren Strukturen einigermaßen erstarrt ist, drängt sich uns die Frage auf: Was haben wir von der Kirche überhaupt zu erwarten? Wie wünschen wir uns denn die Kirche des dritten Jahrtausends? Was heißt das, daß sie eine ist, zugleich aber auch plural und partizipativ und daß sie sich treu an den Zeiten des Reiches Gottes mißt?

Karl Rahner, der große Meister der Theologie, teilt die Geschichte der Kirche in drei Epochen auf: 1. in die kurze Phase des Judeochristentums, 2. in die Phase, in der die Kirche von hellenistischer Kultur und europäischer Zivilisation geprägt ist, und 3. in unsere Phase, die mit dem II. Vatikanischen Konzil beginnt und die als Lebensraum die ganze Welt hat beziehungsweise zu haben hat. Norbert Greinacher beschreibt das so: Kirche in der Welt, mit der Welt und für die Welt, mit ihren verschiedenen Völkern und Kulturen, ihren vielförmigen politischen und wirtschaftlichen Strukturen und ihren verschiedenen Weltanschauungen, Religionen und Konfessionen.

Das Gnadenjahr, das der Jobel-Rufer in der Bibel alle sieben beziehungsweise alle sieben mal sieben Jahre in Israel ausrief und damit die heilige Möglichkeit eröffnete, allen ihre sozialen Schulden zu streichen, dem Land eine Atempause einzuräumen und den Sklaven die Freiheit zu geben, verkündete Jesus bei seiner ersten Rede in der Öffentlichkeit als endgültige universale Zeit der Gnade, im Sinne einer Guten Nachricht von der Befreiung. Das Jubeljahr ist mithin ein Kairos – das heißt eine Stunde Gottes im Fluß unserer menschlichen Stunden –, Schulden zu streichen, beziehungsweise – für die Kirche – ihre Schulden anzuerkennen. Es ist eine hohe Zeit persönlicher wie gemeinschaftlicher, gesellschaftlicher wie religiöser Umkehr. Es sei denn, jemand wolle ein Jubeljahr light, einfach so ein großes Geburtstagsfestival.

Ist die Kirche, sind die Kirchen – die Kirche aus Kirchen, die ja auch wir sind – bereit, sich aus Anlaß dieses Jobels umzutun? Oder will sie's damit bewandt sein lassen, mal wieder ein paar Dokumente in die Welt zu setzen und ein paar neue Feiern anzuordnen? Sind wir denn wirklich davon überzeugt, daß Jesus das alte, regelmäßig sich wiederholende Jubeljahr erfüllt und ein endgültiges, bleibendes Jubeljahr verkündet hat, so daß wir nicht erst das Jahr 2000 abzuwarten brauchen? Ob vor 2000 oder nach 2000, darf die Kirche Jesu denn so tun, als verstünde sie die unabweisbare Forderung nach dem definitiven, bleibenden Jobel nicht, so wie Jesus sie mit seinem menschlichen wie göttlichen Mund vorgetragen und mit seinem Opfer- und Siegerblut besiegelt hat?

Leonardo Boff stellt die Frage, inwiefern das Christentum dazu beitragen könne, daß die Menschheit besser aus dem 20. Jahrhundert herauskommt. Insofern, als sie nicht Kirche für sich ist, Kirche ist Kirche für das Reich Gottes. Deshalb hat sie sich in den Dienst an der – gewalttätigen, armen – Welt zu stellen, wie Jesus, ihr Meister, der ja „nicht gekommen ist, um sich dienen zu lassen, sondern um zu dienen“ (Mt 20,28) ...

Im Chor mit Millionen Brüdern und Schwester im Glauben und/oder in der Menschheit und mit dem Ohr an den Zeichen der Zeit und an den Appellen des Reiches Gottes erlaube ich mir, Schulter an Schulter mit dem Jobel-Rufer der Bibel drei unabweisliche Träume zu propagieren:

I. Dienst am Reich Gottes durch Dienst an der Menschheit, auf der Grundlage der Option für die Armen

a) Es geht darum, systematisch die Ungerechtigkeit des Neoliberalismus anzuprangern, weil dieser sich ja als totaler Markt, als System der Ausgrenzung, als Götzendienst des Gewinns und als unkontrollierter Ökomord geriert.

b) Wir dürfen nicht müde werden in unserem Kampf für die Streichung der Außenschuld und für die Begleichung der sozialen Schuld, die man Leben und Würde der Völker aufgebürdet hat.

c) Mit aller Konsequenz haben wir eine radikale Reform der internationalen Institutionen wie UNO, Internationalen Währungsfonds, Weltbank und G-7 zu fordern, denn alle diese Einrichtungen dienen heute ja nicht der Menschheit als solcher, sondern begünstigen nur die Länder, die Reichtümer anhäufen und andere ausbeuten.

d) Wir brauchen einen echten Dialog der verschiedenen Kulturen, Religionen, Nationen beziehungsweise Ethnien untereinander – immer aus der Haltung der Achtung vor dem Gegenüber heraus, weil dieses einen ja nur bereichern kann, und immer auf der Grundlage gleicher Rechte und Pflichten.

II. Effektiv gelebte Ökumene

a) Die Losung lautet: Von der Ökumene der Absichten, Reden und Gesten zur gegenseitigen Anerkennung der Kirchen als der einen vielgestaltigen Kirche Jesu!

b) Schluß mit gewissen Fragestellungen in der Lehre, die nur kulturell beziehungsweise philosophisch befrachtet sind, wie auch Schluß mit gewissen geschichtlich bedingten Ambitionen, die nichts mit dem Evangelium zu tun haben!

c) Anerkennung der einen Taufe und Tischgemeinschaft der einen Eucharistie!

d) Prophetische Diakonie der „Gerechtigkeit, des Friedens und der Bewahrung der Schöpfung!"

e) Makroökumenischer Dialog mit allen Religionen, auf der Grundlage des Glaubens an einen einzigen Gott und an eine einzige Menschheitsfamilie, im Geist der Annahme und der kritischen und selbstkritischen Umkehr.

III. Reform der katholischen Kirche in ihren Macht-, Dienst- und Lehrstrukturen

a) Es gilt, „aus der Kollegialität praktizierte Dezentralisierung" zu machen, „eine andere Form der Amtsausübung, als das Papsttum" (Kardinal Danneels) sie ist, zu finden und das gegenwärtige System der Bischofsernennungen zu erneuern, weil es immer wieder zu Unbehagen in der Kirche führt.

b) Der Papst sollte auf seine ambivalente Funktion als Staatsoberhaupt verzichten und den Nuntiaturen eine konsequent neue juristische Gestalt ermöglichen.

c) Die Ämter in der Kirche müssen reformiert und vielförmiger gestaltet werden, damit Klerikalisierung und pastorale Mißachtung von Millionen von Gemeinden in der Welt ein Ende haben.

d) Es ist an der Zeit, daß wir uns alle, gleich dank der Taufe und gleich im Dienst am Reich Gottes, in Jesus Christus als Volk Gottes anerkennen. Dadurch würden wir dem Laikat eine größere mündige, freie Partizipation in der Kirche ermöglichen und der Gleichheit der Frau endlich eine effektive Gestalt geben, wenn denn die Frauen in allen Ämtern vertreten und an allen Entscheidungskompetenzen beteiligt sind.

e) Zusammengefaßt heißt das: Theologie, Liturgie, Recht und die gesamte Pastoral müssen im Licht und in der Freiheit des Geistes inkulturiert werden.

Der Jobel des Reiches erfülle das Jubiläum!

Erlaßjahr 2000 –
Entwicklung braucht Entschuldung

(Kampagnen-Plattform der Initiative zahlreicher kirchlicher und entwicklungspolitischer Gruppen)

„Heiligt das fünfzigste Jahr und verkündet Freiheit für alle Bewohner. Ein Erlaßjahr soll es für euch sein." Leviticus 25,10

Die Kampagne „Erlaßjahr 2000" hat zur Grundlage:

1. Überschuldung von Personen und Ländern bedroht nicht nur die wirtschaftliche und soziale Entwicklung der Betroffenen, sondern die der ganzen Gesellschaft. Das biblische Erlaßjahr sollte in der damaligen Agrargesellschaft Schuldner und Gläubiger durch die Einrichtung periodischer Schuldenerlasse schützen. Darüber hinaus sollte durch die Rückgabe des Ackerlandes als Lebensgrundlage ein Neuanfang ermöglicht werden.

2. Die Verantwortung für das heute untragbar hohe Schuldenniveau vieler Länder des Südens liegt nicht nur bei den Schuldnern, sondern bei Schuldnern und Gläubigern.

Deshalb müssen beide Seiten entsprechend ihrer Leistungsfähigkeit dazu beitragen, daß die Zahlungsfähigkeit wiederhergestellt wird. Dies ist auch in nationalen insolvenzrechtlichen Bestimmungen üblich.

Die Kampagne „Erlaßjahr 2000" hat zwei Ziele:

A: einen weitreichenden Schuldenerlaß für die armen Länder der Erde im Jahr 2000;

B: die völkerrechtlich verbindliche Neugestaltung internationaler Finanzbeziehungen im Sinne eines fairen Interessenausgleichs zwischen Schuldnern und Gläubigern („Internationales Insolvenzrecht").

Der weitreichende Schuldenerlaß soll:

1. die armen Länder von der Last untragbarer Schulden befreien, welche ihre Regierungen bei Regierungen des Nordens, bei internationalen Finanzinstitutionen und Privatbanken aufgenommen haben;

2. eine zukunftsfähige Entwicklung durch einen einmaligen Akt des Schuldenerlasses zugunsten der armen Länder im Jahr 2000 ermöglichen;

3. dem unverhältnismäßig hohen Transfer von knappen Ressourcen aus den armen in die reichen Länder entgegenwirken;

4. den armen Ländern der Welt einen Weg zu wirtschaftlicher und sozialer Gerechtigkeit sowie zur Verrechnung grundlegender Menschenrechte eröffnen;

5. dem wirtschaftlichen und sozialen Zerfall der armen und sehr hoch verschuldeten Länder entgegenwirken und damit wesentliche Ursachen für internationale und innerstaatliche Konflikte und Wanderungsbewegungen beseitigen.

Das Internationale Insolvenzrecht soll:

1. faire und gleichgewichtige Beziehungen zwischen internationalen Gläubigern und Schuldnern herstellen. Anstelle des bisherigen Schuldenmanagements, in dem die Gläubiger zugleich als Kläger und Richter auftreten, soll ein transparentes und faires Verfahren den Interessenausgleich zwischen beiden Seiten regeln;

2. das Recht aller Völker auf Entwicklung und wirtschaftliche Selbstbestimmung fördern – insbesondere das Recht auf die zum Überleben notwendigen Güter;

3. die internationalen Finanzbeziehungen von Gläubigern und Schuldnern auf eine neue Grundlage stellen, die der Überschuldung von Ländern in der Zukunft vorbeugt ...

Die Autoren

Amery, Carl
Geboren 1922 in München, Abitur 1940, Kriegsdienst 1941 bis 1943, amerikanische Gefangenschaft 1943 bis 1946. Studium der Neuphilologie und Literaturtheorie und -kritik in München und Washington. Seit 1950 freier Schriftsteller in München. Zahlreiche Auszeichnungen. Veröffentlichungen u. a.: *Der Wettbewerb* (1954); *Die Kapitulation oder Deutscher Katholizismus heute* (1963); *Das Ende der Vorsehung.* Die gnadenlosen Folgen des Christentums, (1972); *Hitler als Vorläufer.* Auschwitz – der Beginn des 21. Jahrhunderts? (1998).

Balic, Smail
Geboren 1920 in Bosnien, lebt in der Nähe von Wien. Verheiratet mit einer Österreicherin. Lehre an der früheren Hochschule für Welthandel und Fachreferent für orientalische Sprachen und allgemeine Linguistik an der Österreichischen Nationalbibliothek. Korrespondierendes Mitglied der königlichen jordanischen Akademie für die Erforschung der islamischen Zivilisation. 1976 Ernennung zum Professor für islamische Wissenschaften in Sarajevo, Belgrader Regierung verweigerte ihm aber als „Feind des Landes" die Zulassung. Zahlreiche Publikationen.

Bastian, Till
Geboren 1949 in München. Studium der Humanmedizin bis 1976. Promotion zum Dr. med. 1979. Nach diversen Krankenhausstellen niedergelassener praktischer Arzt bis Ende 1982. Seither freier Schriftsteller. Lange Jahre Vorstandsmitglied der bundesdeutschen IPPNW-Sektion (Internationale Ärzte für die Verhinderung des Atomkrieges, Friedensnobelpreis 1985). Lebt mit seiner Frau und zwei Kindern in Isny im Allgäu und hat dort ein Forschungsinstitut „Umwelt, Kultur und Frieden" gegründet. Seit 1993 ist er zudem Leitender Redakteur der Internationalen Fachzeitschrift „Medizin und Globales Überleben". Zahlreiche Veröffentlichungen.

Biller, Nikola
1990 bis 1996 Studium der Medizin in Erlangen, Dr. med. 1997, Studi-

um der Philosophie (Fernuniversität Hagen) 1993, M.A. 1996, zur Zeit Arbeit an Promotion in Philosophie (im Bereich Medizinische Ethik); während des Studiums Auslandsaufenthalte u. a. in England (Edinburgh, Oxford), der Schweiz (Genf), Kanada (Montreal) und den USA (Boston, Hastings Center/New York); 1997 research fellow an der Harvard Medical School. Seit Sommer 1998 Wissenschaftliche Assistentin am Institut für Ethik und Geschichte der Medizin, Universität Göttingen.

Brakelmann, Günter
Geboren 1931. Dr. phil., Professor em. für Sozialethik und Zeitgeschichte an der Ruhr-Universität Bochum. Leiter des Sozialwissenschaftlichen Instituts der Evangelischen Kirche Deutschlands. Arbeitsschwerpunkte: sozialethische Probleme der industriellen Arbeitswelt, Sozialgeschichte des neuzeitlichen Protestantismus.

Brocke, Edna
Geboren 1943 in Jerusalem. Studium der Politologie und Anglistik in den Hauptfächern und der Judentumskunde im Nebenfach an der Hebräischen Universität (B.A.) sowie an der Universität Regensburg (M.A.). Lebt seit Ende 1968 in der Bundesrepublik Deutschland. Gab Religionsunterricht an der Jüdischen Gemeinde in Regensburg, später (bis 1997) in Krefeld. Lehrbeauftragte für Judentumskunde an der Ruhr-Universität Bochum sowie an der Universität Essen. War lange aktiv im theologischen Gespräch zwischen Christen und Juden. Seit Januar 1988 Leiterin der Gedenkstätte „Alte Synagoge“ in Essen. 1997 an der Kirchlichen Hochschule Neuendettelsau und 1998 an der Ruhr-Universität Bochum ehrenpromoviert. Sie gehört zum engeren Herausgeberkreis der Zeitschrift „Kirche und Israel“. Zahlreiche Veröffentlichungen.

Bühlmann, Walbert
Geboren 1916 in Luzern. Dr. theol. in Fribourg/Schweiz. 1950 bis 1953 Missionar in Tansania; 1954 bis 1970 Dozent für Missionswissenschaft in Fribourg. Ab 1972 Generalsekretär für missionarische Animation des Kapuzinerordens in Rom. Vortragsreisen in allen Kontinenten. Autor von 31 Büchern.

Cohn-Bendit, Marc Daniel
Geboren 1945 in Montauban/Frankreich. 1958 Rückkehr der Familie nach Deutschland. 1965 Abitur, anschließend Studium der Soziologie in Paris. Sprecher und Führer der Pariser Mairevolution. Nach 1968 Engagement in Frankfurt/M. u. a. in der Kinderladen-Bewegung und Sponti-

Szene. Ab 1978 als Publizist in Frankfurt tätig. 1984 Mitglied bei den „Grünen". 1993 bis 1997 ehrenamtlicher Stadtrat für multikulturelle Angelegenheiten in Frankfurt. Seit 1994 für die „Grünen" im Europäischen Parlament. Zahlreiche Veröffentlichungen.

Dürr, Hans-Peter
Geboren 1929 in Stuttgart. Dort Studium der Physik (Dipl.-Phys. 1953), Promotion an der University of California in Berkeley (Ph.D. 1956), 1962 Habilitation an der Universität München. Wissenschaftlicher Mitarbeiter von Werner Heisenberg 1958 bis 1976. Gastprofessor in Berkeley, Kalifornien und Madras, Indien (1962). Mitglied des Max-Planck-Instituts für Physik und Astrophysik (1978–1980) und des Werner-Heisenberg-Instituts für Physik (1971, 1978–1980, 1987–1992), Stellvertretender Geschäftsführender Direktor des Max-Planck-Instituts für Physik (1972–1976, 1981–1986, 1993–1995), Emeritierung 1997. Arbeitsgebiete: Kernphysik, Elementarteilchenphysik, Gravitation und Erkenntnistheorie (mehr als 100 Veröffentlichungen) sowie gesellschaftspolitische Fragen über Verantwortung des Wissenschaftlers, Abrüstung und Friedenssicherung, Energie, Ökologie und Ökonomie, Entwicklung und Gerechtigkeit (mehr als 200 Veröffentlichungen).

Engels, Eve-Marie
Geboren 1951 in Düsseldorf. Studium der Philosophie, Romanistik, Anglistik und zeitweise der Biologie; Promotion 1981 und Habilitation 1988 in Philosophie; Wissenschaftliche Assistentin, Mitarbeiterin und Hochschulassistentin in Bochum (1979–1989); Vertretungsprofessuren für Philosophie an den Universitäten Bielefeld, Göttingen und Hamburg; Heisenberg-Stipendiatin; Forschungsaufenthalte in den USA; 1993 bis 1996 Universitätsprofessorin an der Universität Gesamthochschule Kassel (Schwerpunkt „Theoretische Philosophie"); seit 1996 Inhaberin des Lehrstuhls für Ethik in den Biowissenschaften an der Fakultät für Biologie der Eberhard-Karls-Universität Tübingen; Mitglied der Philosophischen Fakultät sowie des Wissenschaftlichen Rates des Zentrums für Ethik in den Wissenschaften der Universität Tübingen; Vorstandsmitglied der Deutschen Gesellschaft für Geschichte und Theorie der Biologie; Leiterin des DFG-Projektes „Neue Perspektiven der Transplantationsmedizin"; Arbeitsschwerpunkte: Ethik, Erkenntnis- und Wissenschaftstheorie, Philosophie der Biologie. Zahlreiche Publikationen.

Eppler, Erhard
Geboren 1926 in Ulm, aufgewachsen in Schwäbisch Hall. Mitglied des

Bundestages 1961 bis 1976, Bundesminister für wirtschaftliche Zusammenarbeit 1968 bis 1974, Mitglied des Landtages von Baden-Württemberg 1976 bis 1982, 1976 bis 1980 Fraktionsvorsitzender, Landesvorsitzender der SPD 1970 bis 1992, Mitglied des Präsidiums der SPD 1973 bis 1989 (ausgen. 1982–1984), Vorsitzender der Grundwertekommission der SPD 1973 bis 1992, Stellvertretender Vorsitzender beider Programmkommissionen 1985 bis 1989, Präsident des Deutschen Evangelischen Kirchentages 1981 bis 1983, 1989 bis 1991. Zahlreiche Veröffentlichungen, zuletzt: *Die Wiederkehr der Politik,* 1998.

Feinberg, Anat
Geboren 1951 in Tel Aviv. Studium der Anglistik und Philosophie an der Universität Tel Aviv. 1979 Promotion an der University of London über Theater im Zeitalter Shakespeares. Bis 1989 Dozentin für Literatur- und Theaterwissenschaft an der Universität Tel Aviv. Neben der akademischen Tätigkeit auch schriftstellerisch und publizistisch tätig. Bisher erschienen drei Romane (1973, 1978 und 1995 im Verlag Sifriat Poalim, Tel Aviv), der dritte *(Das Leben und andere Irrtümer)* ist 1997 im Bleicher-Verlag auf deutsch erschienen. Seit 1997 Honorarprofessorin für Hebräische und Jüdische Literatur an der Hochschule für jüdische Studien in Heidelberg.

Fietkau, Wolfgang
Geboren 1935 in Berlin. Verlagslehre, Diakonenausbildung, Gemeindetätigkeit. Lebte von 1967 bis 1982 als freiberuflicher Journalist: Rundfunk- und Fernsehsendungen zu Kirche und Gesellschaft, kultur- und sozialpolitischen Themen, Porträts von Zeitgenossen. Seit 1982 Leiter des Wichern-Verlages in Berlin. Nebenberuflich seit 1959: Kleinverleger, Schriftsteller, Liedtexter. Buchveröffentlichungen: *Sogenannte Gastarbeiter,* 1972; *Laß doch dem Kind die Flasche,* Erzählungen, 1982. Herausgeber zum Beispiel *Thema Weihnachten, Poeten beten.*

Gänßbauer, Monika
Geboren 1968. Studium der Sinologie, Japanologie und Politikwissenschaft in Erlangen, Bochum und Peking. 1990 bis 1992 China-Aufenthalt im Rahmen des Studiums. 1994 bis 1998 Promotion und Lehrauftrag an der Ruhr-Universität Bochum. Seit November 1996 Leitung der China InfoStelle, eines Studienprojektes verschiedener evangelischer Kirchen und Missionswerke Deutschlands.

Gnanadason, Aruna
Geboren 1949 in Bangalore/Indien. Studium der Literatur. Nach dem

Examen Professorin für englische Literatur, danach acht Jahre Tätigkeit an christlicher Laienakademie. Arbeit mit Frauen der Mittelschicht und Landbevölkerung. Durch diesen Kontakt Feministin geworden. Tätigkeit in der kirchlichen Frauenarbeit in Indien. Seit 1991 Leiterin der Frauenabteilung des Ökumenischen Rates der Kirchen in Genf.

Hengsbach, Friedhelm
Geboren 1937 in Dortmund. Mitglied des Jesuitenordens, Studium der Philosophie, Theologie und Wirtschaftswissenschaften in München, Frankfurt, Bochum. Promotion über die Assoziierung afrikanischer Staaten an die EG. Professor für Wirtschafts- und Sozialethik an der Philosophisch-Theologischen Hochschule Sankt Georgen in Frankfurt/M. Leiter des Oswald-von-Nell-Breuning-Instituts für Wirtschafts- und Gesellschaftsethik. Zahlreiche Veröffentlichungen.

Herrmann-Pfandt, Adelheid
Geboren 1955 in Göttingen. Nach dem Abitur Diakonisches Jahr. Studium der Religionswissenschaft, Geschichte, Klassischen Philologie, Indologie, Tibetologie und indischen Kunstgeschichte in Erlangen und Bonn, M.A. und Promotion zur Dr. phil. 1990 in Bonn. 1985 bis 1991 Aussiedlerbeauftragte der Landsmannschaft Schlesien (Bundesverband), 1991 bis 1994 Wissenschaftliche Assistentin im Fachgebiet Indologie/Tibetologie der Universität Marburg. Habilitandin im Fach Religionsgeschichte in Marburg mit einer Arbeit zur Geschichte des tantrischen Buddhismus in Indien und Tibet. Lehrbeauftragte an den Universitäten Marburg, Bremen, Hannover, Frankfurt/M. Zahlreiche Forschungsaufenthalte in Indien, Nepal, Thailand, Taiwan, Hong Kong und Japan. Forschungsschwerpunkte: Früher Buddhismus, Tantrischer Buddhismus, Hinduismus, Frauen und Göttinnen in Indien und Tibet, Indotibetische Pilgerorte, Religiöse Ost-West-Begegnung. Zahlreiche Veröffentlichungen.

Huber, Wolfgang
Geboren 1942 in Straßburg. Studium der Theologie in Heidelberg, Göttingen und Tübingen. 1966 Promotion mit einer Arbeit zur Geschichte der frühen Kirche, Vikar und Pfarrer in Württemberg. 1960 bis 1980 Mitarbeiter und stellvertretender Leiter der Forschungsstätte der Evangelischen Studiengemeinschaft in Heidelberg. 1972 Habilitation, 1980 Professor für Sozialethik in Marburg, 1984 Professor für Systematische Theologie (Ethik) in Heidelberg; Mitglied der Forschungsstätte der Evangelischen Studiengemeinschaft, Mitglied der Kammer der EKD für

öffentliche Verantwortung, Mitglied des Präsidiums des Deutschen Evangelischen Kirchentages (1983 bis 1985 dessen Präsident). Zahlreiche Veröffentlichungen. Seit 1994 Bischof von Berlin-Brandenburg.

Jäger, Johanna
Geboren 1944 in Berlin. 1963 bis 1969 Studium der Katholischen Theologie und der Germanistik in Münster und Freiburg. Höherer Schuldienst. Heirat. Seit 1974 wegen ihrer zwei Kinder nicht mehr im Schuldienst. Freie Journalistin für Hörfunk, Fernsehen und verschiedene Zeitschriften (u. a. „Publik-Forum" und „Frauen unterwegs"), Herausgeberin von *Asyl – Fremde in der Festung Europa*, 1993; *Aufbrechen und Weitergehen* (Catharina Halkes), 1994; *Abschied vom Männergott* (Festschrift für Catharina Halkes), 1995; [Interviews mit Aruna Gnanadason und Elisabeth Schüssler Fiorenza in diesem Band]

Jüngel, Eberhard
Geboren 1934 in Magdeburg. 1953 bis 1960 Studium der Evangelischen Theologie und Philosophie in Naumburg/Saale, Berlin, Zürich und Basel, Vikar der Berliner Kirche und Assistent an der Berliner Kirchlichen Hochschule. 1961 Dr. theol., 1962 Ordination als Pfarrer in Magdeburg. 1962 Habilitation in Systematischer Theologie an der Kirchlichen Hochschule Berlin-Ost. Bis 1966 dort Lehre als Neutestamentler, dann als Dogmatiker. 1966 bis 1969 Ordinarius für Systematische Theologie und Dogmengeschichte in Zürich. Seit 1969 Ordinarius für Systematische Theologie und Religionsphilosophie und Direktor des Instituts für Hermeneutik in Tübingen. Gastprofessuren, mehrere Auszeichnungen, zahlreiche Veröffentlichungen.

Kämpchen, Martin
Geboren 1948 in Boppard am Mittelrhein. Schule und Gymnasium in Wissen (Westerwald) und Boppard. Austauschschüler in den USA. Studium der Germanistik, Theaterwissenschaft und Romanistik in Saarbrücken, Paris und Wien. Ab 1973 in Indien. Zunächst als Deutschlektor in Calcutta, dann als Student der Vergleichenden Religionswissenschaft in Madras und Santiniketan. Seit dem Abschluß in Santiniketan als freischaffender Schriftsteller, Übersetzer und Herausgeber tätig. Übersetzung von Rabindranath Tagore und Ramakrishna aus dem Bengalischen. Herausgeber einer Bücherreihe zu den Religionen Indiens. Beiträge für deutschsprachige Zeitungen und Rundfunksender. Zahlreiche Bücher zum Dialog der Religionen und indischem Leben. Mehrere Auszeichnungen besonders in Indien und Deutschland.

Käßmann, Margot
Geboren 1958 in Marburg/Lahn. Verheiratet, vier Töchter. 1977 bis 1983 Theologiestudium in Tübingen, Edinburgh, Göttingen und Marburg. Ab 1983 Mitglied im Zentralausschuß des Ökumenischen Rates der Kirchen. 1983 bis 1985 Vikariat in Wolfhagen; 1985 Ordination zur Pfarrerin und Berufung zur Assistenzpfarrerin in Frielendorf. 1986 bis 1989 Promotion zum Dr. theol. an der Ruhr-Universität Bochum. 1987 bis 1989 Arbeitsstelle Konzil des Friedens beim Deutschen Evangelischen Kirchentag. 1990 bis 1992 Beauftragte für den Kirchlichen Entwicklungsdienst der Ev. Kirche in Kurhessen-Waldeck. 1990/1991 Lehrauftrag für Ökumene an der Kirchlichen Hochschule Leipzig. 1991/1992 Lehrauftrag für Ökumene an der Evangelischen Fakultät der Philipps-Universität Marburg. Ab 1991 Mitglied im Exekutivausschuß des Ökumenischen Rates der Kirchen. 1992 bis 1994 Studienleiterin an der Evangelischen Akademie Hofgeismar. Seit 1994 Generalsekretärin des Deutschen Evangelischen Kirchentages, Fulda.

Marquardt, Friedrich-Wilhelm
Geboren 1928 in Eberswalde bei Berlin. Nach dem Kriegseinsatz Student der Theologie in Marburg, Berlin und Basel. Vikar in Lindau, Pfarrer in Euskirchen/Rheinland und Langenfeld-Immigrath. Studentenpfarrer an der Freien Universität Berlin. Assistent und Nachfolger von Helmut Gollwitzer als Theologieprofessor in Berlin. Emeritiert 1997.

Modehn, Christian
Geboren 1948 in Berlin. Studium der Katholischen Theologie (Dipl.) und Philosophie (M.A.) in Sankt Augustin, Bonn und München. Seit 1975 freiberuflicher Journalist in Berlin vor allem im Hörfunk und im Fernsehen zu Fragen von Religion und Gesellschaft. Buchveröffentlichungen u.a.: *Befreiende Theologie* (zusammen mit Karl Rahner), *Kirche in der Stadt* (zusammen mit Michael Göpfert), *Religion in Frankreich*. Interessiert sich persönlich besonders für das (religiöse) Leben in den Niederlanden und in Frankreich.

Moltmann, Jürgen
Geboren 1926 in Hamburg. Beginn des Studiums der Evangelischen Theologie als Kriegsgefangener in England (Norton Camp) und Fortsetzung ab 1948 in Göttingen. 1952 Erstes theologisches Examen und Promotion zum Dr. theol. 1952 bis 1958 Gemeindepfarrer in Wasserhorst und Studentenpfarrer in Bremen. 1957 Habilitation in Göttingen. 1958 Professor für Theologiegeschichte an der Kirchlichen Hochschule Wuppertal. 1963

Lehrstuhl für Systematische Theologie und Sozialethik an der Universität Bonn. Seit 1967 Professor für Systematische Theologie in Tübingen. 1994 emeritiert. Mehrere Ehrendoktortitel und Auszeichnungen. Herausgeber und Mitarbeiter vieler Zeitschriften. Zahlreiche Veröffentlichungen.

Müller, Andreas
Geboren 1931. 1953 Eintritt in den Franziskanerorden, Studium der Philosophie und Theologie, 1959 Priesterweihe, Wallfahrtsseelsorger, Volksmissionar und Missionssekretär der Franziskanerprovinz in Fulda. 1969 Gründer und seitdem Leiter der Missionszentrale der Franziskaner in Bonn. Vorsitzender der AG der Prokuratorinnen und Prokuratoren der missionierenden Orden Deutschlands, Mitglied im Vorstand des Internationalen Instituts für missionswissenschaftliche Forschungen und des China-Zentrums e. V., Mitglied im Internationalen Exekutivkomitee der Franziskaner bei der UNO. Spezialgebiete: franziskanisches Missionsverständnis, Theologie der Befreiung, Dritte-Welt-Fragen.

Osenberg, Hans Dieter
Geboren 1929 in Opladen. Studium der Evangelischen Theologie in Wuppertal, Göttingen, Heidelberg und Bonn. 1958 bis 1964 Gemeindepfarrer in Saarbrücken. 1964 bis 1992 Landespfarrer für Hörfunk und Fernsehen sowie Rundfunkbeauftragter der Evangelischen Kirche im Rheinland und der Pfälzischen Landeskirche beim Saarländischen Rundfunk.

Praetorius, Ina
Dr. theol., ev. Theologin und Germanistin. Studium in Tübingen, Zürich und Heidelberg. 1983 bis 1987 wissenschaftliche Assistentin am Institut für Sozialethik der Universität Zürich. Seit 1987 freischaffend als Autorin, Lehrbeauftragte, Hausfrau und Mutter. Lebt in Krinau/Schweiz.

Raiser, Konrad
Geboren 1938 in Magdeburg. Studium der Evangelischen Theologie in Tübingen, Bethel, Heidelberg und Zürich sowie der Soziologie und Sozialpsychologie an der Harvard Universität in Cambridge/Mass., 1970 Dr. theol. in Tübingen. Ab 1963 verschiedene Vikariate. 1967 bis 1969 Assistent im Fach Praktische Theologie in Tübingen. 1969 bis 1983 verschiedene Aufgaben beim Ökumenischen Rat der Kirchen in Genf. 1983 bis 1992 Direktor des Ökumenischen Instituts der Evangelisch-Theologischen Fakultät der Ruhr-Universität Bochum. Seit Anfang 1993 Generalsekretär des Ökumenischen Rates der Kirchen.

Schüssler Fiorenza, Elisabeth
Geboren 1938 in Siebenbürgen/Rumänien, nach dem Krieg in Franken aufgewachsen. Verheiratet, eine Tochter. Studium der Katholischen Theologie und Lizenziat in Würzburg, Promotion in Neutestamentlicher Bibelwissenschaft in Münster. Seit 1970 Lehre in den USA: zunächst an der katholischen Notre Dame University, dann Talbot Professorin für Neues Testament an der Episcopal Divinity School in Cambridge/Mass., jetzt Lehrstuhl für Exegese und Hermeneutik an der Divinity School der Harvard University. Ihr bahnbrechendes Werk zur feministischen Theologie und zur Apokalypse des Johannes ist international anerkannt. Sie gehört zum Herausgebergremium von „Concilium" und hat mit Judith Plaskow die Zeitschrift „Journal of Feminist Studies in Religion" gegründet. Zahlreiche Veröffentlichungen.

Schütze-Quest, Friedrich
Geboren 1943. Redakteur und Reporter beim Westdeutschen Rundfunk und beim Saarländischen Rundfunk, später Hörfunk-Korrespondent in Australien und Asien; heute freier Autor für die ARD. In rund 60 Ländern, auf allen Kontinenten, seit 1973 unterwegs. Neben der Zeitfunk-Berichterstattung sind aus seinen oft monatelangen Recherchen überwiegend Hörfunk-Features für die ARD entstanden, in einigen Fällen auch Fernseh-Dokumentationen.

Sölle, Dorothee
Geboren 1929 in Köln. Studium der klassischen Philologie und Philosophie, der Theologie und Germanistik in Freiburg und Göttingen. Promotion 1954, Habilitation 1971. 1972 bis 1975 Lehrauftrag an der Universität Mainz, 1975 bis 1987 Professur am Union Theological Seminary in New York. 1968 begründete sie zusammen mit Freunden den Arbeitskreis „Politisches Nachtgebet Köln"; seit 1973 Mitarbeiterin von „Christen für den Sozialismus". Mitglied des PEN-Zentrums der Bundesrepublik Deutschland. Seit 1969 verheiratet mit Fulbert Steffensky. Sie hat einen Sohn und drei Töchter. Zahlreiche Veröffentlichungen: theologische und poetische Werke.

Sommer, Norbert
Geboren 1940 in Schneidemühl/Pommern. Studium der Pädagogik, Sinologie, Politischen Wissenschaft, Sozialpsychologie und Publizistik. 1971 bis 1978 Redakteur bei der „Herder-Korrespondenz" (Freiburg) mit den Schwerpunkten Asien, USA und Entwicklungspolitik. Seit 1978 Leiter der Abteilung Kirche, Religion und Gesellschaft beim Saarländischen

Rundfunk. Herausgeber von *Zorn aus Liebe*. Die zornigen alten Männer der Kirche, 1983; *Nennt uns nicht Brüder*. Frauen in den Kirchen durchbrechen das Schweigen, 1985; *Glasnost, Christen und Genossen*. Realität und Hoffnung, Berichte und Analysen zum christlichen Leben in der Sowjetunion, 1988; *Der Traum aber bleibt*. Sozialismus und christliche Hoffnung. Eine Zwischenbilanz, 1992; *Überall Haß*. Krisen, Kriege und Gewalt – Gründe und Auswege, 1994.

Veit, Marie
Geboren 1921 in Marburg/Lahn. Nach Haushaltsschule und Pflichtjahr von 1940 bis 1944 Studium der Evangelischen Theologie in Marburg, Jena und Halle/Saale. Fakultätsexamen in Marburg 1944, Zweites theologisches Examen in Kassel 1946. Im gleichen Jahr Promotion. Von 1947 bis 1972 Schuldienst in Köln, nach Ablegung der Schulexamina in den Fächern Religion und Philosophie ab 1967 auch Erziehungswissenschaft. Ordiniert in Köln 1965. Mitbegründerin des Politischen Nachtgebets 1968 und der deutschen Sektion der „Christen für den Sozialismus" 1973. Seit 1972 Professorin für Didaktik des Religionsunterrichts an der Universität Gießen; jetzt im Ruhestand. Zahlreiche Buch- und Zeitschriftenveröffentlichungen.

von Weizsäcker, Ernst Ulrich
Geboren 1939 in Zürich, Studium der Chemie, Physik und Biologie, Physik-Diplom Hamburg 1965; Dr. rer. nat. (Biologie) Freiburg 1969; 1969 bis 1972 Referent der Evangelischen Studiengemeinschaft Heidelberg; 1972 bis 1975 Professor für Interdisziplinäre Biologie an der Universität Essen; 1975 bis 1980 Präsident der Gesamthochschule Kassel; 1981 bis 1984 Direktor am Zentrum für Wissenschaft und Technik im Dienste der Entwicklung bei den Vereinten Nationen; 1984 bis 1991 Direktor des Instituts für Europäische Umweltpolitik in Bonn (IEUP) mit Schwesterninstituten in Paris, London, Brüssel und Arnheim; seit 1991 Präsident des Wuppertal-Instituts für Klima, Umwelt, Energie im Wissenschaftszentrum Nordrhein-Westfalen. Seit 1991 Mitglied des Club of Rome. Seit Oktober 1997 Mitglied des Präsidiums des Deutschen Evangelischen Kirchentages. Verschiedene Auszeichnungen, zahlreiche Publikationen.